地方新建本科院校应用转型的理论与实践探索

龚　静◎著

吉林出版集团股份有限公司
全国百佳图书出版单位

图书在版编目（CIP）数据

地方新建本科院校应用转型的理论与实践探索 / 龚
静著. -- 长春 : 吉林出版集团股份有限公司, 2022.8
ISBN 978-7-5731-2023-6

Ⅰ.①地… Ⅱ.①龚… Ⅲ.①地方高校—发展—研究
—中国 Ⅳ.①G649.21

中国版本图书馆CIP数据核字(2022)第161103号

地方新建本科院校应用转型的理论与实践探索

DIFANG XINJIAN BENKE YUANXIAO YINGYONGZHUANXING DE

LILUN YU SHIJIAN TANSUO

著　　者　龚　静

出 版 人　吴　强

责任编辑　尤　蕾

助理编辑　杨　帆

装帧设计　田　隽

开　　本　710 mm × 1000 mm　1/16

印　　张　17

字　　数　298千字

版　　次　2022年8月第1版

印　　次　2022年8月第1次印刷

出　　版　吉林出版集团股份有限公司

发　　行　吉林音像出版社有限责任公司
　　　　　（吉林省长春市南关区福祉大路5788号）

电　　话　0431-81629667

印　　刷　北京虎彩文化传播有限公司

ISBN 978-7-5731-2023-6　　定　　价　65.00元

如发现印装质量问题，影响阅读，请与出版社联系调换。

走向高水平:新建本科高校应用转型的内在选择——以铜仁学院为例①

(代序)

侯长林

应用转型是对我国地方普通本科高校进行的一次重大的历史性变革。铜仁学院是这场历史性变革的实践者,走出了一条以推动学校走向高水平为己任的应用转型之路。回顾铜仁学院走过的应用转型历程,学校采取的各项应用转型之举,无不指向高水平。所以,推动学校走向高水平,既是铜仁学院应用转型的特色所在,也是其发展的内在选择。

2014 年,国家刚刚提出推进本科院校向应用型转型的要求,铜仁学院就在接受教育部教学工作合格评估的基础上,参加了全国应用技术大学联盟,并在当年学校召开的教职工代表大会上明确提出了"加速学校转型发展"②的思路。2015 年,铜仁学院成为贵州省首批 3 所向应用型转型发展的试点高校之一。2017 年,贵州省应用型本科高校转型发展现场会在铜仁学院召开。2018 年,铜仁学院接受贵州省应用转型试点高校中期评估,在 50 个评估指标中,有 39 个指标获 A 级、11 个指标获 B 级,是贵州省试点学校中唯一全部指标均在 B 级以上的学校,并在当年荣获全国第六届黄炎培职业教育优秀学校奖。在这一年,学校还获得国家支持应用转型发展的职业教育产教融合发展工程项目,得到国家支持经费 1 亿元。2020 年,铜仁学院成为贵州省唯一按需推荐新增硕士学位授予单位。可以说,铜仁学院的应用转型就是推动学校一步步走向高水平的应用转型,是贵州省"新建地方本科院

① 侯长林. 走向高水平:新建本科高校应用转型的内在选择——以铜仁学院为例[J]. 职业技术教育,2021(9):16—21.

② 《铜仁学院年鉴》编撰委员会. 铜仁学院 2014 年年鉴[Z]. 铜仁:内部资料,2016:51.

校发展的缩影"①。

一、铜仁学院推动应用转型走向高水平的举措

(一)精准定位,做好应用转型顶层设计

应用转型牵涉学校的方方面面,是一项系统工程。要顺利推进应用转型,首先需要精准确立定位,做好顶层设计。"定位"一词最早是指产品的定位,其目的是"要为产品等在潜在顾客的大脑中确定一个合适的位置"②。高校的定位就是对其所属身份的认定,一般包括高校类型定位、目标定位和战略定位等。

1.类型定位

应用转型,是指地方普通本科高校从原有传统的教学型办学形态向新的应用型办学形态的转变③。应用转型首先需要解决的就是其所转向的"应用型"定位问题。在 2014 年应用转型之初,铜仁学院将转型的定位确定为应用技术型高校。但不久即发现,由于学校的前身是铜仁师专,"既没有技术积累和积淀,也没有行业技术支撑和支持"④,因此将自身类型发展方向定位为应用技术型高校,不符合学校发展实际;同时,随着应用转型工作的深入开展,学校领导层对转型的认识也更为清晰,认识到应用型大学不等于应用技术大学,应用技术大学只是应用型大学的一种。为此,学校在 2015 年教职工代表大会上提出了进一步厘清应用转型定位的问题,并认为"朝应用型大学框架下的教学服务型大学方向发展,更加契合铜仁学院这一类型本科高校的办学定位"⑤。随着学校办学水平的提升与发展,学校还对其类型定位及时进行调整。2020 年,学校将教学服务型高校定位调整为适应高水平应用型大学发展基本要求的教学研究服务型高校,将"研究"二字写进了应用转型发展的类型定位之中。这既是铜仁学院应用转型发展进入了新阶段的体现,也

① 2017 年贵州省应用型本科高校转型发展现场会在我校隆重召开[EB/OL].[2021-01-20].https://tv.sohu.com/v/MjAxNDEyMTAvbjQwNjg0MjUyOS5zaHRtbA==.html.

② [美]艾·里斯,杰克·特劳特.定位[M].王恩冕,于少蔚,译.北京:中国财政经济出版社,2002:6.

③ 侯长林,陈昌芸.应用转型是在坚守大学根本前提下的转型[J].教育发展研究,2018(17):6-14.

④ 侯长林,罗静,叶丹.应用型大学视域下新建本科院校办学定位选择[J].教育研究,2015(4):61-69.

⑤ 《铜仁学院年鉴》编撰委员会.铜仁学院 2015 年年鉴[Z].铜仁:内部资料,2016:49.

是学校精准确立自身应用转型发展类型定位的具体体现。

2.目标定位

学校对应用转型的认识有一个逐步深化的过程。在应用转型初期,全校上下仅仅就是为转型而转型,未能将应用转型与推动学校办学水平提升相联系。不过,这种情况很快就得到了改善,经过讨论,全校教职工一致认为应用转型应该是把学校推向高水平的应用转型。通过确立合适的目标发挥价值导向作用,主动把学校引向高水平,就成了必然的选择。但是如何界定"合适的目标"仍是问题的关键。合适的目标不是指按照常规发展就能够达到的目标,而是指需要采取超常规的办法或手段才能实现的目标。因为目标的确定,只有略高于实际能够达到的水平,才能使目标激励的作用最大化。铜仁学院应用转型之所以能够实现快速发展,正是得益于按照略高于实际能够达到的水平确立发展目标。铜仁学院关于应用转型合适发展目标的确立,主要表现在对高水平应用型大学建设目标的逐步确立上。2016年,在学校"十三五规划"制定过程中,学校将发展目标在原有基础上做了较大调整,把"高水平"写进了总体发展目标之中,明确表述为"建成为特色鲜明的高水平应用型大学"①。自此,建设高水平应用型大学一直是铜仁学院应用转型发展的大方向。

3.战略定位

有了建设高水平应用型大学为主要内容的现阶段建设目标,就需要制定切实可行的发展战略,才能确保目标的实现。贵州省市(州)普通本科高校实行的是"省市(州)共管,以市(州)为主"的管理体制,具体为业务以省教育厅管理为主、经费投入以市(州)为主。也就是说,市(州)的经济发展水平是市(州)普通本科高校应用转型的经济基础;而铜仁市经济总量小,2020年全市国民生产总值只有1328亿元,高校应用转型的基础比较薄弱。一所大学要走向高水平,有两大发展战略可供选择:一是"大而强"的发展模式,这种模式规模大、影响大,但是需要充足的经费支持,如清华大学、北京大学、浙江大学等采用的就是这种发展模式。二是"小而精"的发展模式,虽然规模不大,但是重在做"精",求高质量、高水平。美国普林斯顿大学、法国巴黎高等师范学校、中国香港科技大学等都是"小而精"世界名校的代表。

---

① 《铜仁学院年鉴》编撰委员会.铜仁学院2016年年鉴[Z].铜仁:内部资料,2017:84.

铜仁市的经济水平决定了铜仁学院的发展方式,因此"小而精"的发展方式就成了铜仁学院创办高水平应用型高校的必然选择。"小而精"的内涵主要包括两点:"小"主要体现在学校规模小和学科专业少;"精"体现在教学、科研、社会服务及管理等各方面都追求"精致"。为了实施"小而精"发展战略,学校具体采取了三大措施:院系整合、专业缩减和建立增一退一专业调整机制。目前,铜仁学院只有 10 个二级学院、34 个招生专业、8781 名在校学生。院系整合后,学校内涵建设得到了提升,尤其是二级学院的办学实力得到了明显增强。"小而精"发展战略的实施,在推动学校内涵提升方面发挥了很大作用,收到了意想不到的效果。

(二)坚守大学根本,推动应用转型特色发展

应用转型使学校与地方经济社会的关系更加紧密,尤其是更加强调其有用性。有的学校因此对与经济社会联系不紧密的专业进行了整合或撤销,重新组建了一批新兴的实用性比较强的专业。铜仁学院在专业调整的过程中也遇到过类似的问题。比如,有的人认为,要推进应用转型,就应该将人文艺术类专业和一些老的师范类专业撤掉,应该像高职院校一样淡化学科、重视专业。不过,通过讨论,大家逐步认识到,这些都是大学的"根本",属于大学"根本"的东西不能随意丢弃,应用转型"不能急躁冒进,要坚守大学根本"[①]。在这一理念的指导下,铜仁学院在应用转型削减专业的过程中,人文艺术类专业和一些老牌的具有传统优势的师范类专业均得到保留,并在转型过程中得到了提升与发展。

学科是大学的基本单元,是大学的根本所在。要在应用转型中坚守大学根本,必须重视应用学科的建设。因为研究型高校主要应建的是基础学科,职业技能型高校主要应建的是职业学科,而应用型高校主要应建的则是应用学科[②]。应用转型的重要责任是培养应用型人才和进行应用研究,服务地方需求,解决地方经济社会发展中出现的重大问题和遇到的关键技术难题等。学科的成长既要遵循学术逻辑,也要遵循社会逻辑。所谓社会逻辑,就是"以满足社会需要并解决社会发展中

[①] 侯长林,陈昌芸.应用转型是在坚守大学根本前提下的转型[J].教育发展研究,2018(17):6—14.
[②] 侯长林,陈昌芸,罗静.本科层次职业学校学科选择及建设策略——兼论职业学科[J].高校教育管理,2020(6):60—67.

的重大问题为根本追求"①。为了引导大家关注地方,学校于 2016 年提出"铜仁需求,国家标准"的理念。"铜仁需求"的内涵在服务面向上有"虚"和"实"两方面含义。所谓"虚",即"铜仁需求"中的"铜仁"可以只是一个代名词,学校学科发展服务区域可大可小,既可以是铜仁,也可以是梵净山或武陵地区,甚至可能是贵州,还可能是中国乃至世界,具体范围要视其研究对象和研究能力而定。所谓"实",即"铜仁需求"中的"铜仁"主要指铜仁市及其所辖行政管理区域,表明学校学科发展的主要服务对象仍是所在区域。"国家标准"主要包括高标准、快速度和全覆盖,尤其是指"高要求,无止境,只有更高,没有最高"②。近几年,学校以化学工程与技术、林学、农林经济管理等为代表的应用学科得到了快速提升与发展。办大学不能跟着别人亦步亦趋,要有自己的特色,要扎根中国大地办大学。为此,铜仁学院在应用转型过程中特别强调扎根铜仁。由于铜仁深处武陵山腹地,山区是其最具代表性的特征,因而学校也就明确提出了"扎根山区,服务地方"③的特色办学理念。

(三)采取多元方式,确保应用转型有序推进

要想使应用转型能够落地并逐步走向深入,最重要的是明确保障措施。铜仁学院通过采取多元方式来确保应用转型的有序推进。

第一,构建应用型人才培养模式。无论何种类型的高校,培养人才始终是其核心职能。因而,能不能培养出高素质应用型人才,就成了检验应用转型成败的关键;而影响培养人才质量最重要的因素之一是人才培养模式。铜仁学院在应用转型的过程中,构建出具有自身特色的"山"字型人才培养模式。所谓"山"字型人才培养模式,就是用"山"的汉字外显结构、以"大山"的内涵为参照来构建的一种人才培养模式,即以通识教育为"底座"、专业教育为"主峰"、自主学习和项目课程为左右"侧峰"的人才培养模式。

第二,积极探索产教融合路径。铜仁学院在实施国家职业教育产教融合发展工程项目的同时,将产教融合作为"地方应用型本科院校转型发展的基本路径"④,

① 龚静,张新婷.地方高校"一流学科"的成长逻辑与路径探讨[J].贵州社会科学,2019(7):96-101.
② 罗静.对铜仁学院"铜仁需求·国家标准"办学理念的解析[J].铜仁学院学报,2016(6):49-54.
③ 《铜仁学院年鉴》编撰委员会.铜仁学院 2018 年年鉴[Z].铜仁:内部资料,2019:16.
④ 李倩.产教融合:地方应用型本科院校转型发展的路径[J].教育与职业,2019(9):45-48.

找到了符合学校实际的"引社会服务之水，灌人才培养之田"的社会服务反哺人才培养路径，具体包括"直饮水"和"灌装水"两种方式。所谓"直饮水"式是指在参加社会服务项目的过程中直接获得知识、技术及经验的方式；所谓"灌装水"式是指教师从专业教学资源库中将社会服务"案例"带入课堂，从而让未能亲自到现场参与社会服务项目实施的师生能够间接获得社会服务项目有关知识、技术及经验的方式①。这一成果于2019年5月在第六届产教融合发展战略国际论坛上作为创新案例进行交流，得到与会专家及兄弟院校的好评。

第三，将应用型课程要求融入金课建设标准。应用转型的难点在课程。2018年，铜仁学院启动了金课建设计划，将应用转型的要求融入金课建设标准之中。为了给学校的金课建设提供指导，学校提出了由教育性、实用性、丰富性、前沿性、思辨性、研究性和艺术性构成的"七性"金课建设标准。中国人民大学的李立国认为，铜仁学院的"'七性'抓住了当前应用型高校课程建设与教学改革的关键，是对应用型高校课堂教学的规律性认识与概括，对于当前高校教学改革特别是课程建设具有重要的价值"②。学校教学管理部门根据这一研究成果，编制了学校"金课""银课"建设方案，并出台了《铜仁学院"金课银课"评估与管理办法》等文件。目前，学校已按照这一方案开展了四届金课银课评比工作，共评出金课11门、银课48门。

第四，重视高水平应用型师资队伍建设。学校积极引导广大教师朝高水平应用实践型教师方向和高水平应用理论型教师方向发展，具体措施为：一是扩大高端人才的比例。截至2021年3月，铜仁学院现有教职工996人，其中专任教师530人，博士166人，正高级职称148人（二级教授1人，三级教授17人）。二是扩大具有高水平科技开发能力的实践型教师的比例。学校已有"空心李博士"张绍阳、"养鱼副教授"梁正其、"锰材料教授"杨应昌等"双师双能型"教师352人。

第五，创新适应应用转型发展的体制机制。主要措施有：一是管理重心下移。为促进各二级学院与经济社会对接，学校逐步将人事权、财权和科级干部任免权等做了相应下放。二是建立科技创新激励机制。学校将专利、专著、论文、创作、技能大赛、新品种、新药、标准等各级各类科技创新所取得的成果纳入奖励范围。同时，

① 罗静，侯长林.地方高校社会服务反哺人才培养模式的构建[J].中国高等教育，2020(5)：21—22.
② 侯长林.应用型高校"金课"建设研究[M].北京：科学出版社，2020：ii.

重视科研反哺教学、科教融通机制的探索。科技创新激励机制的建立,提升了学校科技创新整体水平。近5年,学校出版专著136部,专利授权733项,成果获省部级以上奖励26项,承担省部级以上科研项目345项,其中2018年国家自然科学研究基金项目的立项数和总经费均排名贵州省市(州)高校第一位。三是构建社会服务体系。学校深入推进产教融合,构建高水平应用型高校社会服务体系,出台了《铜仁学院社会服务管理办法》。此外,学校还非常重视以培育大山文化品格为主要内容的文化建设。

这些多元方式的实施,确保了应用转型的有序推进,使学校不断走向高水平。

二、应用转型院校高质量发展面临的新挑战

《中华人民共和国国民经济和社会发展第十四个五年规划和2035年远景目标纲要》提出,要以推动高质量发展为主题,明确提出了"建设高质量本科教育"[①]的新要求。贵州省也提出了高质量发展的相关要求。在新发展阶段的高质量发展新要求下,铜仁学院还面临诸多挑战。

(一)对应用转型院校经费投入不足,难以支撑高质量发展

为加快高等教育发展,国家逐年加大高等教育经费投入。从2020年6月11日教育部公布的年度经费预算数据看,清华大学年度经费预算高达310.72亿元,遥遥领先于其他高校;浙江大学达到216.20亿元;北京大学是191.08亿元。此外,中山大学等7所高校预算总数也都超过了百亿元[②]。国家对这些高校投入的增加,有力推动了我国"双一流"大学建设水平的提升。地方普通本科高校发展主要依靠地方财政投入,但由于我国地方经济发展很不平衡,客观上导致了各省(直辖市、自治区)之间对地方本科高校投入的不平衡。东部沿海及京津地区经济发达,尤其是深圳等地,对高等教育的投入很大。深圳大学2020年以60.86亿元的

① 中华人民共和国国民经济和社会发展第十四个五年规划和2035年远景目标纲要[EB/OL]. [2021—03—15]. http://www.gov.cn/xinwen/2021—03/13/content_5592681.htm.

② 10所超百亿! 76所教育部直属高校公布2020年预算[EB/OL]. [2021—01—20]. http://www.edu.cn/rd/gao_xiao_cheng_guo/gao_xiao_zi_xun/202007/t20200706_1736651.shtml.

经费预算在全国地方高校中排名第一①。而中西部对高等教育的投入则相对较少，贵州省市（州）本科高校经费预算 2019 年平均只有 3 亿元左右，很难支撑铜仁学院完成贵州省专门针对市（州）高校提出的"特色发展"②的高质量发展任务，也难以实现铜仁市提出的"积极支持铜仁学院建设成为全国有较大影响的教学研究服务型大学，实施'双一流'建设，推动研究生教育事业高质量高水平发展，推进铜仁学院筹建铜仁大学"的目标任务。

（二）对应用转型工作的政策支持不够，难以推动高质量发展

近年来，国家层面的《关于加快发展现代职业教育的决定》《关于引导部分地方普通本科高校向应用型转变的指导意见》《关于深化产教融合的若干意见》等文件中关于应用转型的论述都发挥了很好的指导作用。但由于对应用转型的具体政策支持不多，导致专门用于支持应用转型的国家平台、项目很少。没有高水平的国家平台，没有专门的项目经费支持，要想推动学校应用转型高质量发展，难度很大。

（三）对应用转型规律认识不清，难以确保高质量发展

我国对建设现代研究型高校已有上百年的探索，职业技能型高校也有几十年的实践，而本科院校应用转型才提出短短几年时间，许多认识还比较模糊，许多规律还没有深刻把握。其中有的学校在应用转型中已经走了弯路，在一定程度上影响了学校发展。要实现高质量发展，这一问题还会更加凸显。铜仁学院对应用转型的研究比较重视，近几年发表了几十篇关于应用转型的理论研究文章，很好地指导了学校的应用转型实践，但仍然常常感到无所适从。因为应用转型越是走向深处，其难度越大。全国那么多的地方普通高校要应用转型，国家应该进一步加大对应用转型的研究与指导，否则，很难确保这类高校高质量地发展。

---

① 中国经济第一大省，正在疯狂建大学［EB/OL］.［2021—01—20］. http://www. wrsa. net/content＿41425475. htm.

② 贵州省国民经济和社会发展第十四个五年规划和二〇三五年远景目标纲要［N］.贵州日报，2021—02—27.

三、应用转型院校高质量发展的新思路

(一)促进社会承认,筑牢高质量发展的思想基础

在研究型、应用型和职业技能型三大类型高校中,应用型高校是社会影响最小的一类,导致一些地方省属老牌高校还不知道或者不愿意承认其也属于应用型高校范畴。这证明应用型高校的社会承认还有比较长的路要走。而社会承认度越低,应用转型的阻力就越大。但是,社会承认的前提是学校之间的相互承认和学校内部同行的承认。这就需要学校加大对应用转型理念宣传的力度,在学校内部达成共识,进而促进学校之间的相互认同,最终实现社会民众的认同。只有这样,高校应用转型工作才有比较广泛的思想基础,推进应用转型院校高质量发展才会有比较好的社会环境。

(二)加大支持力度,提供高质量发展的基本条件

首先,要得到更多国家层面的政策支持。地方普通本科高校是我国高等教育的重要力量,应该逐步对其加大投入。比如在已经设立的中央支持地方高校改革发展专项资金项目中加大投入等,在逐步缩小地方高校与中央及教育部直属高校差距的同时,促进我国高等教育整体水平的提升。其次,省、市(州)层面也要加大支持力度。贵州省对高等教育的经费投入不高,市(州)一级对高校的财政拨款更低。2019 年,铜仁学院获得的财政拨款仅为 2.9 亿元,这样的经费投入很难推动应用转型院校高质量发展。铜仁学院规划的"十四五"期间的目标任务是:通过推动应用转型高质量发展,着力构建具有自身特色的高质量教育体系,将学校建设成为综合实力位居全省新建本科高校前列、改革创新在全国有一定影响的特色鲜明的高水平应用型大学。要实现这个目标任务需要有力的经费保障,需要省级财政加大统筹力度,建立专项经费补齐市(州)高校与省直属管理高校财政经费拨款差额的机制,确保市(州)高校能够与省直属管理高校同步高质量发展。

(三)厘清探索理路,构建高质量发展的教育体系

国家已经明确提出,在"十四五"期间,要建设高质量发展的教育体系。应用转

型涉及学校发展的各个方面,各种关系相互交织、错综复杂,要实现高质量发展,就需要厘清应用转型的探索理路。一是从学科与专业的角度看,需要厘清构建高质量应用学科体系、高质量应用专业体系的理路;二是从大学三大基本职能的角度看,需要厘清构建高质量教学体系、高质量科研体系和高质量社会服务体系的理路;三是从理念、制度和行动的角度看,需要厘清构建高质量理念体系、高质量制度体系和高质量行动体系的理路;四是从学校治理的角度看,需要厘清构建高质量校级层面治理体系、二级学院治理体系的理路。总之,从不同的角度看,有不同的能够支撑应用转型高质量发展的教育体系构建理路。只有把这些构建理路厘清了,才能真正把应用转型高质量发展的教育体系构建起来,从而推动学校走向卓越,走向高水平!

目　录

第一章　应用转型高校办学理念

　　国家出台《关于加快发展现代职业教育的决定》《现代职业教育体系建设规划(2014 - 2020 年)》《关于引导部分地方普通本科高校向应用型转变的指导意见》等文件明确提出,引导一批普通本科高校向应用技术型高校转型。合肥学院、黄淮学院、铜仁学院等一大批本科高校都在积极地探索,取得了一定的成效,积累了一定的经验。但在应用转型的过程中也出现了不少问题,比如"有的由师专升格的新建本科院校不顾原有师范教育基础和传统,把师范类专业全部撤销,重新开办与经济社会紧密相连的应用技术专业;有的停办和应用技术关系不大的人文艺术类专业;有的淡化学科,不讲科学研究"等。推进地方新建本科院校应用转型,探索人才培养模式,有必要对应用转型高校的办学理念进行理性探讨。

第一节　应用型大学不等于应用技术型大学[①]

　　2013 年 6 月,由 35 所地方本科院校发起的应用技术大学联盟在天津成立,标志着我国建设应用技术大学的开始。2014 年 4 月,178 所高校参加"产教融合发展战略国际论坛",达成了"驻马店共识",在地方本科院校引起强烈反响,许多地方本科院校纷纷宣称要朝应用技术大学方向发展。这是好事,本无可厚非,但与此同时,似乎"应用型大学"被"应用技术大学"取代了,人们一谈应用转型就只谈向应

---

① 侯长林.应用型大学不等于应用技术型大学[N].人民日报,2015 - 08 - 13(18).

用技术大学转型,其实,"应用技术大学"和"应用型大学"不能画等号。

应用型大学是一个比较宽泛的概念,它是在我国高等教育大众化发展的进程中相对于学术型研究型大学而出现的一种新的大学类型。这种新的大学类型强调与市场、产业、行业和岗位群的紧密结合,其主要任务是为经济社会发展培养本科层次的应用型人才,包括创业型大学、技术本科、教学服务型大学等。

应用技术大学至少应该包括两个方面的内容:一是要以科学知识和技术成果的应用为导向进行办学,但侧重点在技术知识和技术成果的应用,"教育内容以技术学科或应用性学科为主"①;二是人才培养目标主要是培养高级技术型人才。把教育内容定位在"技术学科或应用性学科"为主,把人才培养确定在培养高级"技术型"人才,这就凸显了应用技术大学中"技术"性特征,将应用技术大学与其他类型的应用型大学区别开来②。

显然,应用技术大学属于应用型大学的范畴,只不过它比较强调技术的积累、研发和传承。技术积累不足或技术特征不明显的地方本科院校,即使宣称定位在应用技术大学,也算不上真正的应用技术大学。因此,"应用型大学"和"应用技术大学"在逻辑上是属种关系。"应用型大学"是上位概念,"应用技术大学"是下位概念。

当前,我国一批普通本科院校朝应用型大学方向发展,既是我国经济社会发展的需要,也是地方本科院校自身发展的内在要求,是一种大的发展趋势。但是如果在认识上把"应用型大学"等同于"应用技术大学",那就是问题了。试想,我国600多所地方普通本科院校都朝应用技术大学的方向发展,那岂不是又会出现新的千校一面?更何况,一大批由原师专、教育学院升格的地方新建本科院校,没有行业、企业背景,没有技术积累,在短期内把学校定位为应用技术大学,是不符合实际的,至于今后是否会发展成应用技术大学那是另外一回事。一批师范院校举办工科类专业普遍反映比较困难,就是因为没有技术背景和技术积累。应该说,这类新建地方本科院校更适合朝教学服务型大学的方向发展。教学服务型大学也是应用型大学中的一种类型,比较强调社会服务。今年《政府工作报告》在谈到引导本科院校

---

① 胡天佑.技术本科教育理念的逻辑与拓新[J].职教论坛,2014(19):40-43.
② 侯长林,罗静,叶丹.应用型大学视域下新建本科院校办学定位选择[J].教育研究,2015,36(04):61-69.

应用转型时,没有再提及"技术"二字,就说明国家已经意识到应用转型是大的应用方向的转型,而不仅仅是朝应用技术大学的方向转型。

第二节　教学服务型大学是以服务为宗旨的应用型大学①

一、教学服务型大学是应用型大学

应用型大学也有广义的和狭义的两种。广义的应用型大学指培养应用型人才,以应用理论和应用技术为主要研究对象的高等学校;狭义的应用型大学专指以服务地方经济社会发展、以应用型为办学定位的高等学校,主要包括新建本科院校、民办本科院校和独立二级学院等高校群体。应用型大学应突出应用性,具体表现在办学定位上突出应用性、在人才培养模式上体现应用性、在学科专业建设方面凸显应用性、在师资队伍建设方面强调"双师型"、在发展途径方面提倡产学研相结合等。教学服务型大学要突出服务特性,就必须按照应用型大学的基本要求,彰显应用性。教学服务型大学在办学定位、人才培养模式、学科专业建设、师资队伍建设等方面所体现出的应用性,以及在发展途径方面提倡的产学研结合,都与应用型大学的要求相一致。因此,应用型大学不仅包括应用技术大学,也包括服务型大学、创业型大学、教学服务型大学等。

教学服务型大学作为应用型大学的一种类型,就应该坚持应用型大学的基本要求,尤其是应用性,比如在人才培养目标上要以培养面向生产、管理、服务第一线的技术应用型人才为主,在人才培养模式方面要体现工学结合的理念,在学科专业建设方面要加强应用学科和专业建设的力度,在师资队伍建设方面要重视"双师型"教师的培养,在发展途径方面要搭建产学研合作平台,否则,就不是应用型

---

① 侯长林,张新婷.对教学服务型大学的理性探讨[J].铜仁学院学报.2015(3):12-13.

大学。

可见,教学服务型大学就是以服务为宗旨的应用型大学。其内涵主要包括:"一是在'教学'方面既重视科学知识的传授,也重视技术技能的培养,尤其强调科学知识和技术的应用。二是在'服务'方面强调全方位服务社会"①。

二、教学服务型大学应坚守全方位服务地方的办学思路

教学服务型大学建设的基本思路应该是坚持全方位服务地方的理念,构建全方位服务地方的体系。

(1)价值取向服务地方。一所大学的价值取向是多元的,但是作为教学服务型大学而言,其服务地方是学校总体应该倡导的价值取向。因为"服务地方是教学服务型大学的基本价值,没有服务理念的确立,就不会有服务的动力和持久力"②。教学服务型大学服务地方价值取向的确立,最重要的是树立服务的理念。要将服务地方的思想融入大学理念之中,尤其要在教职工中树立服务地方的意识。

(2)学科专业对接地方。要服务地方,对于一所大学来说,关键还是其学科专业要与地方对接。研究型大学的学科建设注重基础研究,属于研究型学科。而教学服务型大学的学科以应用研究为主,属于应用型学科。应用研究就必须走出实验室,走出校园,到工厂、农村中去,主动融入地方,融入社会,到实践中去寻找问题,并对实践中出现的问题进行研究,找到解决问题的方法和答案。专业建设更要主动对接地方,尤其是专业设置要与地方产业、事业发展相适应。有了产业、事业,才有专业,才有学生实习实训的场所,也才有学生毕业后就业服务的岗位。

(3)人才培养面向地方。人才培养是教学服务型大学服务地方的主要方式和途径。由于教学服务型大学科学研究的水平一般不高,能力不强,其服务地方的主要方式和途径是通过人才培养来实现的,因此其人才培养一定要面向地方,为地方经济社会发展培养人才。那么,如何培养地方经济社会发展需要的人才?这就需要修改人才培养方案,走出校园,与地方的行业、企业和事业进行合作,构建工学结合的人才培养模式,为地方量身定制地培养各方面的人才,这样才能为社会所需

① 侯长林,罗静,叶丹.应用型大学视域下新建本科院校办学定位选择[J].教育研究,2015(4):66.
② 沈云慈.教学服务型大学的"道"与"路"[J].高等教育研究,2014(3):43.

要,也才能达到为社会、为地方服务的目的;否则,培养的人才不是地方所需要的,就不称其为教学服务型大学。

(4)科学研究着眼地方。教学服务型大学的科学研究也是其服务地方的重要方式和途径。科学研究要服务地方,就必须加强应用研究。在课题方面,要加大横向课题的争取和研究的力度,因为横向课题直接来源于地方行业、企业和事业的需求,通过对横向课题的研究可以直接为地方服务。理工农医科类专业要加强应用技术方面的研究与开发,文科类专业要重视地方经济文化艺术方面的挖掘和研究。同时,要注重将应用研究和开发的成果转化为现实的生产力,重视推广和传播。

(5)师资队伍融入地方。一方面,是教学服务型大学培养师资的需要。教学服务型大学要培养应用型人才,就需要具有"双师素质"的教师。所谓"双师素质"教师就是指既有较高的理论水平,又有比较强的动手能力的教师。要培养教师的动手能力,就要求教师到行业、企业和事业单位中去锻炼。不融入地方,"双师素质"教师就不可能产生。另一方面,教学服务型大学服务社会的一种重要方式就是派教师直接进入地方进行服务。这是服务型大学的传统。威斯康星大学进行社会服务的一条重要方式就是提供专家服务。威斯康星大学与州政府之间关系非常紧密,每年都派一批专家教授到州政府的各个部门兼职,比如经济学教授亚当斯在州政府兼任税收委员会委员、法律教授卡门斯与麦卡西一起参与州立法改革工作,帮助解决各种问题,服务州的经济发展。威斯康星大学服务社会的另一种方式就是尽可能地把知识传播给大多数民众。查尔斯·范海斯鼓励大学教授到乡村、工厂、商店进行指导。他说:"鞋子上沾满牛粪的教授是最好的教授"①。

(6)国际教育植根地方。教学服务型大学的宗旨是服务地方,那么是不是可以不要国际化教育?开放办学是每一种类型的大学都需要的,教学服务型大学同样如此。"地方"不是封闭的代名词,在今天我国所有能够举办大学的地方,都是开放的,很多大学所在的地方,国际化水平已经很高。作为以服务为宗旨的教学服务型大学,要想更好地服务地方就必须发展国际化教育。大家都知道,对外招收留学生,能够把国外的人引进来。一个地方只有外面的人来得越来越多,开放的程度越来越高,发展才会越来越快。教学服务型大学的国际化教育无疑在这方面会发

---

① 黄晓敏.查尔斯·范海斯:把大学送到人民中间[J].教育与职业,2014(7):108.

挥十分重要的作用。更重要的是,国际化教育能够给地方营造国际化的氛围,给身处其中的中国籍的学生带来国际化的眼界。具有国际化素质的学生毕业后进入地方的各个行业、企业和事业单位,其服务地方的水平和能力更高。所以,国际化教育的目的绝不是仅仅培养几个国际学生,它仍然要植根地方,就像一棵大树,其枝丫伸得再远,即便伸到东南亚,伸到欧洲,伸到美洲和非洲,其根也将永远深深地扎在地方的土壤之中。服务地方仍然是教学服务型大学国际化教育的责任和使命。

(7)文化建设引领地方。教学服务型大学的文化建设一方面要引入地方文化的因子,尤其是地方的特色文化,丰富校园文化建设内容;另一方面,作为身处地方的教学服务型大学的校园文化建设还肩负着带动、引领地方文化发展的责任。要引领地方文化,首先得把自己的文化做大做强,否则拿什么去引领?其次要引领地方文化发展,得研究地方文化,了解地方文化。吸纳地方的优秀文化,才能超越自我;融入地方文化,才能引领地方文化。

第三节　地方性新建本科院校办学定位的科学选择①

一、行业性新建本科院校最适合定位为应用技术大学

行业性新建本科院校,如上海机电学院、重庆科技学院等,一般是在原有行业中专或专科学校的基础上组建的,具有明显的行业优势。一是学校与行业有天然的亲近感。尽管实行高校管理新体制后,这类学校划入了省区市等为主进行管理,进入了新的大家庭,与原来的行业脱离了隶属关系,但是由于长期背靠行业,学校教职员工与行业有着千丝万缕的联系,在心理上比较亲近,仍然有进行合作的良好情感基础。二是学科专业行业背景深厚,行业特色鲜明。学校的传统学科专业是根据行业的需要建立的,并且是在行业的支持下发展起来的,因此这类学校的学科

---

① 侯长林,罗静,叶丹.应用型大学视域下新建本科院校办学定位选择[J].教育研究,2015(4);61-69.

专业已深深地打上了行业的烙印,具有行业的特色。三是学校与行业有着长期稳定的友好合作关系并形成了具有行业特色的教师和科研团队。四是毕业生集中分配在行业,毕业生信息反馈便捷,有助于学校人才培养工作的改进。更为重要的是,这类新建本科院校行业技术的积累和积淀比较深厚,行业的技术已扎根学校,而且现有的学科专业依然可以得到其所依靠的行业大力支持和全面支撑,比如,先进的行业技术研发平台可以利用、优秀的行业技术团队可以共享、与学科专业紧密结合的行业技术岗位可以为毕业生提供良好的就业机遇,可谓"近水楼台先得月"。所以,这类新建本科院校又往往是该行业新技术诞生之地,即新技术研发源。因此,这类新建本科院校最适合定位为应用技术大学。由于这类新建本科院校的优势在于依靠行业技术,但劣势也在于是为行业服务,其学科专业又往往比较单一,尽管实行高校管理新体制后许多新建行业本科院校积极适应地方经济社会发展需要,不断拓展学科专业覆盖面,但很难在短期内改变学科专业单一的局面。因此,这类新建本科院校的服务面相对较窄,很难对社会进行全方位服务。如果这类院校选择教学服务型大学的方向发展,显然其全面服务社会的特征难以彰显。

二、地方性新建本科院校有朝教学服务型大学发展的优势

地方性新建本科院校的情况则比较复杂,就是在师专或教育学院基础上升格而成的地方性新建本科院校也有多种类型。从学校应用转型的进展情况看,至少有这样一些类型:第一类是朝应用型转向发展比较好的,如合肥学院、黄淮学院等,由于朝应用型方向发展起步早,无论是在师资队伍建设,还是在实验实训基地建设及校企合作等方面,都已经有比较好的基础,并且已经有一定的技术积累;第二类是刚刚开始朝应用型方向转型发展的学校,如铜仁学院、黔南民族师范学院等,开设了一些与地方经济社会发展相对接的新专业,只是这些专业还很不成熟;第三类是还处在徘徊观望阶段的学校。从学校所处的区域经济环境看,比较明显的类型有:一是经济发达地区的新建地方本科院校,其所处地域大企业多,产业发达,地方企业、产业对人才需求大,同时,地方对学校财力的支持也比较大,这类学校应用转型发展比较容易;二是经济欠发达地区的新建地方本科院校,其所处地域中小企业多,产业不发达,地方企业、产业对人才的需求有限,这类学校应用转型相对困难;

三是经济不发达地区的新建地方本科院校,其所处地域中小企业都较少,产业没有形成规模,地方企业、产业对人才的需求基本没有,这类学校应用转型难度最大。从不同的角度划分,会得出不同的类型。总之,地方性新建本科院校的情况比较复杂,因此不能一概而论,需区别对待。其实,就是同一所新建本科院校的不同院系不同学科专业的应用转型也需要区别对待。比如人文社科类的院系及学科专业与理工农医类的院系及学科专业在应用转型的过程中肯定有差异。不过,总体而言,地方性新建本科院校对教学的积累和积淀时间往往比较长,有教学型大学办学基础,同时,这类新建本科院校由于长期在地方发展,与地方有着天然的联系,容易与地方进行友好合作。这是朝教学服务型大学方向发展的优势。但我们也应该看到,这类新建本科院校升本后虽然根据地方经济社会发展的需要相继设置了一批新专业,开始有一定的服务社会的能力,但普遍还不强。严格来说,这类新建本科院校朝教学服务型大学方向发展都还比较困难,但相对于朝应用技术大学方向发展来说,则要适合一些。因为没有技术积累和积淀,也没有行业技术支撑和支持,如果定位在应用技术大学,显然是不符合实际的。

第四节　应用转型是在坚守大学根本前提下的转型[①]

一、应用转型只是大学类型的转变而非对大学本身的抛弃

(1)国家政策层面"应用转型"的解读。从国家出台的《关于加快发展现代职业教育的决定》《现代职业教育体系建设规划(2014—2020 年)》《关于深化产教融合的若干意见》《关于引导部分地方普通本科高校向应用型转变的指导意见》文件可以看出,应用转型是在宏观层面的国家发展战略部署的背景下,基于大学分类管理体系,在类型定位上对地方本科院校发展目标做出的规定性要求,最终转向应用

---

① 侯长林,陈昌芸.应用转型是在坚守大学根本前提下的转型[J].教育发展研究,2018(17):6 – 14.

型大学。

（2）专家话语中"应用转型"的解读。目前关于应用转型的讨论,尽管表述各不相同,但其含义是一致的,那就是"类型的转变"。中国人民大学的刘振天教授认为,转型问题说到底就是地方本科院校发展的重新定位。刘振天教授在这里虽然没有直接说"重新定位"就是其办学类型的重新定位,但是他在阐释高校办学自主权时说得很清楚:地方本科院校转型发展,是指向什么类型去发展,即高校转型是"从传统的学术型、学科型转向应用型、技术型、职业型或技能型"[①]。中国教育学会会长钟秉林等认为,"就转型发展的目标而言,是发展成为应用型高校或应用技术类型高校",并进一步指出,"应用型高校或应用技术类型高校是一种新的学校类型的统称"[②]。中山大学原校长黄达人还对本科应用转型的内涵进行过专门的解读,"'应用型'最重要的内涵是让我们培养的学生更加符合社会的需要,让我们的学校更好地具备服务地方、服务行业和产业的能力,落脚点是办社会满意的教育"[③]。综合专家的观点,其结论是:应用转型之"型",是大学本科高校中的一种新的类型,因此,应用转型是办学类型的转变。

（3）学理视角下"应用转型"的解读。何为"应用",词源学上解读为"适应需求,以供使用"[④]。所谓转型,则是指事物的结构形态和运转模型的转变,主要体现在其结构、形态等方面的变化[⑤]。地方普通本科高校的应用转型也同样如此,即普通本科高校应用转型可以理解为大学类型的转变,向应用型方向发展,以适应社会需求,涉及大学发展方向、结构要素、组织形态等内容。简而言之,即为大学类型指向应用型。德国把大学划分为传统综合性大学和应用型大学两大类型。我国关于大学类型的传统划分是:研究型大学、教学研究型大学、教学型大学。2017 年 1 月25 日教育部出台的《关于"十三五"时期高等学校设置工作的意见》已经将我国的高等教育明确划分为研究型、应用型和职业技能型三大类型。

（3）现实层面中"应用转型"的解读。地方本科院校怎么向应用型方向转变?

① 刘振天.地方本科院校转型发展与高等教育认识论及方法论诉求[J].中国高教研究,2014(6):11-17.
② 钟秉林,王新凤.我国地方普通本科院校转型发展若干热点问题辨析[J].教育研究,2016(4):4-11.
③ 黄达人.准确理解本科应用转型的内涵[N].中国青年报,2014-06-16(11).
④ 邹晓平.高等教育中的"应用型"概念辨析[J].现代教育论坛,2015(4):2-8.
⑤ 王凤玉,单中惠.试论美国师范教育的转型[J].教育研究,2006(1):80-85.

目前,国家层面已经通过政策引导、资金拨款等方式加以推动,但在实现应用型大学理想的过程中仍然面临着诸多现实困境。其一,高校多为新建地方本科院校,原有基础薄弱(人力、物力、财力等),在转型之前本身就存在很多问题尚待解决:如何改变在高等教育体系中的弱势地位,如何提升本科人才培养质量,等等。其二,高校的应用转型实践时间较短,多在 2015 年颁布《关于引导部分地方普通本科高校向应用型转变的指导意见》政策后成为转型试点,所以尚处于探索阶段,在理论层面没有形成完整的思想体系,在实践过程中亦没有形成成熟的转型经验与模式,高校的各项转型举措面临很多未知的因素(对应用转型内涵理解,对大学原有办学基础的做法,对外与地方企业、政府之间的关系沟通等)。正如彼得·德鲁克在《非营利组织管理》一书中提及的"每个组织并非是万能的,如果行动与组织的价值观背道而驰,就会一事无成"①。应用转型首先需要明晰并判断各项转型举措是否损害了大学本身,这是先决条件。应用转型从来不是对大学本身的抛弃,而是在现有基础上根据社会环境要求对大学的创新完善,南辕北辙式的大学转型是不可取的。

总之,从国家政策、专家、学理、现实层面解读应用转型,可以看出,地方本科院校面临着从原有传统办学形态(教学研究型、教学型等)向新的办学形态(应用型)的转变,涉及高校内外系统的改革。所谓的应用转型就是以大学根本为基础,通过不断改革实现新旧理念、制度、组织形态的更迭,进而逐步实现应用型大学建设理想的实践过程。换而言之,应用转型是依托大学根本之上的大学类型转变。

二、应用转型不能丢了大学根本

对于应用转型的地方本科院校而言,大学传统、人文艺术、学科建设和开放办学这四大要素共同构成了这类大学的根本体系,其中大学传统是根本的底线,人文艺术是根本的核心,学科建设是根本的动力,开放办学是根本的出路。应用转型如果抛弃了这些要素就等于抛弃了大学本身,就不再是大学。

(1)根本的底线——大学传统。大学在向着应用型方向转变的过程中,新旧制度可以更迭并不断重构,但大学传统却只能继承,并通过扬弃加以发扬。所以只

① [美]彼得·德鲁克.非营利组织管理[M].吴振阳译.北京:机械工业出版社,2007:6.

有遵循大学传统这条底线,才能推动大学整个系统的有机运行,才能朝着应用型方向发展。简而言之,大学传统处于大学根本体系中的底线地位,地方高校改革创新无须全盘否定大学过去的历史和现实状况,应用转型亦不要公然违背大学传统。传统与变革的互动是大学改革的永恒主题。我国地方普通本科院校的应用转型不能只考虑变革而置传统于不顾。在应用转型过程中对原有专业进行调整,取消一些与经济社会发展尤其是产业发展不相适应的专业是应该的,专业不转型,学校的应用转型就会落空,"但是作为由师专升格的本科院校,完全另起炉灶,放弃过去师范教育的积累和积淀,那该给学校造成多大伤害?"①

(2)根本的核心——人文艺术教育。大学教育的根本目的在于培养全人(全面发展、适应社会需求),这也就意味着大学作为培养人才的场所,必然需要考量应该给予学生什么样的教育才能培养全面发展的人才,转型试点的地方本科院校也不例外,需要思考如何培养理想应用型人才的问题。首先,何为理想的应用型人才?这一类型的人才应该是整全的人,而不应该是只懂技术技能的半人,既有一技之长,也能"精神成人"(具备创造、批判、怀疑、独立思想与能力的主体②)。哈佛大学原校长尼尔·陆登庭于1998年3月在北京大学发表演讲时说,"最好的教育不但帮助我们在职业上获得成功,还使我们成为更善于思考、更有好奇心和洞察力、更完满和充实的人"③。其次,大学要落实上述人才培养目标需要开展哪些教育?按照大学教育内容划分,高校不仅需要重视专业教育,强调应用技术技能的培训,帮助学生具备谋生的技能以此适应社会需求(这是毋庸置疑的);但同时也需要注重人文艺术教育,强调学生的全面发展,帮助其在精神层面有所收获,这是人之成人并持续发展的根本所在。总之,不管是最初的大学亦或现代大学(如研究型大学、创业型大学、应用型大学),大学教育最本真的意义都在于"引导大学生完成精神成人,即要使学生的灵魂健全,具有完整的人格"④。教育归根结底就是"永无止境的精神追求"⑤,从这个意义上来讲,以"精神成人"为中心的人文艺术教育就是

---

① 侯长林.应用转型应坚守大学根本[N].人民日报,2017-03-30(18).
② 张笑涛.大学生"精神成人":为何与何为[J].现代教育管理,2011(9):97-101.
③ 沈致隆.哈佛大学和MIT的人文艺术教育及其哲学思想[J].高等教育研究,1999(2):91-95.
④ 李宗贤.略论大学生的"精神成人"[J].现代大学教育,2008(6):76-79.
⑤ [德]卡尔·雅斯贝尔斯.什么是教育[M].邹进,译.北京:三联书店,1991:40.

大学教育的根本核心。除此之外,科学与人文、科技与艺术的融合,已经成为各国教育学研究中不可缺少的一部分①,人文艺术教育之于大学均衡发展的重要意义,决定了需要把人文艺术教育放置于根本的核心位置。

(3)根本的动力——学科建设。从大学内涵来看,德国哲学家、教育家雅斯贝尔斯说过大学是由学者们组成的学术共同体,是知识的汇聚之所,是"知识的宇宙"②。而学科就是知识的体系。美国高等教育理论家伯顿·克拉克对学科曾作过这样的描述:"当我们把目光投向高等教育的'生产车间'时,我们所看到的是一群群研究一门门知识的专业学者。这种一门门的知识称作'学科',而组织正是围绕这些学科建立起来的"③。也就是说,构成大学这个知识工厂的学科组织就是知识生产的车间。没有知识生产的车间哪来知识工厂?"学科被淡化了,怎么构建知识的宇宙和学科的宇宙?④"由上述可以看出,学科是大学极为重要的构成要素,是大学组织产生、改革、转型的内在依托,支撑着大学整个知识生产系统的运行。此外,国家颁布的《高等教育法》明文规定了本科教育需要教会"学生比较系统地掌握本学科、专业必需的基础理论、基本知识",应用转型不管怎么转,其转型的主体仍然是大学,仍然需要开展各项本科教育活动。既然转型的主体仍然是大学,就不能丢了学科。丢了学科就等于抛弃大学;不说丢了学科,就是淡化学科,也会动摇大学的根本,阻碍大学的转型发展。在高校应用转型过程中,没有动力支持的高校应用转型是无法真正意义上实现大学的类型转变的,亦无法支撑大学的长远发展。因此,从这一层面而言,学科是大学发展的内部根本力量。大学教师依托学科、基于知识形态的学科(如课程)可以传授知识,培养人才;立足组织形态的学科(教研室、研究基地等)可以实现个体专业发展,开展知识创新;置身于活动形态的学科(比如各项学术活动),可以去参与社会服务,进行知识应用。正是得益于学科,大学教师才能在知识传授、创新及应用过程中得以成长,进而提升大学人才培养、科学研究、社会服务的质量。对于应用型高校学科建设,首先科学研究是必须做的。

---

① 顾秉林.促进人文、艺术、科学教育的融合追求真、善、美的统一[J].清华大学教育研究,2002(4):1-7.

② [德]卡尔·雅斯贝尔斯.大学之理念[M].邱立波,译.上海:世纪出版集团,上海人民出版社,2007:12.

③ [美]伯顿·克拉克.高等教育新论——多学科的研究[M].王承绪,等,译.杭州:浙江教育出版社,2001:107.

④ 侯长林.应用转型应坚守大学根本[N].人民日报,2017-03-30(18).

科学研究不仅与学科紧密相连,也是学科建设的重要内容。其次,应用型本科高校要在学科建设中做到转变思路,把学科建设的重点放在应用学科上。所谓应用学科,就是"研究基础学科所产生知识的应用,由能够直接指导生产服务一线工作,提高人类生活水平、生存质量所需要的知识、经验、方法、策略形成的系统的理论体系。①"当然,也需要注意,应用学科的发展离不开基础学科的支撑,需要基础学科知识的交叉融合,比如计算机科学就是数学、逻辑学、统计学、物理学等基础学科交叉融合的产物,没有这些基础学科的交叉融合,就没有计算机科学这门应用学科。因此,应用转型要以建设应用学科为主,但也要给基础学科留下一定的发展空间。

(4)根本的出路——开放办学。从系统论角度看,一切实际系统,从原子到社会,原则上都可以看作是开放系统,"开放"维系着整个系统的能量交换、协调互动等②。一方面,地方院校是构成地方社会系统的重要要素;另一方面,大学本身也形成了一个富有大学特点的系统。对内,各要素(大学传统、学科、教师、学生等)只有秉承开放态势,才能实现彼此之间的资源共享,优化要素组合;对外,大学只有与外部社会进行持续不断的物质、人力、信息的交换,才能保证大学系统与社会系统的协同共进。由此可知,开放与否,从根本上决定了地方院校(作为开放系统)的"生死存亡",通过开放办学这条根本路径,能够维系大学系统的顺利运行,即开放办学是地方高校系统发展的根本出路。在一定意义上,是否以开放姿态处理大学内部各要素并融入地方社会,成为评价并判断高校能否生存、转型发展的根本所在。纵观高校发展历程,以开放办学为根本出路,进而取得大学转型成功的例子不胜枚举。斯坦福大学和麻省理工学院带来硅谷传奇、128 公路带兴盛等,有力地佐证着大学开放办学带来的重要成效,在实现自身转型发展的过程中也带动了社会经济发展。当前,地方院校所处的外部社会环境正在发生巨大的变化(如社会经济结构转型升级、各项引导地方本科院校应用转型政策的出台、高等教育国际化程度不断提高等),这些都要求大学进行多主体(地方政府、地方企业、各个国家等)、多维度(国际教育、本土教育等)、多层次(校府合作、校企合作和国际合作等)的开放

① 罗静.对现代职业教育体系中应用学科生态位的探讨[J].铜仁学院学报,2017(5):55-60.

② 李继宗,邹珊刚,黄麟雏.系统论的发展及其哲学意义[M].北京:求实出版社,1983:12-15.

办学,学习并借鉴先进的大学转型的办学经验,以此促进高校能够适应并引领地方社会发展;同时,应用转型试点高校多为新建地方本科院校,自身办学基础薄弱,学科建设水平不高,培养的学生质量良莠不齐,只有通过开放办学,才能打破大学本身内部各要素、各部门之间的壁垒,实现彼此的交流互通,进而优化盘活内部资源,增强学校实力。

第二章 应用型本科人才培养模式

第一节 应用型本科人才的内涵及特征

我国教育部在 2000 年出台的《教育部关于加强高职高专教育人才培养工作的意见》中公开使用"应用型专门人才"一词。应用型人才主要是在一定的理论规范指导下,从事非学术研究性工作,其任务是将抽象的理论符号转换成具体操作构思或产品构型,将知识应用于实践①。"把从事揭示事物发展客观规律的科学研究人员称为研究型人才,而把科学原理应用到社会实践并转化为产品的工作人员称为应用型人才"②。换言之,应用型人才就是与精于理论研究的学术型人才和擅长实际操作的技能型人才相对应的,既有足够的理论基础和专业素养,又能够理论联系实际将知识应用于解决实际问题的人才。"学术型人才的主要任务是致力于将自然科学和社会科学领域中的客观规律转化为科学原理;应用型人才的主要任务是将科学原理直接应用于社会实践领域,从而为社会创造直接的经济利益和物质财富"③。应用型人才的核心是"用",本质是学以致用,"用"的基础是掌握知识与能力,"用"的对象是社会实践,"用"的目的是满足社会需求,推动社会进步。

作为一种独立的人才类型,应用型人才具有分层体系,大致分为:应用型本科

---

① 潘懋元,石慧霞.应用型人才培养的历史探源[J].江苏高教,2009(1):7–10.

② 潘晨光,何强.人才培养体:从"h"型到"H"型[J].职业技术教育,2009(3):67–75.

③ 宋伯宁,宋旭红.山东省高等学校分类研究[M].山东:山东大学出版社,2012 年版.

人才和应用型高端人才,其中,应用型高端人才主要指应用型硕士和博士。相比而言,应用型本科人才更多地偏向知识和理论的基本应用,应用型高端人才则在进行知识应用的同时,侧重于应用型科学研究,能够掌握核心技术,推动应用科学技术质的发展,在应用理论的创新方面发挥作用,取得突破①。应用型人才、学术型人才和技能型人才的基本特征见表1-1所示。

表1-1 应用型人才、学术型人才和技能型人才的基本特征

	应用型人才	学术型人才	技能型人才
职能	将科学原理应用于与社会生产生活密切相关的社会实践领域	进行科学理论研究,发展客观规律,将客观规律转化为科学原理	在生产第一线或工作现场从事为社会谋取直接利益的工作
知识结构	以行业设置专业,注重知识的现时性、复合性和跨学科性,拥有应用科学的知识体系	以学科体系为本位,由基础科学的知识体系组成,注重学科知识本身的系统性和理论性	以职业岗位为本位,以"够用"和"实用"为限,重在掌握实用技术和熟悉相关规范
能力结构	运用科学理论知识和方法的综合能力和解决问题的实践能力,具有更强的社会能力。具有应用知识进行技术创新和技术二次开发的能力	科研能力、创新能力、批判能力	技能性的实践能力

---

① 吴中江,黄成亮.应用型人才内涵及应用型本科人才培养[J].高等工程教育研究:2014(2).

第二节　应用型本科人才培养模式内涵阐释

一、理解应用型本科教育

高等教育在漫长的历史演变中逐渐分化为研究型、应用型和技术技能型三种办学类型,聚焦经济社会发展,并培养与之相匹配的专门人才。按照联合国教科文组织的《国际教育标准分类法》规定,教育共分为学前教育、初等教育、初级中学教育、高级中学教育、非中等的中学后教育、高等教育第一阶段、高等教育第二阶段。高等教育第一阶段又具体分为 5A1 和 5A2,5A1 按学科设置专业,一般为研究做准备,相当于我国的研究型本科教育;5A2 按行业设置专业,培养各行各业的高级专业人才,相当于我国的应用型本科教育。

1998 年,龚震伟首次提出"应用型本科"概念,指出应用型本科人才要具有创新意识和能力[①]。进入 21 世纪,我国经济社会的快速发展和工业化进程的深入,尤其是地方经济和行业经济的发展,对一线工作的本科人才需求越来越多,迫切需要高等学校培养出在素质、能力、知识等方面都适应工作需要的新型应用型本科人才。这类人才培养的任务主要由这一时期建立的本科院校承担,也称这类大学为"应用型大学",主要是随着改革开放新成立的一批大学、高等专科学校升格而成的新建本科院校、高职学院升格的本科院校[②]。2010 年,国务院常务会审议通过《国家中长期教育改革和发展规划纲要(2010—2020 年)》,提出"优化学科专业和层次、类型结构,重点扩大应用型、复合型、技能型人才培养规模",对应用型人才的培养第一次提出要扩大规模。2014 年出台的《关于加快发展现代职业教育的决定》《现代职业教育体系建设规划(2014—2020 年)》,为提高人才培养质量提出了

---

① 龚震伟.应用型本科应重视创造性培养[J].江南论坛,1998(3):41.
② 潘懋元.我看应用型本科院校定位问题[J]教育发展研究,2007(21):7－8.

适应发展需求、产教深度融合、中职高职衔接、职教与普教相互沟通的现代职业教育体系。2015 年,出台了《关于引导部分地方普通本科高校向应用型转变的指导意见》,指出应用转型高校要主动融入产业转型升级和创新驱动发展,把办学思路真正转到服务地方经济社会发展上来,转到产教融合校企合作上来,转到培养应用型技术技能型人才上来,转到增强学生就业创业能力上来,全面提高学校服务区域经济社会发展和创新驱动发展的能力。

从培养规格上看,应用型本科培养的不是学科型、学术型、研究型人才,而是培养适应生产、建设、管理、服务第一线需要的高等技术应用型人才;从培养体系上看,应用型本科以适应社会需要为目标,以培养技术应用能力为主线设计学生的知识、能力、素质结构和培养方案,以"应用"为主旨和特征构建课程和教学内容体系,重视学生的技术应用能力的培养。另外,应用型本科与高职专科相比也有较大的不同:高职专科主要培养一般企事业部门的技术应用型人才,尤其是培养大量一线需要的技术人才;应用型本科则主要培养技术密集产业的高级技术应用型人才,并担负培养生产第一线需要的管理者、组织者以及职业学校的师资等任务。

二、透视人才培养模式

《现代汉语词典》定义"模式"为"某种事物的标准形式或使人可以照着做的标准样式"①,对某一类问题的解决方法进行归纳总结,从理论层面阐述就是模式,其本质是解决问题的方法论。美国著名高等教育家罗伯特·伯恩鲍姆认为,"模式只是从现实中抽象出来,用以帮助理解复杂事物的系列概念组合"。模式不同于对真实原型进行模拟的模型,它有着明显的价值观念、符号特征、思维特征和行为倾向。

尽管有人才培养就可以抽象出人才培养模式,但我国高等教育管理界和学术界提出并讨论人才培养模式则是近20 多年的事。1998 年,教育部首次把人才培养模式定义为"学生构建知识、能力、素质的结构及其实现的方式"②。学术界也从不同的角度对人才培养模式进行研究,认为人才培养模式是实现教育目标的教育、教

---

① 中国社会科学院语言研究所. 现代汉语词典[M]. 上海:商务印书馆,1981:791.
② 《关于深化教育改革,培养适应21 世纪需要的高质量人才的意见》(教高1998[2]号).

学样式①；还有学者从教学活动方面认为，"人才培养模式是教育思想、教育观念、课程体系、教学方法与手段、教学资源、教学管理等要素，按一定的规律有机结合的教学形式"②。尽管表述不同，但其内涵集中体现在教育思想和教育观念指导下的"培养什么人"和"如何培养人"两个方面。

"培养什么人"涉及培养目标和培养规格，其随社会历史阶段的需求而变化。"如何培养人"涉及"培养过程、课程体系、教学方法与手段、教学资源、评价体系、保障体系"等要素。可见，人才培养模式既涉及"教学"过程，更涉及"教育"过程，其在静态的教学结构上反映出层次特性，也在动态的教学活动上体现多维性、过程性、互动性、综合性，是结构与过程、静态样式与动态活动的统一。

人才培养模式是有层次的，最高的层次是主导整个高等教育系统的模式，如素质教育模式、通才教育模式、专才教育模式。第二层次的人才培养模式是高等学校所倡导、践行的培养模式；第三层次是某一大学内不同学科专业所采用的培养模式③。从我国大学人才培养模式改革实践来看，总体上经历了三次重大调整：第一次是20世纪50年代由通才教育模式向专业教育模式的转变；第二次是20世纪80年代对专业教育的反思与改革；第三次是20世纪90年代开始逐步探索通专结合的人才培养模式④。我国人才培养模式从过度专业化走向半开放式的专业教育与通识教育并重，再到更加强调基础化、综合化、个性化、实践化。我国大学人才培养模式在不同历史发展阶段均体现出不同特征的时代烙印，但其根本目的是服务于不同历史时期国家经济社会建设的需求。

三、应用型本科人才培养模式

关于应用型人才培养模式的内涵与特征，潘懋元在《应用型人才培养的理论与实践》中指出，"以应用型本科人才培养为目标，以需求为主导建设学科专业，以应用为导向构建课程体系，以产、学、研结合为主要培养途径，以行动为导向指导教学

---

①　刘明浚.大学教育环境论[M].北京:北京航空工业出版社,1993.
②　刘红梅.21世纪高教人才培养模式基本原则探析[J].齐齐哈尔医院学报,2002(5):589.
③　刘献君,吴洪富.人才培养模式改革的内涵、制约与出路[J].中国高等教育,2009(12):10-13.
④　中国特色高等教育思想体系研究课题组.中国特色高等教育思想体系论纲[M].北京:高等教育出版社,2017:165-166.

方法,以能力为导向进行教学评价"。刘国钦在《高校应用型人才培养的理论与实践》一书中论述应用型人才培养应该既要有"知识",又要有"能力",更要有使知识和能力得到充分发挥的"素质",即应当具备基础扎实、知识面宽、能力强、素质高的特点,尤其要具备较强的创新与实践能力。"能力"既指岗位(群)能力,也指专业能力、就业能力、创业能力。胡璋剑在《应用型人才培养新论》提出,应用型人才培养模式应该体现"六化",即专业方向的市场化、课程设置的应用化、教学内容的模块化、教学实践的项目化、产学合作的多元化、就业指导的全程化。

综合应用型本科人才培养模式的内涵及国内专家学者对应用型人才培养模式的研究,应用型本科人才培养模式即为了培养应用型本科人才而采用的教育、教学样式,在现代职业技术教育思想、教育观念的指导下,遵循"应用"为核心,"需求"为导向,"能力"为取向,"专通结合"为原则,课程体系、教学方法与手段、教学资源、教学管理等要素有机结合而形成的比较稳定的教学活动样式,系统回答"培养什么样的应用型人才""如何培养应用型人才"。具体而言,是以提高学生的知识应用和实践能力为培养目标,以专业性质和实际社会需求选择教学内容、进行课程设置,以鲜明的实践特色贯穿教学过程,以多元化的评价和手段构建评价体系的人才培养标准形式。通过这种标准,以期不断优化学生的专业知识、专业能力和素质结构,从而培养出知识能力强、职业适应面宽、可持续发展能力突出的高水平人才。

第三章　国外应用型本科人才培养模式研究

第一节　德国"双元制"应用型人才培养模式

一、德国"双元制"应用型人才培养模式简介

二战后,德国随着社会经济的发展,高技术人才和专业人员非常紧缺,如何培养高级应用型人才成为德国高等教育改革的主要诉求,德国"双元制"高等教育办学模式应运而生。"双元制"人才培养模式是一种能够促进学生把在学校所学到的理论知识和在企业中所接受的实践技能锻炼实现紧密的结合,从而培养出高素质的专业技术工人的人才培养模式①。"双元制"中,"一元"是指大学,"一元"是指各行业的企业。在教学中,通过将二者紧密结合,相互合作,确保"双元制"人才培养质量。也就是说,处在"双元制"人才培养模式下的学生,学习的地点有两个:学校和企业;相应地,他们也有两重身份:学生和学徒。德国高等教育体系包含综合性大学、应用科技大学和"双元制"大学三大类。实际上,在德国高等教育领域,设置"双元制"专业、"双元制"大学课程已经成为一种趋势。无论是"双元制"大学,还是应用科技大学,或者综合性大学,都设置有"双元制"专业和"双元制"大学课程。"双元制"应用人才培养模式既为德国经济社会发展提供了高级应用型人才,

---

① 郑向荣.德国"双元制"职业教育的历史、内涵、特点及问题[J].高等农业教育,2001(4):45-46.

也提升了学生的就业率,成为"二战后德国经济腾飞的秘密武器"。其中,应用科技大学有双重身份:一是作为职业教育高级阶段的一种形式;二是作为高等教育机构中的一种类型,与综合性大学和"双元制"大学并列,其"双元制"人才培养模式举世闻名。

二、德国"双元制"应用型人才培养模式的特征

(1)教育理念:关注"全人教育",为职业实践和未来工作而学习。从宏观的教育理念上讲,"双元制"的人才培养包含三个层面的目标:一是个体发展,即发展个体工作和生活所需的专业技能,为其塑造人生提供机会,激发个体潜能,提升个人自我效能和学习动机;二是社会发展,旨在促成青年一代团结向上,让其顺利接受培训和就业;三是经济发展,即职业教育和培训要关注人力资源开发,保证企业和个人有较高的经济收入①。从微观的教育理念上讲,"双元制"是既体现强调技能和实践能力培养的教育理念,也是强调就业和直接通向生产岗位为未来而工作的教育理念。德国应用科技大学的办学理念是"为职业实践而进行科学教育,而不是带有某些理论的职业教育"。德国"双元制"教育体系中,无论是教育和实践训练时间的分配,还是培训的运行机制;无论是课程目标制订,还是课程方案的描述,以及教学方法的运用等都体现出强烈的实用性、综合性、岗位性、技能性等特征。

(2)培养目标:突出"实用性"培养应用型专业技能人才。回应关注"全人教育",为职业实践和未来工作而学习的教育理念,"双元制"人才培养目标包含了三个维度:一是专业素质,二是职业素质,三是社会素质。德国应用科技大学通过对学生进行必要的基础理论教育和充分的职业训练,使其成为在某一领域具有独立从事职业活动能力的中高级技术人才。德国经济界和工商管理界把这类人才称为把理论知识转化为实际应用技术的"桥梁式的职业人才"。一般要求学生达到以下三个方面的目标:一是能借助理论科学方法,解决来自生产和生活实际中的具体问题;二是能完成新的科研与技术开发项目;三是在应用理论、科研方法的技术

---

① 吴华安,柏群,等.地方财经院校应用型人才培养模式转变的理论研究与实践探索——以重庆工商大学融智学院为例[M].成都:西南财经大学出版社,2017.

性生产中引进、优化和监控新方法、新工艺的使用①

（3）专业设置：紧扣市场需求，瞄准产业发展，设置专业。与一般大学相比较，德国应用科技大学专业设置具有明显的地方特色，能适应和服务于国家，特别是当地的经济和社会发展，多与当地的人文、地理、产业结构密切联系。比如，不伦瑞克/沃芬比特尔应用科技大学设有车辆工程专业，为所在地区（其中一个校区在大众公司总部沃尔夫斯堡）培养汽车行业的工程师。同时，专业设置还特别强调适应经济和企业的发展需要。随着知识经济时代的到来，新生产领域出现了高技术岗位群，其涉及交叉和边缘的学科，如亚琛应用科技大学就新设置了能源和环境保护、飞机制造、太空飞行技术、计算机一体化、生物医学等专业，体现了对新生产领域高技术岗位群人才需求的支撑②。

（4）课程体系：课程设置面较宽，科目较多，突出"实用性"。"双元制"模式下，应用科技大学课程设置面较宽、科目较多，其教学安排紧凑，理论教学宽而浅，要求严；课程门类多，必修课比重大，课时数多，考试严格，因而有较高的效率和质量保证。通常每个专业设置30门左右的课程，其中必修课占2/3以上；平均周学时为24～30小时（大学平均周学时为17～20小时）。课程设置和内容除必要的基础理论外，偏重于应用，注重实践，理论考试不是重点，而重在培养学生的应用能力，与企业的关系极为密切。

（5）实践教学：以市场为导向，课程突出"实用性"。"双元制"模式下，理论学习和企业实践相互融合，其实践和理论紧密结合的程度是传统大学课程所无法企及的。与传统大学相比，实践教学环节的比例达到了50%，主要包括实验教学、实践学期、项目教学、毕业设计和学术旅行等③。另外，虽然德国的各类职业都有全国统一的教学大纲，但却没有全国统一的课程设置。只要符合教学大纲的难易程度，学校和企业有权根据市场变化设置和选用自己需要的课程和教材。其主导思想是把新工艺、新方法、新技术及时引进培训计划，以适应经济和社会结构的发展

---

①　张有龙，赵爱荣.德国应用科技大学办学特色分析及借鉴——兼论我国应用型人才的培养[J].高等职业教育（天津职业大学学报）.2007（1）：93－95.

②　张有龙，赵爱荣.德国应用科技大学办学特色分析及借鉴——兼论我国应用型人才的培养[J].中国职业技术教育（天津职业大学学报）.2007（261）：57－59.

③　张有龙，赵爱荣.德国应用科技大学办学特色分析及借鉴——兼论我国应用型人才的培养[J].中国职业技术教育（天津职业大学学报）.2007（261）：57－59.

变化①。据研究,"双元制"职业能力训练体系对经济部门的需求十分敏感,能够及时估计到职业结构的变动和劳动市场的需要,并不断抛弃过时的训练职业,同时修正课程,是十分灵活和高效能的训练体系②。

(6)学习方式:双元互补,丰富的学习方式。在"双元制"职业教育中,受培训者以学徒身份在企业里接受职业技能方面的培训,以更好地掌握"怎样做"的问题,从而同时又以学生身份在职业学校接受专业理论和普通文化知识教育,以解决"为什么"的问题。将企业与学校、实践技能与理论知识有机结合了起来,培养出既有较强操作技能又有一定专业理论知识与普通文化知识的技术工人。学生在企业与学校的时间比例一般为3:2或4:1。比如,大学理论学习和职业教育相互融合类型,以北威州克雷费尔德项目为例,前四个学期每周的学习时间安排是3天在企业中,2天在高校中。如此的学习一直持续到行会考试结束转为全日制学习,余下的企业培训则穿插在假期和实践学期。而在巴伐利亚州,课程计划的安排是先进行为期一年的职业培训,完成行会组织的第一次职业资格考试后开始大学理论学习,在假期中继续穿插职业培训,并且在实践学期中完成行会组织的第二次职业资格考试。又如,大学理论学习和企业实践相互融合类型,相比传统大学实践的比例至少要高50%,教学节奏的设计较为多样,巴登-符腾堡模式课程安排就以3个月为一个教学周期,3个月在企业实践,3个月在大学学习,轮流进行,循环往复③。

(7)校企合作:校企深度合作,建立产学研合作共赢模式。"双元制"模式下,企业参与人才培养全过程,参与培养目标、教学大纲、课程设置、实习实训、考核等各项教学环节实施。企业根据用人需求,与学生签订合同,明晰培养目标;企业与学校合作,明确课程衔接、教学组织与安排;企业结合自身需求,深入参与培养与考核环节,安排经验丰富的一线师傅实施教学、项目工作、学位论文评审等,与学校形成人才培养的封闭循环,建立了稳定的校企深度合作机制。企业凭借培养过程中对学生较为全面的了解,就业招聘时可与学生进行二次选择,招聘到企业急需的有用人才,立即上岗,减少风险。在众多企业的深度参与下,来自不同实践环境的"学

① 魏晓锋,张敏珠,顾月琴.德国"双元制"职业教育模式的特点及启示[J].国家教育行政学院学报,2010(01):92-95,83.

② 李其龙,孙祖复.战后德国教育研究[M].南昌:江西教育出版社,1995:168.

③ 陈莹.德国双元制高等教育体系研究[J].外国教育研究.2015(6):119-128.

徒"聚在大学共同学习专业理论。多样的实践学习环境为学生开拓专业视野、促进相互学习交流提供了良好平台,同时也为高校理论知识传授和学生迁移能力的培养提供了平台。

(8)培养标准:行业指导考核,制定统一职业培训标准。德国"双元制"职教模式根据企业、产业的发展情况,对职业培训工种类别进行动态调整,目前约有340个职业类别。德国职业教育研究所根据企业需求确定职业培训标准、企业和学校共同确定教育标准、行业协会和用人单位共同确定考试标准,通过将三种标准有效融合、贯通实施,最终确保人才培养质量的标准性和合规性,为人才流动、相互认可提供了基础支撑。德国的"行会标准"就是"国家标准",由工商联合会统一颁发毕业证书有93个大类、380多个职业,在整个西欧都被认可。

(9)师资保障:专业化、双师型师资队伍。师资的实践经验是德国高职教师的品牌,德国应用科技大学教师除了拥有必备的学历和学位,还要必须至少拥有5年以上(其中3年在高等学校外)从业工作经历,即要具备"教师"和"工程师"的双师资格,与此同时,为防教学脱离实际,教师还要持续了解企业的最新发展动态,实现教学的可持续发展。此外,应用科技大学还聘请企业一线师傅和业界专家(专业技术工程师、工程技术人员)为兼职教师和兼职教授,通过兼课和开设讲座等方式,介绍企业生产实践和新技术(新产品、研发新动向)。

(10)政策保障:为教育立法,构建校企合作、企业为主的协同育人教育体制。1969年,联邦教育研究部和联邦经济就业部联合颁布《联邦职业教育法》,确立了职业教育"双元制"的法律地位。1976年,修改《改进培训场所法》和《青年劳动保护法》,确保青年在企业中的职业训练①。1981年,颁布《联邦职业教育促进法》,确定了涉及职业教育规划、统计和研究内容的条款,以及联邦职业教育研究所在职业教育领域的法律地位。2005年,又将《联邦职业教育促进法》与《联邦职业教育法》合并,修订新《联邦职业教育法》。2007年,又再次修订成为"校企合作、工学结合"联邦职业教育基本大法②,并颁布与之配套的诸如《联邦职业教育保障法》《青年劳动保护法》《职业培训条例》以及《实训教师资格条例》等系列法律法规,形成

---

① 贾春晓.我国企业教育的体系和模式研究[D].西南交通大学,2000:23.
② 马旋.中外高职课程设置比较[D].河北科技师范学院,2011:16.

完善的职业教育法律体系。在这种制度的保证下，企业均把职业教育作为"企业行为"来看待，企业内不仅有相应的生产岗位供学生生产实践，还有规范的培训车间供学生教学实践；不仅有完整的培训规划，还有充足的培训经费；不仅有合格的培训教师和带班师傅，还有相应的进修措施。机制层面健全、完善的"双元制"，是整个职教体系得以有效而顺利开展的保障。

第二节　美国"多元化"应用型人才培养模式

一、美国"多元化"应用型人才培养模式简介

美国的高等教育经历了三百余年的发展历史，形成了结构完整、规模庞大、呈现多元立体的国民高等教育体系。高校大体可分为大学、文理学院、社区学院等，其应用型人才主要由文理学院、社区学院等院校来培养。美国学习英国、德国的应用型人才培养模式，结合本国实际情况，形成了多元化的应用型人才培养模式，通过创造多样化的入学途径，使不一样的学生进入不一样的教育机构，为学习能力、动机、兴趣不同的学生提供不同的教育环境，其重视为不同类型的学生提供不同的教育，而不是消除差异。美国崇尚"实用主义"哲学理念，从幼儿到研究生教育都含有职业教育因素，且在大学中加强了所学内容的技术性和应用性，即使是研究型大学，其教学与科研都突出"应用性"，强调学科知识只有在现实世界中才能找到其自身的价值，强调专业知识的学以致用①。美国高校应用型人才培养有五种典型模式：CBE 模式、CBET 模式、双元制模式、STW 模式和现代学徒制模式，其中最为核心的是 CEB 模式，即能力本位教育。美国应用型人才培养突出以关键能力为培养目标，而实用则成为专业设置和课程体系的标志，实践则是教学培训的特点。

---

① 王立人，顾建民，庄华洁，等.国际视野中的本科应用型人才培养［M］.杭州：浙江大学出版社，2008：29－55.

如辛辛那提大学的"工读交替"模式,麻省理工学院的"本科生研究机会计划"模式,加州大学的"个人专业"模式等,都充分体现了美国多元化的教学模式①。

二、美国"多元化"应用型人才培养模式的特征

1. 培养目标:关注服务经济社会发展的"关键能力"培养

美国应用型高校的人才培养目标定位比较相近,本科四年制一般培养工程型、技术型应用人才,二年制社区大学和专业学院主要是培养生产、管理和服务一线的技能型和操作型应用人才。20 世纪,以原子能、电子计算机、空间技术、生物技术为标志的第三次科技革命,行业产业对劳动者素质的需求普遍提高,美国应用型本科教育培养能够适应新经济发展,技术水平高、综合能力强的应用型人才。尤其是在 20 世纪 90 年代,整个社会向信息化、网络化和学习化过渡,终身学习成为每个人的需求,培养目标又向培养成为终身学习者的高水平技术人员过渡,其目的兼顾了经济、教育和社会三重因素。到了 21 世纪,随着第四次工业革命的到来,科学技术呈现出交叉融合趋势,提出了培养高素质应用型人才的要求,除了技术技能外,职业道德、责任感、信誉感、人格、创新等风格和特长也尤其重要。可见,美国应用型本科人才培养始终以服务经济社会发展为目标,经济、教育和社会三种因素所形成的合力决定了应用型本科人才培养的动力和方向。

美国 1999 年设立全国职业技能标准委员会,后经美国教育部与劳工部选定了22 个行业,制定新的综合性的行业技能标准,这些标准强调所培养的高水平技术人员应具备应用、研制、开发先进生产技术的能力。从 1996 年开始,斯达滋等就认为,学生在为将来工作做准备方面表现很差,美国的教育需要进行根本性的改革。必要技能获得委员会则阐述了从事任何职业都需要基本能力、思维能力、个人品质三种素质,阅读能力、书写能力、倾听能力、数字运算能力、口头表达能力五种基本能力,创造性思维、决策思维、问题解决思维三种思维能力,以及社会责任感、集体责任感、敬业精神、自信心、进取心、正直、诚实、守法规等个人品质。除此之外,还提出了五种更为宽泛的能力,即合理利用和支配各种资源的能力、处理人际关系的

① 王燕露.新建地方本科院校人才培养模式研究[D].山西大学,2013.

能力、获取并利用信息的能力、理解系统复杂关系的能力、运用各种技术的能力①。比如,一些应用型高校的化学工程专业,要求学习者掌握化学工程专业较为系统的专业基本知识和基础理论;运用学科理论知识和专业技能解决化学工程中的常见问题;有较强的化工实验设计、操作和分析实验数据的能力;具有对现代化工企业的生产过程进行革新改造的能力;具有对化工产品进行开发、设计和对新产品进行研制的基本能力;具有良好的团队合作、人际交流与沟通能力;具备优秀化学工程师良好的职业道德和社会责任,深知化学工程对人类社会的影响②。

2.专业设置与课程体系:以实用为特征的专业设置和课程体系

1904 年,查尔斯.范海斯创造性地提出了"为州服务"理念。自此,美国大学走出"象牙塔",主动与政府、企业、民间基金会建立了良性互动关系,根据经济社会发展和市场需求,设置相应学科专业,培养社会急需的专业人才,为地方经济、社会、科技发展服务。比如,美国社区学院在专业设置上深深地烙上"大学要为社会服务"的印痕,遵循"关心社区的生活水平""发展社区经济"的办学理念设置专业,并开设为社区各项服务的课程。

在实用主义思想的影响下,美国应用型人才培养不仅专业设置紧跟社会需求,而且课程安排中专业课和实践课占有较大比重,注重培养学生的应用实践能力。其中,CBE 模式的课程体系设置和教学内容确定以职业(岗位)胜任能力为基本出发点,对接产业链,强化职业指向性,突出学生应用能力培养,制订学生能力开发和训练进程表,主要培养生产、管理和服务一线的技能和技术型人才③。密歇根理工大学电气工程专业的课程体系由基础理论学习、专业理论学习和专业学习三部分组成。基础理论既涉及数学、物理等传统理工科目,也包括拓宽学习者的视野的通识教育。专业理论则开设掌握专业知识所必须学习的专业基础课程,如电路、数字电子微处理器基础等。专业学习则为学习者深入掌握专业知识开设了电力系统、高级电路与控制等课程。

3.实践教学:理论和实践的紧密结合的合作教育

美国高校十分重视实践教学,实施"合作教育",体现了理论与实践并进、学

---

① 王媛.当代美国本科层次应用型人才培养模式探究[D].华东师范大学,2008.P25－28.

② 杜才平.美国高等院校应用型人才培养及其启示[J].教育研究与实验,2012(6)17－21.

③ 韩学军.发达国家应用型创新人才培养模式的比较研究[J].理论界,2009(1).

校教育与企业生产相结合的产学合作的教育思想。美国国家合作教育委员会认为,"合作教育是一种独特的教育形式,它将课堂学习与在公共或私营机构中有报酬、有计划和有督导的工作经历结合起来,它允许学生走出校门,到现实世界中去获得基本的实际技能,增强学生确定职业方向的信心"①。辛辛那提大学"工学交替"模式,即将课堂学习与在公共或私营机构中有报酬、有计划和有督导的工作经历结合起来。合作教育的形式之一是产学研相结合,如斯坦福等大学鼓励学生从低年级起就进入企业或公司参加实践,让他们将所学理论用于实际,提高他们的观察能力和动手能力,使他们积累一定的实践经验。合作教育的形式之二是服务学习,学生利用所学知识和技能,参与专业课程或与项目相关的学校或社区服务,在真实的环境中获取学习和发展的机会②。合作教育通常由学校和企业结合课堂学习及工作场所学习,共同制订合作教育计划,建立起大学与社会更密切的联系,学生除了课堂学习之外,还掌握了实际的生产技术或工作本领,极大地提升了实践能力。美国之所以有如此完善的校企合作机制,得益于其发达的企业。

4.创新教育:改革教学方法培养创新能力

美国应用型人才培养既重视实用主义,又超越实用主义,注重培养创新精神和创新能力。博耶认为,"所有真正的学习都是主动的,不是被动的,它需要运用头脑,不仅仅要靠记忆。它是一个发现的过程,在这个过程中,学生要承担主动角色,而不是教师。"③美国大部分应用型高校积极开展教学方法改革创新,采用"案例教学法""项目教学法""现场教学法"和"问题教学法"等教学方法,引导学生主动探究,鼓励学生挑战权威、勇于质疑,提高学生的自主学习能力和创新能力。其中,问题教学法应用广泛,让学生像科学家一样来展开学习,使得学生能够在探索的过程当中自行发现问题并解决问题。为培养学生的创新意识和探究学习能力,美国大学还改变了过去只有研究生才能参加科研的做法,普遍实施本科生科研训练计划,开设了诸如《科学研究方法》等基础课程,组织参加学术讲座、专家座谈会等,采用导师制指导学生,部分学业优秀、科研能力训练有素的学生也可以参加教师的科研

---

① 陈解放.美国合作教育的实用主义本质及其给我们带来的思考[EB/OL].http://www.tech.net.cn.

② 王爱军.美国高校人才培养模式对我国本科教育的启示[J].中国电力教育,2011(11):41-42.

③ [美]厄内斯特·博耶.大学:美国大学生的就读经验[M].北京:北京师范大学出版社,1993:135.

项目,等等①。比如,麻省理工学院推行"本科生研究机会计划",对一年级新生通过增加教学内容的趣味性和刺激性,培养学生的科研意识。建立联合指导小组,指导学生选题、寻找研究方法、制订研究计划等,并把教师参与度作为聘用和晋升的考核内容。

5.创业教育:"创业教育与创业实践"开创应用型人才培养新路径

美国百森商学院始终坚持以培养学生的创造思维方式为中心,全力帮助学生发展"创业式的思维方式、进取心、灵活性、创造力、冒险的愿望、抽象思维力以及视市场变化为商机的能力"。坚持创新教学计划与外延拓展计划相结合和学术研究与创业实践相结合。教学计划设计包括必修课和选修课。必修课程包括战略与商业机会、创业者、资源需求与商业计划、创业企业融资和快速成长五个部分。强调创业实践,学院规定所有本科生在创业课程第一年内必须实际建立一家企业,学校给学生提供启动资金,公司在学年结束时清算,本金归还学校,盈余捐给慈善事业②。仁斯里尔理工学院探索"创业孵化器"模式,其在1980年建立了创业孵化器,1983年开发大学科技园,1988年建立了工业技术创业中心,2005年一度被评为"美国最好的大学孵化器科技园",现在每年都有10% ~12%的学生在创业中心学习。该校以创业中心为平台,整合孵化基地、大学科技园、创业家网络、创业家培养协会的资源,建立了独具特色的技术创业,探索出一套将技术创业贯穿于始终的课程教学计划③。

6.课程考核:严格过程管理,鼓励创新的课程考核机制

课程考核机制上,美国严格过程管理,注重过程考核。这种课程考核机制促进学生必须在课程学习的整个过程都认真努力,有效促进学生对每门课程的理解与掌握。这种机制同时也对教授提出了更高的要求,教授必须认真对待教学过程中每个涉及评分的环节,给出的分数必须能经受得起学生的质疑。严格的教学过程管理还体现在对学术不端行为的处理上,教授一旦发现学生有抄袭作业或者考试作弊的现象,可以上报校方,一旦查实,轻者取消课程成绩,重者开除,因此很少出现抄袭现象。就北亚计算机系而言,通常一门课程的期末考试成

---

① 杜才平.美国高等院校应用型人才培养及其启示[J].教育研究与实验,2012(6):17 - 21.
② 首都高校大学生创业素质调查课题组,2009.
③ 王燕露.新建地方本科院校人才培养模式研究[D].山西大学,2013.

绩只占25%~30%,其他的都靠平时的各种考勤、作业及测试评价。有的课程从头到尾有四五个小测验,均以不同权重计入总成绩;有的课程会布置几个大作业,让学生分组完成,根据整个作业的质量及学生在其中的贡献评分①。另外,美国高校考试制度方面,还废除标准答案,鼓励学生进行自主思考和批判性思维,使得学生有意愿也有条件进行发明创造,保证学生在探索的过程当中切实地吸收知识,这种考试制度最大限度地为学生潜能的开发和创造力的发掘提供宽松良好的环境②。

7.政策保障:政府给予政策和经济上的大力支持

从20世纪初形成的美国应用型本科人才培养的基本框架,发展成今天成熟的培养模式,离不开美国政府在政策和经济上的大力支持。1862年林肯签署的《莫雷尔土地赠予法》具有重要的历史意义,该法案规定联邦和州政府有权向大学捐赠土地,鼓励并促进高等教育的发展;1890年的《莫雷尔第二法案》给出了进一步的规定。两部法案促进了美国大学数量的增长。1950年签署的《国家科学基金会法案》规定,大学以竞争原则获得基础研究活动的资助,体现了大学和科学界的意愿。此外,美国政府还通过设立专项基金、减免税收、提供低息贷款等方法支持应用型本科教育③。

---

① 聂作先.美国应用型本科人才培养模式的启示——以美国北亚利桑那大学为例[J].亚太教育.2015(12):252.

② 孙华峰.李清芳.美国应用型创新人才培养模式的本土化研究[J].中国职业技术教育,2014(18):74-78.

③ 张凤武,苗苗.美国应用型本科人才培养的启示[J].绥化学院学报,2015,35(9):1-3.

第三节　英国"工学交替"应用型人才培养模式

一、英国"工学交替"应用型人才培养模式简介

20 世纪 80 年代,英国开始建立 NVQ(国家职业资格证书,包括英国全年工作经验课程)、GNVQ(普通国家职业资格证书,学生可把普通教育证书与职业技术课程结合学习)、普通教育证书三种证书等值交换的体制。将职业资格证书和工作的岗位与学位形成一定关联,呈现三种方式供学生选择。这种方式为学生进行不间断的教育提供了机会,学生可全日制读到毕业,也可以选择职业资格课程,同时可以边工作边学习,或工作一段时间后再回来学习①。这就是办学形式灵活多样的英国"工学交替型"合作教育,这是许多英国学校为培养企业适用的工程技术人才而广泛采取的一种培养模式。该模式中最著名的是"三明治"课程,也叫作"夹心饼干"式②,即"理论—实践—理论"或"实践—理论—实践"的课程模式。"三明治"人才培养模式简单模型见图 3-1 所示。"工学交替"应用型人才培养模式一般为四年,学生毕业时不仅获得学历,同时获得相关工作经验与技能,以及相应的经济收入以支付学习费用。这种人才培养模式是职业教育与工厂实习时间各半的方式。此人才培养模式分为三个阶段:学生中学毕业后,先在企业工作实践一年,接着在学校里学习完两年或三年的课程,然后再到企业工作实践一年,即所谓的"1+2+1"和"1+3+1"教学计划③。

---

① 王燕露.新建地方本科院校人才培养模式研究[D].山西大学,2013.

② 张云.中英两国高等教育教学方法的比较与思考[J].高等理科教育,2005(1):52-56.

③ 宋卫,吴凌娇."分布式工学交替"人才培养模式的探索与实践[J].教育教学论坛,2011(35):63-65.

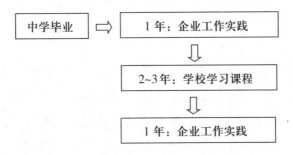

图 3-1 "三明治"人才培养模式简单模型

二、英国"工学交替"应用型人才培养模式的特征

(1)英国职业教育专业设置的特点是遍及三个产业,但专业种类较少,专业口径虽宽窄并存,但以宽口径专业为主。

(2)在职业资格方面,"工学交替"模式与英国制定国家职业资格制度相对接,建立起的 NVQ、GNVQ 和普通教育三种证书等值、互换机制,为学生的发展提供三条可供选择的通路。将职业资格等级与工作岗位及证书的等级(大学学位)联系起来,这既有利于学生的联系教育,也为学生分阶段继续教育提供了方便。

(3)"工学交替"实施过程最突出的特点是在正规学程中安排工作学期,在工作学期中,学生是以"职业人"的身份参加顶岗工作并获得报酬。

第四节 澳大利亚"能力本位"应用型人才培养模式

一、澳大利亚"能力本位"应用型人才培养模式简介

澳大利亚政府对教育十分重视,其教育体系由学历教育系统和非学历教育系统组成,非学历教育以技术与继续教育为核心。澳大利亚高等教育有技术与继续教育、大学教育和研究生教育三种形式,均重视学生的应用能力培养。技术与继续教育学院探索的"能力本位"的教育和培训模式,被认为是世界上先进的、具有代

表性的职业教育成功模式之一。"能力本位"应用型人才培养模式的主要内容有以下几点。

（1）以行业需求确定专业方向。在课程设计时，将满足行业的需求作为专业建设和课程开发的出发点，全力提高技能人才培养的针对性和适应性。在进行课程设计时，开展大量的调研，深入分析行业的人才需求情况，总结提炼职业岗位能力要求，确定专业方向和人才培养目标定位，这是课程设计的前提和基础。

（2）以能力为本位制订培养方案。能力标准是所有课程设计的出发点，从课程体系到每一门课，甚至一门课的每一单元都必须有相关的能力标准与之对应。而且这种能力既包括某一岗位工作所必须的技能，又包括完成工作任务所具有的知识和态度，使教学活动有的放矢，使培养出的学生能真正满足行业企业的需要。

（3）坚持就业为导向，以学生为中心组织教学活动。能力为本位的职业教育，坚持就业为导向，以学生为中心，强调在整个教学过程中，通过各种途径调动学生自觉学习的积极性，教师只起引导的作用。教师在课堂上要采用多种方法引导学生去获取知识和技能。评价教师教学水平好坏的一个重要标准就是看他的学生是否能够自己去学，学懂了多少，而不是看他是否讲完了所有知识点，讲得有多么精彩。教师的角色也由"授"向"导"转换，教师的教学方法也由讲授转为引导、指导、辅导，这是一个教育思想的重要转变。

（4）以灵活的方式实施教学和成绩鉴定。学习活动包括为帮助学生达到课程的目标而设计的教学方式，以及教师计划的所有教学指导方法。在安排课程时，学习活动与所学内容及课程目标总是紧密相连，内容来自预定的教学目标，而课程设计人员则通过安排学习活动来帮助落实学习内容，教师的责任就是根据学生的实际情况和教学目标的基本要求，选择合适的教学方法。教师掌握了各种有效的教学方法，如叙述式教学、互动式教学、小组讨论式教学、探讨式教学、个性化教学、现实模拟式教学等。在设计学习成绩鉴定方法时，尽量结合教学、目标和正在使用的教学方法，针对职业教育的特点，除传统的期末考试、考核外，更多地采用边做边鉴定的方式，让学生在轻松的教学活动中接受考核、考试①。

---

① 芮小兰,宋晓.澳大利亚能力本位课程模式对我国的借鉴意义[J].硅谷,2010(03):189-190.

二、澳大利亚"能力本位"应用型人才培养模式的特征

(1)建立了专业、权威的能力标准体系。对于各行业的国家能力标准,首先分析职业岗位能力需求特征,再按就业要求的操作标准涉及的知识、技能及知识和技能的应用而制定。

(2)具有整合了能力标准、资格认证和评估技能方法的课程培训包。其核心内容是以培训包为基础的课程设置,在资格系统的标准下,同时进行理论的累积和技能的锻炼。以技能训练为主的原则组合科目,使国家资格框架与能力标准具有直接联系,本科课程中,职业教育是其必不可少的一部分。

(3)建立在以培养职业应用能力为目标的基础上的教学体系。增加并突出实践教学步骤,减少枯燥的理论教学,以加强学生的能力培养及素质提升为原则①。

(4)学习成果认可有较强的灵活性和开放性。依据国家能力标准,可以使有关方面据此制定全国通用的职业资格证书,也能够使每一个普通公众从不同阶段,以不同的水平或方式进入职业教育体系,并可在这一体系中经过自身的不断努力取得所需要的职业资格,在学习成果的认可上,体现了较强的灵活性和开放性②。

第五节 法国"工程师"应用型人才培养模式

起源于18世纪的法国工程师精英教育模式,因其独特的教育理念和教育方法、严格的选拔制度、小规模培养、教学环境与工业界实际技术环境密切结合、理论教学与实践教学密切结合等传统特点,长期以来一直在国际上享有盛誉。这种教育模式为法国的科研和管理,特别是现代工业管理领域培养了一大批中坚力量和

① 尚慧文,高鹏.澳大利亚 TAFE 人才培养模式的运行[J].邯郸职业技术学院学报,2006(6):8–12.
② 翁惠根,曲士英.美、德、澳高职教育人才培养模式的建构[J].黑龙江高教研究,2007(9):47–49.

领军人物。

　　法国的工程师教育分两个阶段:第一个阶段是工程师预科阶段,为期 2 年,接收高中毕业生,属于无专业的基础课阶段,以大学基础知识教育为主;第二个阶段为工程师教育阶段,为期 3 年,属于专业学习阶段。在高中会考后,成绩合格并且高中成绩优秀的学生(大约占高中会考合格的 10% 左右)进入预科班学习 2 年,2 年后,学生再参加工程师学校入学考试,排名在制订的名额内才能被录取。知名的工程师学院的录取比例为参加工程师考试人数的 10% 左右,被录取的考生即可进入工程师学院进行为期 3 年的学习①。法国"工程师"人才培养模式见图 3 - 2 所示。

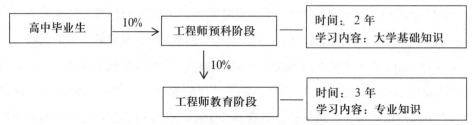

图 3 - 2　法国"工程师"人才培养模式

　　法国工程师精英教育更注重多面性的培养,即对未来工程师进行科学基础理论、应用技术科学、非技术教育和实践性教学等多方面的综合性培养。其中,科学教育是整个工程师培养的基础,将持续整个预科阶段和工程师阶段的前期。学习包括数学、应用数学、电子学、计算机科学等通用工程师科学。教学中更注重让学生掌握解决问题的方法,使学生掌握扎实的基本理论和利用基本理论解决高水平问题及发展科学工程技术的能力;应用技术科学教学则采取"工学交替"的方式,通过大量的企业实习,学习和掌握工程技术知识,进行工程训练,从而促使其工程素养的养成;而非技术教育则作为工程师培养中不可或缺的重要组成部分,使现代工程技术人员在从事技术创新和工程开发的同时,更懂得关注经济、人文、社会、环境等,从而保证人类可持续发展的生存条件②。

---

　　① 孟安波.法国工程师的教育模式对我国工科专业培养的启示[J].中国电力教育,2008(7):212 - 214.

　　② 杨东华,杨佩青.法国工程师精英教育模式本土化过程中的问题与对策[J].中国电力教育,2012(6):49 - 50.

第四章　铜仁学院"山"字型人才培养模式建构的逻辑

　　铜仁学院是地处武陵山脉深处的一所地方新建本科高校,坐落于梵净山麓、锦江河畔,区域内人文底蕴厚重,民族文化多样,生态资源良好,矿产资源丰富,但经济欠发达。英国教育家阿什比说过,"任何类型的大学都是遗传和环境的产物",铜仁学院也不例外。"大山"以其独特的自然和人文禀赋,在铜仁学院的办学进程中孕育了铜仁学院的大学理想、人文精神和办学特色。自2006年升本以来,学校一直致力于利用山区优势资源,建设特色地方高校①,回答好"培养什么人、为谁培养人、如何培养人"三个根本问题。经过多次教育思想大讨论,逐步明确"扎根山区,服务地方"的办学理念,以及高水平应用型大学的办学定位。历经15年的理论与实践探索,逐步明析了"立足黔东,面向全省,辐射武陵,适应区域经济社会发展需要,培养人格品质健全、专业知识坚实、技术技能较强、具有国际视野及创新精神的厚重、灵性、担当的大'山'品格"的人才培养目标定位;逐步形成了"通识教育+专业教育+自主学习+项目课程"的"山"字型人才培养模式。

---

① 侯长林.利用山区优势资源建设特色地方高校[J].中国高等教育,2013(18):53-54.

第一节 "山"字型人才培养模式建构的理论逻辑

一、学校坚持"扎根大山"的应用转型探索[①]

学校办学历史渊源可追溯至 1920 年创办的明德学校,其前身是成立于 1978 年的铜仁师范专科学校。自 2006 年升本以来,学校基于自身发展基础、办学特色、地方资源和国家政策,秉承立足地方、凸显特色、拓展开放态,经过不断的摸索与实践,坚持"扎根大山"的应用转型思路,走出了一条应用转型发展的新路。

(一)顶层设计:实现办学类型定位的转型

1. 初探阶段

2006 年,铜仁学院升格为本科院校,但由于历史、区位等因素,基础差、底子薄的办学条件没有得到根本改善,本科办学理念仍处于艰难的探索中,学科类别依然是单一的师范类,服务面向仅限于基础教育,本科建设推进缓慢,转型发展举步维艰。2008 年,新的领导班子到任后,学校确立了"一个中心、两个突出、三个转变"的转型发展思路,即以提高教育教学质量为中心;突出地方特色和应用特色;进入"十二五",学校提出实现办学层次由专科向本科的实质性转变,学科类别由单一的师范类向多科型转变,服务面向由服务地方基础教育向全面服务地方经济社会发展转变。这一阶段的转型设计处于萌芽阶段,转型实践也没有达到预期的效果。

2. 发展阶段

2013 年,学校顺利通过了教育部本科教学合格评估。2014 年,全国职业教育

---

① 叶丹,何波,王梅. 教学服务型大学转型路径的探索与实践——以铜仁学院为例[J]. 铜仁学院学报,2016,18(1):86-91.

工作会议的召开、《国务院关于加快发展现代职业教育的决定》的出台,标志着推动地方本科高校转型发展、加快现代职业教育体系建设,已成为当前我国高等教育改革发展的一个重要时代命题。至此,学校迎来了加快推进和实现本科内涵发展的大好良机。结合本科教学工作评估与整改,进一步明晰了"三性三型"(文化性、地方性、开放性;教学型、应用型、服务型)的办学定位,明确了"上水平、出特色"的总体要求,提出了建成贵州省及武陵山区办学水平突出、办学特色鲜明的现代应用技术大学的发展目标。此后,学校加入了教育部指导的全国应用技术大学(学院)联盟,学校转型道路进一步明晰起来。

3. 成型阶段

2015年,教育部、国家发改委、财政部三部委颁布了《关于引导部分地方普通本科高校向应用型转变的指导意见》,这既是对部分先行先试的地方本科高校转型实践成果的高度认可,也是对其他处于徘徊和对转型认识不够清晰的地方本科高校的引领和指导。学校经过对国内外应用型大学办学实践与理论的研究和思考,基于对新建地方性本科院校的办学基础、学科传统、特色积淀和区域资源及全面服务地方经济社会发展等考量,将铜仁学院的类型定位为应用型大学框架下的教学服务型大学。据此,铜仁学院转型构建教学服务型大学体系的总体思路是:转变办学思路,全面服务地方经济社会发展;转变办学体制机制,深化产教融合、校政合作;转变人才培养模式,提高应用型人才培养质量;转变教育发展理念,增强学生创新创业和就业能力,全面构建教学服务型大学体系,建成人民满意的大学。2015年,学校被列为贵州省应用型转型试点高校;2016年,成功申报国家产教融合发展工程项目,跻身于全国百所高水平应用转型发展示范高校建设列;2017年,获批贵州省"十三五"新增硕士学位授予建设单位;2018年,荣获黄炎培职业教育"优秀学校奖";2019年,学校排名"软科中国最好大学"520位,名列贵州综合性本科高校第六、市州本科高校第一。

(二)转型路径:实现"校政企协同、产学研一体"的转型

地方性应用型大学,既要立足地方、服务地方,也要植根地方、利用地方。对于东部沿海和中部地区的高校,由于大中型企业多,因此校企合作是主要途径;对于西部地区的高校,由于其所处地域产业不发达,大中型企业少,因此校企合作难度大,但是西部地区政府资源多,校政合作前景广阔。所以,铜仁学院转型发展,构建教学服务型大学转型路径是"校政企协同、产学研一体",即通过学校与政府、业界深度融合、深度合作,转变办学机制和治理结构,形成资源共享、互利共建、发展共赢的新型利益共同体,全面服务地方经济社会发展;通过政府主导,学校与业界产教融合,相互支持,双向介入,优势互补,形成产学研一体,提升企业技术创新能力和加速科技成果向现实生产力转化,助推产业转型升级,增强技术服务能力和自身特色发展活力;通过政府搭桥,整合资源要素,提升再生价值,繁荣文化生态,强化协同育人,真正增强为学习者创造价值服务的能力。具体表现为:一是协同技术创新。大力实施创新驱动战略,成立院士工作站和博士后科研工作站;与贵州省科技厅、铜仁市科技局设立科研联合基金等。二是联合设置专业。以政府主导,与企(事)业单位分别合作设置了林学、园林、农村区域发展、水产养殖学、食品科学与工程、材料物理、信息工程、水利水电工程等近20个应用型专业。三是共建教学资源。共建贵州省锰资源高效利用工程技术中心和专业实验平台,共建通信工程实验室,共建食品药品检测检验中心,推进合作共建大学科技园、农业生态园、大学生创新创业园等;实行教师与企业专业技术人员的互兼互聘,加强"双师双能"型师资队伍建设。四是创设特色学院。与德江县政府共建特色乌江学院,设立德江发展研究院。积极筹划与万山区共建工程技术学院,与印江县政府共建梵净山生态与健康学院。五是合作人才培养与就业。与铜仁市政府签订免费师范生就业协议;与中国移动铜仁分公司、铜仁青旅、东太集团等企业签订了就业协议。六是构建特色专业——产业链。学校坚持"依托梵净,服务发展"的办学理念,发展特色学科专业集群,融入省市战略定位,对接地方产业。学科专业服务区域经济社会发展需求,紧密对接地方产业链—创新链—人才链,实现由单一的师范类学科专业向多科性应用型学科专业的转型。比如,依托武陵山区,特别是其主峰梵净山特有的生物资源,重点建设"梵净林业生态"特色学科群,加强省级重点学科"林学"建设,服务生物与特色农林类产业链。

二、学校面向"大山需求"推进专业转型建设[①]

(一)坚持"地方性",明确专业定位

专业定位依据来自学校定位。近年来,地方本科高校通过内涵建设及转型发展的理论与实践探索,已逐步达成共识:地方本科高校的发展定位势必立足于"地方性"服务面向、"应用型"办学类型、"特色化"学科专业定位,走"校地互动、产教融合"的发展路径。立足地方,依托地方,服务地方,促进特色发展,为地方经济社会发展和产业升级培养应用型人才,既是地方本科高校的办学主旨,也是地方本科高校专业建设与发展定位的逻辑起点,因而"地方性"就成为地方本科高校发展定位的必然选择。一方面,作为最能够体现学校办学定位思想的专业定位,也就必然要面向地方,面向其所处的区域,为地方服务;另一方面,地方或区域又是地方本科高校赖以生存和发展的土壤,每一个地方或区域都蕴含着丰富的自然和人文资源,且有很多资源是独特的,比如铜仁学院深处武陵山腹地,就紧紧围绕武陵山脉的主峰——梵净山的野生动植物资源、乌江水产资源,分布在铜仁市各区县的锰、钒、钾等矿产资源,以及苗族、侗族、土家族等少数民族文化等特色优势资源,明确了"依托梵净,服务发展"的基本定位,促进专业特色发展。

(二)利用区域资源,打造特色专业群

铜仁学院专业建设对地方区域资源的充分挖掘与利用,既有别于研究型大学的专业建设,也使其与分布在其他区域的地方高校区别开来,逐步形成自己的专业特色和办学特色。学校坚持"扎根山区,服务地方"的办学理念,融入铜仁市"四化同步、一业振兴"和"两区一走廊"(环梵净山金三角文化旅游创新区、黔东工业聚集区、乌江经济走廊)的战略定位,主动适应地方产业优化对人才需求的变化,在专业建设和发展思路上,制订了《专业集群建设提升行动计划》,按照"夯实基础、突出应用、培育特色、提高质量"的原则,依据"专业群对接产业链服务地方经济,特色学科对接资源优势推动地方产业发展"的思想,深入分析武陵山区,尤其是梵净

①　叶丹,罗静,侯长林.利用区域资源　推进专业建设转型[J].中国高等教育,2014(18):30-31.

山自然和人文资源优势和相关产业发展状况,设计特色专业整体发展规划,着力调整特色专业布局,构建特色学科专业体系,优化特色学科专业结构,发展特色专业集群,确定了农林工程类专业群、化学工程类专业群和文化旅游类专业群作为学校新的特色专业群进行重点建设①。同时利用区域优势资源,服务专业建设,创新人才培养模式,利用当地企业真实的工作环境和企业的人力资源,让学生在见习实习、毕业设计等过程中快速成长,培养具有山区特色优势资源禀赋的应用型人才,给整个学校的发展打上了"山区"的烙印②。

三、学校遵循教育教学思想,重塑人才培养理念

人才培养模式的改革与创新首先是思想理念的更新与价值的重塑,"山"字型人才培养模式的建构既要反映当代最新的教育教学思想,也要反映国家教育发展与改革理念,更要回应学校应用转型发展理念,因此坚持用系统论的观点与方法,重塑基于学生发展中心的人才培养理念。

(一)全人教育的理念

本科教育改革的根本目的是培养什么样的人的问题。全人发展理念最早见诸古希腊教育思想中亚里士多德提出的"自由民"教育,强调人的心灵自由,在本质上体现了全人教育思想。美国20世纪60年代末70年代初,对人的本质以及教育、学习、智能的本质进行重新定义,提出了"人的完整发展"的核心理念,培养人的智能、情感、身体、社会、审美和精神性等素质,强调受教育者的精神性和潜能,教育应使受教育者身心获得完整、均衡发展。隆·米勒综合60位全人教育学家的意见,指出"全人"应该包含智能、情感、身体、社会、审美、精神6个方面的基本素质。教育不仅仅传授知识与技能,更注重人的情感、创造力、想象力、同情心、好奇心以及人对终极存在的体悟等内在情感体验与人格的全面培养,精神性比知识、技能更加重要。2005年,代表了美国1100多所重要大学的美国大学与学院联合会开展了全人教育与美国承诺计划,引导性界定全人教育为一种大学学习的取向,旨在加强

---

① 叶丹,罗静,侯长林.利用区域资源 推进专业建设转型[J].中国高等教育,2014(18):30-31.
② 侯长林.利用山区优势资源 建设特色地方高校[J].中国高等教育,2013(18):53-54.

个人应对世界的复杂性、多元性以及千变万化的能力;强调学生须在深入掌握至少一门专业知识的基础上,具备更广阔的知识视野(如自然科学、文化、社会)、强烈的社会责任感、强大的跨领域智慧和普遍的实用技能(如沟通能力、分析和解决问题的能力)。例如,牛津大学秉持的理念一直是"为培养全人而实施全面发展教育,这种教育的目的不仅着眼于未来的职业,而更着眼于整个生活"。

今天大学所需要的全人教育与传统的自由教育一样,都是为了培养学习者更加完善的能力,但今天的自由教育却需要拥抱专业教育,需要让专业教育与自由教育联结起来,从而使毕业生能适应这个既需要专业背景、但又需要不断变换专业背景的复杂社会环境,本质上是对人的发展的终极关怀,指明了教育的方向就是要坚持育人为本,通过合适的教育来促进人的全面发展。比如,北京大学培养具有爱国情怀、国际视野、创新精神和实践能力的引领未来的人。

(二)学生中心教育理念

体现"以学生为中心"理念的教育、教学思想古已有之,比如,古希腊时期苏格拉底的对话式教学、古罗马时期昆体良的修辞教学、孔子的因材施教思想等,实质上都是"以学生为中心"的教育理念。20 世纪初,进步主义哲学家、教育家杜威在《民主主义与社会》中提出了"以儿童为中心"的教育思想,反对"以教师为中心",主张"教育即生长",倡导"从做中学"。20 世纪 50 年代,美国人本主义心理学家卡尔·罗杰斯将其发展成为一种学习理论。

"以学生为中心",既是教育理论,又是教育实践模式,涵括了全面性的教学目标、主动性的学生角色、生成性的教学过程、科学性的管理与评价。不仅仅是教师学生双边的活动过程,更涉及在教学法之外的学校管理、服务等方面的内容和工作,比如,围绕学生学习需要和效果配置资源,将学生、用人单位、基地等满意度作为专业人才培养质量评价的重要依据等。以学习者为中心理念在大学办学实践中表现为:①以学生发展为中心,即以促进学生发展作为学校办学的中心目标,并贯穿学校教育全过程、全方位。②以学生学习为中心,明确教是手段、学是目的,从以"教"为中心到以"学"为中心的新模式转变,学生是学习的主体,是知识的发现者和建构者。学生积极参与教学过程,掌控自己的学习,制订自己的学习路径,每个学生都是自我发展的设计者。以学生学习为中心,就是要以学生和学习为目的,而教学只是帮助学生有效学习的手段。③以学习效果为中心,着眼于"学到"是目的,而"学"则是手段,关注学习效果,随时为学习提供反馈,帮助学生及时调整学习,帮助教师及时调整教学。

布鲁姆认为,学习可以分为六种。按认知水平排序,分别为记住、理解、应用、分析、评价、创造①。他把"记住"和"理解"称为"低阶学习",其余四种称为"高阶学习"。从本质上讲,"以学生为中心"的本科教学的目的是帮助学生建立起正确的认知模型,培养其学习能力,重点不再是知识记忆和知识数量,而是思维训练,是训练大脑如何思考、如何构建专业认知模式、如何进行高阶学习。认知科学的发展为"以学生为中心"的本科教学范式提供了科学基础。《儿童心理学及发展科学手册》研究表明,在18~22岁这个阶段,人的主要发展任务是发展抽象思维能力,这个阶段正好是大学本科教育阶段。因此,从发展科学角度看,本科教育的重点应当是着力培养学生的系统抽象思维能力和形成自我抽象原则能力。大学教育就是帮助学生在头脑中构建特定的专业认知模型。"学"是学生在自己头脑中构建认知模型;"教"是老师帮助学生构建认知模型。显然,学生只能自己构建这些模型,其他无论什么人都只能是帮助者。因此教学必须以学生为中心,老师只能是帮助者,越俎代庖是行不通的。教学的中心是"学",而不是"教"。这就是为什么"以学生为中心"的教学理念会成为大学人才培养的价值系统。

(三)学习科学理论

学习科学开创于20世纪70年代初期,是在反思认知科学等学科,基于心理学、社会学、计算机科学、哲学及其他科学领域的研究,关于学习方法的研究方法和观点的基础上新近兴起的一门科学。旨在揭示促进学习的认知性与社会性条件,利用学习研究所获得的见识,重新设计学校的课堂与其他学习环境,以便使得学习者能够更有深度、更有效地学习②。了解学习科学,有助于了解人如何学习,有助于科学地设计与改进教学。

---

① [美]洛林·W·安德森,等.布卢姆教育目标分类学(修订版)[M].蒋小平,译.北京:外语教学与研究出版社.2009:78-80.

② [美]Sawyer RK.学习科学指南:促进有效学习的实践/协同学习[M].第二版第2卷.大岛纯,等,译.京都:北大路书房,2016.

关于"学习",行为主义心理学的奠基人桑代克认为,学习是一种"连接旧学习与新学习的过程",并总结了三条学习律——准备律、练习律、效果律。泰勒、塔巴和布鲁纳旨在"迁移的最大化"而倡导"问题解决的技术"或是寻求"学科的结构"①。传统的知识哲学把"学习"视为纯粹个人的现象,"学习"是"个体发生中作为经验的结果而产生的、比较恒久的行为变化",但这个定义是不充分的,因为学习中社会的作用被忽略了。现代的知识哲学的代表性人物,诸如詹姆士、杜威、维特根斯坦、海德格尔对这种传统的认识发起了挑战,他们倡导新的学习与知识的见解,主张"学习"是学习者"基于既有知识与经验而获得的新的发现"。"学习"不是在个人头脑中,而是在现实的社会实践中展开的"意义生成"。学习科学指出了单纯的"教授主义"的学习是不充分的,关注学习就要关注学习本身、学习者深度理解、创造学习环境等重要问题,尤其需要思考正规学习、非正规学习、潜在学习三种重要的学习形式。而潜在学习是支撑前两种人类学习的基本学习样式,充分体现人类学习三种样式的整体优势,是总体设计有效学习(有意义学习、深度学习)模型的充足条件。

信息社会时代不同于工业社会时代,如果说20世纪的学习设计是旨在培育优异的"记忆者",那么21世纪的学习设计就是旨在培育优异的"思考者"与"探究者"。因此,"支配教育世界的关于'学习'的言说必须彻底颠覆"②。爱因斯坦说:"我们不能用滋生问题时的思维来解决问题"③。有效学习模型的研究中,引出诸多颠覆旧有学习观念、创新课程与教学的思路。学习科学所谓的有效学习并不是指传统意义上的学习,学习者被动地接受来自教师、电脑与书本的信息之际所只能产生的"表层学习",而是指"某种社会交互作用的结果",即"学习者基于世界经验与交互作用、能动地建构意义之际所产生的深度理解,亦即教师、学生、共同体的成员浸润于某种情境的活动之中、建构共同理解之际所产生的学习"④,或可称为"有

---

① [美]Ornstein AC,等. 课程:基础、原理和问题[M]. 柯森,译. 南京:江苏教育出版社,2002.

② [美]Ackoff RL,Greenberg D. 颠覆教育:理想学习的设计[M]. 吴春美,大沼安史,译. 东京:绿风出版公司,2016:10-11+124.

③ [美]Ackoff RL,Greenberg D. 颠覆教育:理想学习的设计[M]. 吴春美,大沼安史,译. 东京:绿风出版公司,2016:10-11+124.

④ [美]Sawyer R K. 学习科学指南:促进有效学习的实践/协同学习[M]. 第二版第2卷. 大岛纯,等,译. 京都:北大路书房,2016.

意义学习",或是"深度学习"。原理一,学习者是有效学习环境的核心参与者,种种的活动以学习者的认知与成长作为重点目标,因此,学习活动需要通过学生积极的参与和能动的探究,建构自身的学习。原理二,教育神经科学揭示,人是通过社会交互作用而展开学习的,有效学习的环境应当成为学习的社会本质之基石,积极地促进组织优化的协同学习。原理三,学习是基于情感、动机、认知的动力性交互作用的影响而产生的。原理四,学生的学习基础包括知识、思考方式、学习风格与方略、兴趣、动机、自尊心、情感,以及其语言背景、社会背景之类的社会环境因素,是多种多样的。原理五,求得所有学生的发展。通过正确的把握学生的个别差异与个人需求,能够提供得以充分达成的挑战性课题,从而超越既有的达成水准与能力。有效的学习环境要求精心组织多样化的教学程序。原理六,有效的学习环境伴有明确的期待,能够展开同这种期待相应的形成性评价战略,特别强调支撑学习的有意义反馈。原理七,学习的重要特征之一在于形成层级化的复杂化知识结构,以提供有助于知识迁移的理解能力。而"真实性学习"正是产生这种能力、培育"深度理解"所需要的①。有效的学习不乏大名鼎鼎的新方法,如问题学习法、项目学习法、流程学习法、CDIO法、工作学习法、案例学习法、研究学习法、设计学习法、社区服务学习法、新学徒制,等等。其共同特点,即强调教学的内容、环境、过程、任务、方法、评价等要素,要尽可能接近真实——真实世界、真实工作、真实生活。

(四)合作教育理论

伯顿·克拉克提出了影响高等教育系统发展的"三角协调模型",作为知识生产主体的学术群体和知识生产外部主体的政府、企业共同推动大学成长,三角形内部的位置代表三种力量推动知识生产不同程度的组织。政府、企业既影响了大学的研究职能,也影响了大学培养人的功能,进而推动和迫使大学实现功能的转变,也推动和迫使大学与政府、企业合作。合作教育发源于美国辛辛那提大学工程学院。赫尔曼·施奈德教授在1906年提出合作教育计划,以结构化的课堂理论学习与企业工作实践交替进行,将课堂学习与有报酬、有计划和有督导的工作实践结合

---

① 钟启泉.从学习科学看"有效学习"的本质与课题——透视课程理论发展的百年轨迹[J].全球教育望,2019,48(1):23-43.

起来,着力于培养"知识+技能"类人才。

合作教育受到以政策推动、标准规制、行政干预为表现的国家权力和以资源配置、经济杠杆为调节手段的市场力量的深刻影响,主要有政府主导模式、市场主导模式和学术主导模式①。美国的《国防教育法》《职业教育法》《美国教育规则》等政策中,从财政制度、实施和管理为产学研合作教育提供保障。德国"产学研同园"是德国产学研合作的突出亮点,教师和科研人员深入工厂,面向企业的实际需要开展研究,合作培养的人才具有优先选择权,同时,大学为企业员工提供职后教育服务,激发了企业参与产学研合作教育的热情。另外,澳大利亚、英国、美国以及日本等发达国家还实行"合作培养计划"和"受托研究员制度"。大学接受企业、地方政府委托,提升企业员工的科研能力。德国政府规定,研究所的教授必须到大学授课,研究所培养的博士生必须到大学注册,促进科研院所对大学科研水平的支撑。企业还通过与学校教授联合开展科研项目、雇用学生员工等手段,为大学生提供了丰富的参与科研与实践的机会。例如,在弗朗霍夫联合会的8500名员工中,40%是大学的高年级学生,科研机构在降低科研成本的同时也为大学生成长为优秀人才提供了必要的条件和环境。合作教育对推动高等教育从理念到模式的重大变革、促进应用型高等教育大发展发挥了重要作用,是培养应用型人才的关键环节。通过将高校与行业融合研究的成果转换为教学资源,行业企业优秀技术人员转化为教师,行业企业生产流程转化为教学案例,行业企业的一线需求转化为实验、毕业设计选题等,既使教师获得新的研究方向和学术成果,也使学生熟悉市场,从而增强其实践创新能力。

国外较为有影响的产学研合作教育模式有德国的"双元制"、英国的"三明治"、美国的"CBE"、加拿大的"CBE"与工学结合、澳大利亚的"TAFE"、法国的"学徒培训中心"、新加坡的"教学工厂"、日本的"产学官"等②。合作教育作为舶来品,在国内更多的是以"工学结合""产学合作""产教融合"等概念或形式出现。王德广总结我国产学研合作教育模式有单一固定型模式、紧密型模式、松散型模

---

① 段丽华.国外应用型大学产学研合作教育的驱动机制——以伯顿·克拉克的"三角协调模型"为分析框架[J].高教发展与评估,2016,32(03):82-90,105.

② 王嘉颖.中国产学研合作教育研究二十年的热点与前沿——基于文献的关键词分析[J].教育学术月刊,2018(11):23-32.

式、三结合模式、定向性模式、预分配模式、工学交替模式 7 种①。吴岩归纳我国产学研合作教育为合作育人、合作办学、合作就业、合作发展的"四合作"模式②。当前,我国提出"加快建设现代职业教育体系,引导一批普通本科高等学校向应用技术型高等学校转型"的战略目标,产学研合作教育是实现这一战略目标的重要突破口。

四、学校回应"内适""外适""个适"需求把握培养目标③

"培养什么人",实质是培养目标和培养规格问题,从哲学的层面看,需要解决的是内适性标准、外适性标准和个适性标准三维度组合的问题④。大学既要以追求学术卓越和认识世界为根本,也要把握社会需求,以满足社会需要并解决社会发展中的重大问题为根本追求,同时也强调学习者个性化发展的需求。人才培养目标定位及培养规格的应然逻辑,至少要明晰化和具体化社会发展背景下的现实价值需求,以及把握对当代最新的教育教学思想的满足程度。

(一)大学的价值理念引领人才培养的目标定位

大学理念是各种大学观、使命观与职能观的融合,反应大学的本质和规律。纽曼在《大学的理想》中描述大学理念为:传授普遍知识的场所,主要任务是提供博雅教育和培养精英人才。1810 年,洪堡提出大学的第二职能科学研究,主张教学与科研结合。20 世纪后,社会服务成为大学的第三职能,著名的威斯康星大学校长查尔斯·范海斯主张,大学的教学、科研、社会服务都要为州服务,人才培养由学术精英转变为培养精英型、应用型、职业型,大学不再游离于社会之外,逐渐直向社会、国家的中心。在《走出象牙塔——现代大学的社会责任》一书中,德里克·博克基论述大学的社会服务功能,"大学在考虑社会的需求的时候没有理由感到不安"。新建地方本科院校大多由专科学校、成人高校、中职学校合并或升格组建而

---

① 王德广. 21 世纪高校产学研合作教育的模式[J].中国电力教育,2003(2):96 – 97.
② 吴岩.中国产学研合作教育发展的新理念、新目标、新任务[J].北京教育(高教版),2010(1):5 – 9.
③ 龚静,张新婷.铜仁学院"山"字型人才培养模式的内在逻辑探析[J].铜仁学院学报,2019,21(01):38 – 45.
④ 林永柏.高等教育质量内适性与外适性的辩证关系[J].辽宁教育研究,2008(4):29 – 32.

成,存在办学定位模糊,专业设置与地方经济发展和主导产业脱节,教学内容与教学目标不相适应,轻实践重理论等问题,不能对区域经济发展和产业转型升级发挥较好的支撑作用。2015年10月,教育部、国家发展改革委、财政部联合发文,引导部分地方普通本科高校向应用型转变,应用转型高校办学思路要转到服务地方发展,转到产教融合,转到应用型人才培养。新建地方本科院校只有加强对国家战略的关注,以服务区域经济社会发展为导向,深化大学的价值理念引领人才培养目标的理论研究,方可保证人才培养目标定位科学性、合理性和可行性,更好地服务地方经济建设和行业发展。

正如迈克尔·吉本斯所指:"大学做出适应性变革的秘诀就在于参与到大学以外的那个不断变化的商品和服务市场中去。"①威斯康星大学走出象牙塔,为州服务,在服务社会中赢得持续的发展动力。铜仁学院是铜仁市唯一的本科高校,服务铜仁发展理应成为学校办学定位的逻辑起点,升本十年来,学校立足办学历史、办学优势和区域资源及地方经济社会发展需求等因素,认真研判、反复论证,形成了"立足黔东,面向全省,辐射武陵,培养适应区域经济社会发展需要、人格品质健全、专业知识坚实、技术技能较强、具有适应终身发展和社会发展需要的必备品格和关键能力、具有国际视野及创新精神的高素质应用型人才"的目标定位。服务区域经济社会发展成为学校的基本价值理念,用服务社会发展作为学校办学统摄性职能,学科专业建设着眼地方社会需求导向、人才培养对接地方行业产业岗位能力和产业技术转型需求、科学研究瞄准地方行业企业技术创新需求,逐步形成校政行企新型利益共同体的发展格局②。

(二)区域经济转型重塑人才培养的能力定位

法国学者涂尔干认为,"教育转型是社会转型的结果与特征,可以从社会转型的角度诠释教育转型。"③铜仁学院地处武陵山腹地,经济欠发达,区域内劳动密集型企业居多,技术密集型企业较少,产业结构面临调整和升级的压力。随着第二、

---

① 吉本斯,利摩日,诺沃提尼,等.知识生产的新模式:当代社会科学与研究的动力学[M].陈洪捷,沈文钦,等,译.北京:北京大学出版社,2011.
② 侯长林,张新婷.对教学服务型大学的理性探讨[J].铜仁学院学报,2015(6):12-13.
③ [法]爱弥尔·涂尔干.教育思想的演进[M].李康,译.上海:上海人民出版社,2003:231.

三产业从业人员比重逐渐增加,生产实践活动越来越复杂化,对从业人员专业化程度需求不断提高,技术知识日益显示出决定性的作用。社会转型发展对人力资源需求的逻辑起点既着眼于在相应专业领域的生产实践中解决具体问题、完成实际工作的基本技能,又强调在职业发展中所具有的适应终身发展和社会发展需要的必备品格和关键能力,比如信息获取与分析、沟通与交流、批判性思维、创新能力等,其逻辑归宿于极强的综合职业能力。

铜仁学院"山"字型人才培养模式在人才培养规格上,强调人格品质、科学精神、国际视野等通识教育贯通下的实用创新型、应用服务型、技术技能型人才培养。人首先成为一个人,然后才能成为职业领域的骨干、岗位能手。对于"山"字型人才培养模式,首先尊重人发展的整体性规律,突出全面的教育,服务学生人格品质养成和从事任何职业都应具备的基本能力,培养"有社会担当、有家国情怀、有科学精神、有哲学智慧、有个人修养、有全球视野"的完整人,以及学习思考能力、交流沟通能力、阅读能力、写作能力、信息处理能力。未来 5~10 年是新一轮科技革命和产业变革集中迸发的关键时期,高新技术的产业化催生高技术的职业岗位,"山"字型人才培养模式对本科人才应用实践能力培养既着眼于当下需求,坚持有所为有所不为,在知识方面强调实用性,能力方面强调基本技能及综合应用,业务素质方面强调岗位能力,以培养服务地方和区域经济与社会发展的一线实用型人才为主要任务,同时也着眼于新技术、新业态、新模式、新产业及其融合共生,培养适应各行业产业深度融合的跨行业、跨学科、跨专业的实用创新型人才。

五、学校坚持"立德树人",培养"厚重·灵性·担当"的大山品格①

如果说"山"字型人才培养模式更多借用了大山的外形,那么人才培养的灵魂和内核的则是"大山品格"的育人理念的构建完善。学校坚持"立德树人",创新"厚重·灵性·担当"大山品格育人目标,把"立德树人"共性主张内化为学校特色鲜明的个性要求,立足大山,涵养品格。

---

① 叶丹.铜仁学院"明德印记"思想政治工作体系构建[J].铜仁学院学报,2019,21(4):47-54.

（一）"厚重·灵性·担当"大山品格的基本内涵

"厚重"表征人的文化性，做一个品德修养深沉厚重的仁者。"厚重"意为敦厚持重，如《明史·刘仲质传》："仲质为人厚重笃实。""仁"是理想人格所要达到的最高的道德境界。其基本含义就是孔子和孟子所说的"爱人""恻隐之心"等。儒家倡导"仁"德，认为人与人之间的关爱与合作，对于人与人之间有时难以避免的竞争来说，则更为重要，是根本价值所在。"厚重"包含三层含义："崇德·明理·博识"。

"灵性"表征人的自主性，做一个品性才能智慧灵性的智者。"灵性"意为聪慧才智，如唐代韩愈的《芍药歌》："娇痴婢子无灵性，竞挽春衫来比并。""智"是理想人格所应达到的最高的价值境界。"智"通常写作"知"，在《论语》中具有非常明显的含义：一是指知识；二是指聪明与智慧，即人们通常所说的思维能力或认识问题、分析问题、解决问题的能力。"灵性"包含三层含义：学习力、适应力和创造力。

"担当"表征人的社会性，做一个品行责任包容担当的勇者。"担当"意为承担责任，包容一切并对其负责，就叫有担当："有容乃大，无欲则刚。"如《朱子语类》卷八七："岂不可出来为他担当一家事？""勇"是理想人格所应具有的坚定不移的毅力与所应达到的无所畏惧、勇往直前的精神境界。在古代中国，"勇"是一个重要的人格特质。孔子说："见义不为，无勇也"。"义"指道德原则，孔子主张见义勇为，反对见义不为。勇敢是勇气、胆略，是一种气质性的品格。古代中国人认为，"勇"是一种以仁义之心，配之以浩然之气的大勇才是有价值意义的，符合人民利益的。要完成自己的事业，实现自己的奋斗目标，就要有坚定不移、勇往直前的精神与毅力。"担当"包含三层含义：自信、责任、敢为。

（二）"厚重·灵性·担当"大山品格的教育内容

"厚重"的教育目标主要定位在人的道德性，重在强调能获得人文、科学等各领域的知识和技能，掌握和运用人类优秀文明成果，涵养内在精神，追求真善美的统一，发展成为有宽厚文化基础、有更高精神境界的人。"崇德"具体包括道德情操、仁爱情怀、审美情趣等要求。"明理"具体包括明辨是非、理性思维、科学精神等要求。"博识"具体包括学识广博、励志求真、学以致用等要求。

"灵性"的教育目标主要定位在人的价值性,重在强调能有效管理自己的学习和生活,认识和发现自我价值,发掘自身潜力,有效应对复杂多变的环境,提升创新精神和实践能力,成就出彩人生,发展成为有明确人生方向、有生活品质的人。"学习力"具体包括乐学善学、勤于反思、信息意识等要求。"适应力"具体包括生命意识、健全人格、自我管理等要求。"创造力"具体包括劳动意识、问题解决、技术应用等要求。

"担当"的教育目标主要定位在人的政治性,重在强调能处理好自我与社会的关系,养成现代公民所必须遵守和履行的道德准则和行为规范,增强社会责任感,促进个人价值实现,推动社会发展进步,发展成为有理想信念、敢于担当的人。"自信"具体包括坚定信念、包容乐观、诚实守信等要求。"责任",具体包括社会参与、国家认同、国际理解等要求。"敢为",具体包括探究精神、坚强意志、担当意识等要求。

第二节 "山"字型人才培养模式的总体布署①

一、学校人才培养目标定位

升本以来,学校一直致力于探索如何利用"山区"资源,培养服务"山区"发展的人才。经过 15 年的探索,构建了"山"字型人才培养模式,回答"培养什么人、为谁培养人、如何培养人"三个根本问题。逐步明析了"立足黔东,面向全省,辐射武陵,适应区域经济社会发展需要,确定培养人格品质健全、专业知识坚实、技术技能较强、具有国际视野及创新精神的厚重、灵性、担当的大'山'品格"的人才培养目标定位。

---

① 龚静,张新婷."铜仁学院'山'字型人才培养模式的内在逻辑探析"[J].铜仁学院学报,2019,21(01):38-45.

二、"山"字型人才培养模式顶层设计

"山"字型人才培养模式以学生就业和未来发展为导向,以社会需求为动力,由"通识教育+专业教育+自主学习+项目课程"组成,是铜仁学院本科人才培养的总体要求。其中,通识教育是根基,贯穿人才培养的全过程,服务学生的人格品质养成;专业教育是主峰,培养学生的专业知识和专业能力,服务学生的职业岗位需求;自主学习、项目课程为侧岭,培养学生的自主学习能力,服务学生未来发展;项目课程培养学生的应用能力,服务学生综合素质的提升。铜仁学院"山"字型人才培养模式基本架构见图4-1所示。

图4-1 铜仁学院"山"字型人才培养模式基本架构

"山"字型人才培养模式坚持以高等教育理论为指引,做有依据的探索。基于全人教育理念,培养有社会担当、有家国情怀、有科学精神、有哲学智慧、有个人修养、有全球视野的人;基于学生中心理念,人才培养全过程突出学生发展中心、学生学习中心、学生学习效果中心;基于学习科学理念,18~22岁的大学生是发展抽象思维能力的最佳时间,人才培养突出高阶学习、有效学习;基于合作教育理念,以伯顿·克拉克"三角协调模型"为指导,探索高校、政府、企业合作培养机制。

三、"山"字型人才培养模式的课程体系

落实立德树人根本理念,必须将价值塑造、知识传授和能力培养融为一体。知识是能力与素质的载体,越扎实的知识越有利于能力的提升和素养的内化。"山"字型人才培养模式课程体系的构建,既强调学科课程系统性,也关注学生实践能

力、创新精神、发展性素养的培养。通识教育平台细分为公民教育、写作与沟通、科学精神、艺术审美、哲学智慧和国际视野六个模块;专业教育平台细分为专业基础课程、专业核心课程、跨学科课程、实训(见习)、毕业实习、毕业论文(设计)六个模块;自主学习平台细分为阅读、创新创业、活动、学术讲座四个模块;项目课程平台细分为创新训练、创业实践、社会服务三个模块。具体见表4-1。

表4-1 铜仁学院"山"字型人才培养模式课程体系结构表

平台	通识教育平台						专业教育平台						自主学习平台				项目课程平台		
模块	公民教育	写作与沟通	科学精神	艺术审美	哲学智慧	国际视野	专业基础课程	专业核心课程	跨学科课程	实训(见习)	毕业实习	毕业论文(设计)	阅读	创新创业	活动	学术讲座	创新训练	创业实践	社会服务
备注:科学精神、哲学智慧、艺术审美三个模块要求学生跨学科门类选修																			

(一)"山"字型人才培养模式突出了岗位群能力需求与学科课程知识的逻辑协调

通过岗位群能力需求调查,将岗位群能力进一步细化分解成相应的能力要素,进而确定能力要素对应的专业核心知识与理论知识,设计能力达成和课程之间对应的矩阵;开发应用型课程内容和课程资源,实现职业岗位需要与学科课程知识逻辑相协调;调整理论课程与实践课程的比例,突出培养学生的实践能力、操作能力与应用能力。人文社科专业实践学习学分不低于25%,理工农医类专业实践学习学分不低于30%。

(二)"山"字型人才培养模式注重培养学生创新精神与可持续发展学力

"山"字型人才培养模式的自主学习平台和项目课程平台各有6学分,开设创新训练项目课程、创业实践项目课程、服务学习项目课程以及多样的学科竞赛、丰富的第二课堂社会实践活动等教育教学活动,把学习场所拓展到图书馆、企事业单位、田野,引导学生自主学习,激活学生的学习内驱力,培养学生综合、比较、抽象、应用、反思、批判和评价的认知能力,改善学生思维的广度、深度和创造力,为学生可持续发展学力、创造力的发展打下基础。

(三)"山"字型人才培养模式体现了个性化培养与全面发展的逻辑统一

基于学生个性化的发展需求,通识教育平台、专业教育平台、自主学习平台、项目课程平台压缩必修课比例,加大选修课开设的比例,在支撑全面教育的前提下,给学生充分的选择空间,培养学生鲜明的个性化特点。比如,"写作与沟通""科学精神""艺术审美""哲学智慧""国际视野"提供了 100 余门选修课程,项目课程平台提供了 10 门选修课程,自主学习平台提供了 100 余种学科竞赛项目、1000 余门课外阅读资料、100 余项第二课堂实践活动,等等。通识教育平台中开设跨学科专业的交叉课程,积极探索建立跨学院、跨学科、跨专业交叉培养创新创业人才的新机制,专业选修课程的 50% 需在学业导师的指导下通过跨学院、跨学科、跨专业来修习,促进人才培养由学科专业单一型向多学科融合型转变。

四、"山"字型人才培养模式的实践路径

铜仁学院在"山"字型人才培养模式的实践过程中,逐步形成了"一核心、二理念、三体系、四平台"的内在逻辑体系,探索出了三条行之有效的实践路径,见图4-2所示。

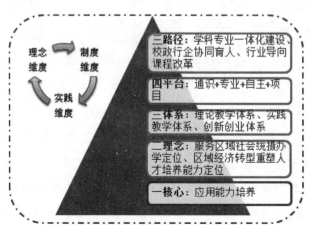

图4-2 "山"字型人才培养模式内在逻辑结构框架

（一）对接区域发展需求，学科专业一体化建设

铜仁有良好的生态环境资源、丰富的矿产资源、多彩的民族文化资源和充足的教育需求，铜仁学院生于斯、长于斯，学科专业布局与设置理应服务铜仁需求。学校制订有《学科专业一体化建设方案》，依据学科（群）、专业（群）对接区域优势资源，结合区域社会战略性新兴产业和传统支柱产业的需求，调整学科专业布局和结构，构建了学科专业一体化建设体系，见图4-3所示。

图4-3 铜仁学院学科专业一体化建设体系

（1）依托学校师范教育的深厚积淀，加强省级一流培育学科"教育学"、省级专业综合试点改革专业"学前教育""计算机科学与技术"建设，打造梵净教育生态特色学科群和教师教育类专业群，服务国家乡村振兴战略需求及区域学前教育、基础教育、教育行政事业、教育培训等行业或产业需求。

（2）利用山区丰厚的人文资源，加强省级重点学科"民族学"、国家级民族文化

传承与创新示范专业"视觉传达设计"建设,打造梵净文化生态学科群和文化旅游类专业群,服务国家新时代文化发展战略需求,以及区域文化、艺术、旅游产业创意服务、设计生产加工等产业。

(3)立足山区丰富的矿产资源,加强省级重点学科"化学工程与技术"、校级一流专业"化学工程与工艺"建设,打造梵净环境生态学科群和化学工程类专业群,服务区域环境保护与污染治理、精细化工业、锰系材料开发与利用等新产业。

(4)依托武陵山区特有的生物资源,加强省级重点学科"林学"、省级一流专业"园林"建设,打造梵净林业生态特色学科群和农林工程类专业群,服务区域自然资源保护与利用,以及特色农业、林业、水产养殖业等产业。学校学科专业的布局和设置不断调整优化的过程,是学校不断明晰化和具体化区域社会现实价值需求,并不断提升满足程度的过程。

(二)建立合作长效机制,"校政行企"融合育人

较之老牌本科院校而言,铜仁学院由于办学历史相对较短,因此其所拥有和可利用的资源也就相对较少,无论是财政拨款、学校经费、学生学费,还是企业行业赞助经费都相当匮乏。铜仁学院人才培养从实践维度,积极与社会融合,以"铜仁学院产教融合创新发展联盟"为依托,搭建"政府主导、市场介入、社会参与、校企自主"的多元化平台,实施《铜仁学院社会服务提升行动计划》①,通过共建特色学院、共建产教融合示范专业、共建共享教学资源、协同技术创新等多种手段和方式,引企入校,以智入企,共建平台,推进产教融合。一方面,汇集区域内各方资源,如政府类社会资本、行业企业类社会资本和家长、学生、校友类社会资本,持续累积人才培养资源;另一方面,运用知识为地方经济社会服务,促进应用性研究成果转化,以及向区域社会输送优秀应用型人才,服务产业转型升级,真正形成校政行企融合,协同育人的利益共同体、价值生态圈、长效新机制。

(三)行业应用导向,深化课程改革

"山"字型人才培养模式突出综合职业能力培养,既着眼于在相应专业领域的

---

① 铜仁学院社会服务提升行动计划,院政发〔2017〕167号,2017年9月5日.

生产实践中解决具体问题、完成实际工作的能力,又强调适应终身发展和社会发展需要的必备品格和关键能力,关键是发展性学力、创新能力的习得和素质的提高。基于此,学校以学生为中心,推动课程改革,促进学生综合职业能力和素质养成。

(1)更新课程教学理念,突显学生中心。教师摒弃原有"重理论轻实践""教材中心"和"教师中心"的惯习,最终走向学生本位的教学。"传授知识核心"向"培养学生素养核心"转变,课堂引入研讨式教学、案例教学、翻转课堂和服务学习等先进教学模式,实施基于问题的教学、参与型教学、基于项目的主题教学,知识获取过程中促进思维发展和认知发展,构建过程为本的新教学。

(2)构建行业应用导向的课程体系。以实践性教学为中心,社会经济发展和产业技术进步为驱动,面向实际问题,整合基础与专业、理论与实践、第一课堂与第二课堂、校内与校外的课程体系。

(3)教学内容更加专注培养学习者综合素质、技术技能和创新创业能力。制定了《"七性"课堂教学质量标准》[①],从教育性、丰富性、思辨性、研究性、前沿性、实用性、艺术性七个维度,打造高阶性、创新性、挑战度课程,促进学习者认知经历的多样性,促进学习者认知能力发展。

(4)探索基于 CDIO 工程教育模式的项目课程教学改革。立足于挖掘本地特色教学资源,以职业岗位应用为主线,以精心选择的典型产品(或服务)为载体,开发融知识、能力、素质培养于一体的项目课程。主张在典型产品开发或服务过程中以实际问题为导向,引导学生自主学习、协作学习、研究性学习、服务学习,促进其知识获取、分析、理解、应用、评价、批判、创新等一般性认知能力的习得,进而促进创新能力及发展力的养成。

(5)应用性科研资源课程化。应用性科研项目,社会服务案例,产业、行业、企业的生产实践项目,适当转化为课程资源,设置为项目课程模块,学生参与教师科研项目研究,甚至申请科研创新项目立项,开展自主研究,有助于其个体元认知发展,思维与语言能力、自我认识能力发展。

(6)重构课程学习空间。学习空间折射出知识的生产与传播的规律,并服务和增进教学效果,传统意义的教室更多适应于讲授式教学和接受式学习,"山"字

---

① 铜仁学院本科课堂教学质量标准,院政发〔2018〕303 号,2018 年 12 月 3 日。

型人才培养重构对课堂的理解,突破围墙和固定桌椅的束缚,学习空间由教室发展到实验室、图书馆、工厂、田野、网络空间。

五、实践"山"字型人才培养模式带来的成效

(一)专业结构进一步优化调整,"小而精"发展初见成效

学校 2016 年开始启动学科专业结构优化调整工作,新增专业论证引入"增一退一"机制,2017 年停招自动化、休闲体育等 11 个本科专业,至 2019 年,学校本科招生专业已从 48 个缩减为 34 个。有农村区域发展专业是国家卓越农林人才教育培养计划专业、视觉传达设计专业是国家级民族文化传承与创新示范专业等省级以上专业平台 23 个。"小而精"发展初见成效。

(二)人才培养核心竞争力加强,人才培养质量逐步提升

近三年,学生就业率持续保持在 95% 以上,考研人数和录取人数逐年提高(三年累计录取 249 人),获国家级大学生创新创业训练计划项目 73 项、省级 126 项,获省级以上学科竞赛奖励 352 项,发表学术论文 112 篇。

诞生了考研学霸专业,食品科学与工程在 2019 年考研录取率达 45.95%;2020 年,食品科学与工程专业全班 48 人,37 人参加研究生考试,占全班人数的 77.1%,32 人上线并获高校录取,上线录取率达 100%。2015 年设立明德学生奖,奖励德智体美劳突出贡献的学生,奖励了近百名优秀学子。

(三)应用转型道路进一步夯实,在更高层面发出贵州声音

在"山"字型人才培养模式的框架下,学校探索构建"引社会服务之水、灌人才培养之田"的人才培养与社会服务职能融合模式。2019 年在第六届产教融合国际论坛、全国新建本科院校联席会议暨第十九次高层峰会,做专题报告,在更高层面发出贵州声音。

（四）高水平应用型大学建设成果丰富，建设水平快速提升

学校"区域一流学科""省级应用转型试点"建设成效显著，中期评估取得优异成绩；学科排名、学校综合实力排名大步向前，获得"黄炎培职业教育奖"。

第三节 "山"字型人才培养模式的实践探索

实践探索一:铜仁学院办学思想①

一、学校办学指导思想

坚持社会主义办学方向;坚持用习近平新时代中国特色社会主义思想铸魂育人,培养德、智、体、美、劳全面发展的新时代社会主义合格建设者和可靠接班人;坚持地方性、师范性、民族性、应用型办学定位,努力把学校建设成为特色鲜明的高水平应用型高校。

二、学校定位

(一)办学类型:地方性、师范性、民族性、应用型。

(二)办学层次:以本科教育为主,探索和发展研究生教育。

(三)服务面向:立足黔东,面向全省,辐射武陵。

(四)培养目标:培养适应区域经济社会发展需要,人格品质健全、专业基础坚实、技术技能较强、具有国际视野、创新精神的高素质应用型人才。

(五)发展目标:努力把学校建设成为国内有一定影响、省内同类院校一流的特色鲜明的高水平应用型大学。

(六)学科专业:服务区域经济社会发展需求,紧密对接地方产业链—创新链—人才链,实现由单一的师范类学科专业向多科性应用型学科专业的转型,形成以区域一流(培育)学科教育学为引领的多学科协调发展、学科专业一体化建设体系,努力打造"梵净山学"。

---

① 铜仁学院办学思想[EB/OL]. [2019-06-07]. hhttp://www.gztrc.edu.cn/index.php/cms/item-view-id-1056?verified=1.

三、办学理念

校训：明德　致用

育人观：明德铸魂　致用立本

科研观：铜仁需求　国家标准

服务观：依托梵净　服务发展

文化观：苦心励志　追求卓越

四、思政体系

明德印记

五、大山品格

厚重　灵性　担当

六、办学特色

扎根山区　服务地方

实践探索二：聚合资源，凸显特色，深化转型——铜仁学院二级学院整合和学科专业结构优化调整改革纪实①

升本十年，铜仁学院砥砺前行，以咬定青山不放松的精神，大胆开展欠发达地区本科院校综合改革，将梵净山的生态资源优势转化为办学优势，办学定位逐渐清晰，走出了一条符合区域经济社会发展需求、具有自身特色的创新发展之路。

一、明确办学定位，厘清发展思路

办学定位统领学校的改革和发展。明确办学定位就是高校要搞清楚自己在整个高等教育体系中的位置，准确把握自身角色、分工和使命。明确了办学定位，高

---

① 聚合资源，凸显特色，深化转型——铜仁学院二级学院整合和学科专业结构优化调整改革纪实 [EB/OL].[2016-07-06].http://www.gztrc.edu.cn/index.php/cms/item-view-id-3364.shtml.

校才能厘清办学思路,才能确定自身发展目标、类型、层次、服务面向等一系列基本问题。

在办学定位的选择上,新建地方本科高校必须遵循"两个规律",即必须符合高等教育自身发展规律和地方经济社会发展规律。基于对这两个基本规律的认识,铜仁学院在升本十年来,经过认真分析、反复论证,确立了"地方性、服务型、特色化、开放态"的办学定位,明晰了转型发展的路径选择,即以走融入区域经济社会和文化生态的办学发展之路,围绕区域经济社会主导产业着力打造契合区域经济社会需要的特色学科专业群,凝练办学特色,着力为区域经济社会培养高素质的应用型人才,突出办学的"地方性";走立足地方、依托地方的办学发展之路,深入推进校政、校地合作,紧密对接区域经济社会的产业发展、服务区域经济社会建设和文化建设,突出办学的"服务型";立足地方,走校政企协同、产学研一体的特色发展之路,构建应用型人才培养模式,打造双师双能型教师队伍,逐步实现校企合作、工学结合,突出办学的"特色化";走开放办学的发展之路,积极探索与政府、行业共建具有鲜明区域特色的二级学院及实习实训平台,密切产教融合,不断增强办学活力,逐步探索国际化办学,突出办学的"开放态"。

二、聚合办学资源,重组二级学院

铜仁学院是一所新建的地方本科院校,升本之初,铜仁学院以学士学位授予权单位评估为契机,以建设合格本科院校为目标,参照传统本科院校建立了校-系二级管理模式。2013年11月,为迎接教育部本科教学工作合格评估,铜仁学院对二级学院进行了调整、合并,逐渐由校-系二级管理模式过渡到校-院二级管理模式,由此二级学院作为人才培养、科学研究、服务社会和文化传承的主体地位得到了凸显。但是,从学校创建武陵大学的愿景目标和建设高水平应用型大学的任务来看,目前学校二级学院的设置和学科、专业的布局依然不太合理。

有关统计资料显示,美国大学内的教学科研实体学院的设置平均数为9.7左右,英国大学不超过10个。而由于种种原因,中国大学在探索"学院制"的进程中,二级学院设置数普遍在20个以上,不少学校在30个左右,少数学校甚至在40个以上。二级学院设置得过多、过细,既影响学科的交叉与融合,也不利于优秀教学团队和科研团队的形成,还制约着新建地方本科高校的可持续发展。

2016 年 6 月,为适应创建高水平应用型大学的需要,在经过一年多的深入调研,反复论证之后,学校破除传统按学科设置二级学院的做法,以服务区域经济社会发展为导向,以学科为依托,以特色专业群为基础,将原有的 16 个二级学院调整为 10 个专业学院,着力构建以学校为决策中心、学院为管理中心、系为质量中心的治理机制。重组后的专业学院更加凸显了内涵建设和地域特色,使学科专业与产业发展的适应度、学校与区域城市功能的匹配度、学校与梵净山绿色发展的契合度得以明显提升。

重组后的农林工程与规划学院围绕梵净山的优质自然资源,打造特色专业群,对接大生态产业,服务区域资源保护与利用、特色农业、水产养殖业及城镇化进程。

重组后的材料与化学工程学院,围绕梵净山锰、钾、汞高效利用与治理,打造特色学科群,对接区域经济社会新材料及其深加工等产业,服务区域经济社会精细化工业、新材料开发与利用。

重组后的人文学院围绕梵净山厚重的民族文化资源,以建设省级重点学科民族文化遗产学为依托,不断强化应用型专业建设,对接区域经济社会的文化产业,服务区域文化建设,传承民族优秀文化。

重组后的经济管理学院围绕培养创新创业人才、建设创业型学院的目标,建立校企协同创新创业机制,创设创业实训一体化实践模式,建设大学生创业实践基地,搭建创业项目孵化平台,着力构筑起集师资、课程、活动、实训、孵化为一体的创新创业教育体系,培养优秀的创新创业人才,服务于地方经济社会发展。

重组后的教育学院围绕培养高素质教师、引领基础教育发展的定位,努力建设高水平、专业化的教师教育学院,服务区域高等教育、职业教育和基础教育的发展需求。

三、统筹资源配置,促进学科融合

学校升本十年,虽然进步较大,但与省外被列入首批应用技术大学联盟的高校相比,高水平应用型师资力量不够雄厚,且分布在不同的学科和专业,还未形成团队,也未形成强劲的发展合力。铜仁学院现有本科专业 43 个,涵盖了经济学、法学、教育学、文学、历史学、理学、工学、农学、医学、管理学、艺术学 11 个学科门类和 32 个专业类(一级学科),学科门类多而全,专业设置散而乱,这既不利于学校办学特色的凝练,也不利于学校核心竞争力的形成,更不利于办学资源的有效配置。

其实,对于学校学科和专业布局的散乱状况,学校领导深感忧虑。学校党委书记李树新多次提到,物理与电子工程学院四个专业,涵盖了三个一级学科,三个发展方向,两个专业还缺乏学科支撑,怎么发展? 校长侯长林在调研中多次提到,我们看到了问题,如果还不进行调整,我们就会成为学校发展的罪人! 对于学校学科和专业建设中资源配置分散,学科和专业相互支撑不够、交叉融合不够的现实处境,一些学院的负责人和教师颇有同感。

因此,面对学校转型发展的形势和创建高水平应用型大学的要求,加快调整二级学院,整合办学资源,统筹资源配置,优化学科结构、专业设置与布局势在必行。我们只有通过调整、优化二级学院设置和学科专业布局,才能实现学校教育教学资源的有效配置,加强内涵建设,提高学校办学水平,更好地服务区域和地方经济社会发展。

四、打破学院界限,促进特色发展

2015 年底,在对学校学科和专业进行全面调研的过程中,我们发现,工学学科门类最多,实力也比较雄厚,但学科划分过细,集成不够,直接影响了学校解决科研前沿问题和服务区域经济社会重大战略需求的能力。

经过一年多的酝酿,2016 年 6 月,学校迈出打破学院界限、推进学科组织与机制创新的坚实步伐。重组不是简单合并几个院系,而是以学科建设和专业发展为核心,进一步优化学科专业结构和院系布局,形成学校核心竞争力,承担大项目,培育大成果,加速大转型,促进大特色。新组建的大数据学院下设数学与统计系、电子信息工程系和计算机科学系,拥有一个省级实验教学示范中心,集成了数据收集与统计、分析和数据传输相关专业,实力大大加强。重组后的材料与化学工程学院下设材料工程系、化学工程系、食品药品工程系,拥有两个省级重点学科,不断促进传统材料向新材料、传统化工向新兴化工的转变,学院发展呈现出了新的发展格局和良好的发展态势。

有合力,才有竞争力,才能有效促进特色发展。十个学院的重组,标志着铜仁学院学科和专业根据发展需要,实现了有效整合、分化和集成,良好的学科生态和专业发展格局已经形成,为今后学校、学院、系三级建设和学校、学院两级管理的体制勾勒了雏形。

世界高等教育正呈现出一系列新的改革和发展趋势。整合二级学院和优化学科专业结构和布局,是铜仁学院强化办学特色的一项战略选择,也是对区域经济社会重大战略需求的积极回应。

实践探索三:2019 版本科专业人才培养方案指导意见①

一、指导思想

以习近平新时代中国特色社会主义思想为指导,全面贯彻党的教育方针,落实立德树人的根本任务,以人才培养为中心,秉承"扎根山区,服务地方"的办学理念,坚持高水平应用型的办学定位,践行"通识教育＋专业教育＋自主学习＋项目课程"的"山"字型人才培养模式,进一步完善"通识教育与专业教育、创新创业教育相融合,实践教育与行业协同相融合,个性化培养与质量标准相融合"为主导的人才培养机制,突出培养学生的自主学习能力、交流沟通能力、批判思维能力、创新创业能力,服务学生就业需求和未来发展,促进学生价值提升,逐步构建与高水平应用型大学相适应的本科人才培养体系。

二、修订原则

(一)精准定位,服务学校发展战略

根据学校建设高水平应用型的教学服务型大学和人才培养目标,精准定位专业人才培养目标,并结合专业自身优势和特点,制订好差异化、个性化、特色化的专业人才培养方案,确保专业人才培养方案能够保障学校总体人才培养目标和专业自身培养目标的达成。

(二)产教融合,服务区域社会发展

根据学校"依托梵净,服务发展"的特色办学理念,坚持产教融合、协同育人的

---

① 《2019 版本科专业人才培养方案指导意见》,校办发〔2018〕29 号, 2018 年 12 月 27 日.

原则,对接区域创新要素资源,对接经济开发区、产业聚集区创新发展,对接行业企业人才培养和技术创新需求,不断强化与地方政府、行业企业、科研院所的协同合作,以人才培养服务区域经济社会发展。

(三)强化实践,服务学生能力培养

结合学校朝应用型大学转型发展的要求,聚焦专业的人才培养目标,完善实践教学质量标准,强化实践教学过程控制,增加实践教学比重,增强实践性教学环节的系统性、整体性和综合性,突出培养学生分析解决问题的能力和综合应用能力,为学生未来发展奠定坚实基础。

(四)因材施教,服务学生个性化发展

在保证专业培养规格基本要求的基础上,遵循因材施教的原则,根据学生成才的不同需求,在课程设置、教学环节的设计与要求等方面,注意共性与个性、统一性与灵活性的结合,尊重学生在基础能力、兴趣特长、发展方向等方面的差异,强化学生自主学习能力和独立思维能力的培养,促进学生增值。

三、修订思路

坚持立德树人根本任务,落实"以本为本 四个回归",遵循人才培养为中心理念,以高素质应用型人才培养为目标,结合新农科、新文科、新工科建设和卓越教师培养要求,实践"通识教育+专业教育+自主学习+项目课程"的"山"字型人才培养模式,重构课程内容,完善课程体系,推进铜仁本土特色教学资源、学院本土教授优秀研究成果、铜仁本土品牌特色活动进入课程内容,厚植"服务铜仁"的乡土情怀,培养服务区域经济社会发展需求的高素质应用型人才。

(一)明确培养目标,细化毕业要求

学校致力于培养适应区域经济社会发展的高素质应用型人才,各专业要以《普通高等学校本科专业目录和专业介绍(2012年)》《普通高等学校本科专业类教学质量国家标准》《普通高等学校师范类专业认证实施办法(暂行)》《工程教育认证标准解读及使用指南》对专业的基本要求和专业质量标准为指导,并根据学校办学

定位和人才培养目标定位以及区域社会经济发展需求和学生可持续发展需求,结合用人单位反馈和学生毕业后反馈,进一步明确各专业人才培养目标,制定毕业要求,细化本专业毕业生的人格品质、专业知识、技术技能要求,实现对培养目标的支撑。

(二)优化课程体系,支撑能力达成

根据人才培养目标及毕业要求,整合课程体系,优化教学内容,科学设置课程模块,合理安排学时学分比例,使通识教育、专业教育、自主学习、项目课程有机融合。各专业要根据毕业要求设置的具体内容建立能力达成体系,明确课程体系中每门课程或每个教学环节的目标和作用,削减对培养目标支持度不高的课程,鼓励增设综合性的理论课程和实践环节,切实将各门课程所承担的知识和能力的培养要求落到实处。

(三)加强通识教育,促进全面发展

以培养高素质应用型人才为目标,强化通识教育,设置公民教育、写作与沟通、科学精神、艺术审美、哲学智慧、国际视野等通识教育课程模块,构建人文艺术与自然科学融合渗透的通识教育平台,培养有社会担当、有家国情怀、有科学精神、有哲学智慧、有个人修养、有全球视野,以及有学习思考能力、交流沟通能力、阅读能力、写作能力、信息处理能力的人才。

(四)对接岗位需求,强化实践技能

对接职业岗位能力需求,以"核心岗位、核心能力、核心知识和核心课程"为主线,重构专业课程体系,基于核心岗位、核心能力,优化专业课程模块。注重课程时序合理化,同时调整理论课程、实践课程的比例,突出培养学生的实践能力,实现职业岗位需要与学科课程知识逻辑相协调。

(五)完善"双创"课程体系,培养创新意识

自主学习平台和项目课程平台是第一课堂与第二课堂的紧密融合。依托自主学习平台和项目课程平台,开设创新训练项目课程、创业实践项目课程、服务学习项目课程以及多样的学科竞赛、丰富的实践活动等教育教学活动,把学习场所拓展到图书馆、企事业单位、田野,引导学生自主学习,激活学生的学习内驱力,培养学生综合、比较、抽象、应用、反思、批判和评价的认知能力,改善学生思维的广度、深度和创造力,为学生可持续发展能力、创新意识、创新能力的发展打下基础。

四、人才培养方案框架结构和具体要求

(一)框架结构

本科专业人才培养方案包含以下内容:①专业代码、名称;②培养目标;③毕业要求;④专业核心能力;⑤学制与学位;⑥主干学科与核心课程;⑦专业课程体系;⑧课程体系与毕业要求关系矩阵;⑨指导性教学计划。

(二)学制、学期、学时、学分要求

1.学制

基本学制四年或五年,学生可在 4~6 年或 5~7 年内完成学业。

2.学期安排

每学期考试科目按 18 周计算,考查科目按 17 周计算,新生第一学期教学周数需减去军训时间。各学院可根据本学院实际情况酌情调整。

3.学时学分设置

四年制本科专业总学分控制在 140~170,总学时控制在 2400 以内;五年制本科专业总学分控制在 200 以内,总学时控制在 3000 以内。(注:《国标》里面学分、学时的标准下限高于此规定学分范围上限的,按照《国标》规定学分学时下限要求执行,《国标》未明确具体学分、学时要求的,则按学校要求标准执行。)

各专业周学时原则上控制在 20~25 学时,各学期的周学时应均衡。

4.学分计算办法

(1)理论课程教学按 18 学时计 1 学分,独立开设的实验课程按 36 学时 1 学分折算。

(2)大学体育课程、体育专业的技术类课程和艺术专业的技能课程按每 36 学时计 1 个学分。

(3)集中安排的实践性教学环节原则上按每 1 周计 1 学分,各专业可根据专业

实际情况自行调整实践教学环节时间。

(4)毕业实习时间不少于16周,不少于12学分,原则上安排在第七学期进行。

(5)学士学位论文一般总时数不低于6周,规定为6学分。

五、课程体系结构

(一)总体架构

课程体系设置采用"平台+模块+模块化课程"的结构形式。整个课程体系包括四个课程平台:通识教育平台、专业教育平台、自主学习教育平台、项目课程教育平台。

课程分为必修和选修两类。人文社科类专业实践教学环节的学分占专业教学总学分的比例不低于25%;理工农医类专业实践教学环节的学分占专业教学总学分的比例不低于30%。

(二)课程平台结构

1. 通识教育平台

通识教育平台是面向全校各专业学生搭建的平台,主要负责培养学生的人格品质。通识教育平台设置51学分,其中必修学分42学分,选修学分9学分。

2. 专业教育平台

专业教育平台是本科教育的核心组成部分,旨在夯实学生的专业基础,使学生具备适应未来社会需求的可持续发展的专业素养与专业技能。为了更好地体现应用型大学重专业能力培养、重专业知识应用的特点,2019版培养方案专业课程将对接产业、行业、岗位需求,建立相应关系表。具体实施思路:一是确定专业对应的岗位群;二是根据岗位群的特点和能力要求确定能力结构;三是根据岗位群对专业能力的要求,进一步梳理、细化分解成相应的能力要素;四是根据专业能力和能力要素,设置相关课程。

3. 自主学习教育平台

自主学习教育平台是为满足学生开展自主性、创新性和个性化学习而专门设置的。自主学习平台要根据不同专业人才培养特点和职业能力素质要求科学合理地设计教育内容,推进地域优秀传统文化资源进平台,推进学校优质科教文化成果进平台,推进学院品牌特色育人活动进平台,提高学生自主学习能力,服务学生未来发展。其中,创新创业设定 2 学分,阅读设定为 2 学分,活动课程设定为 1 学分,学术讲座设定为 1 学分。

4.项目课程教育平台

项目课程教育平台是培养学生综合应用能力的教学平台。项目课程是以工作任务为课程设置与内容选择的参照点,以项目为单位组织内容,并以项目活动为主要学习方式的课程模式。项目课程由各二级学院经过调研典型行业、典型岗位并进行能力需求分析之后,拟出典型任务之下的典型项目活动,供学生选择。项目课程的内容由二级学院、教师项目研究团队、职能部门发布,或学生自立项目确定。该平台设置 6 学分,主要由科研实训、社会服务、创业实践等组成。

(三)课程设置的具体要求

(1)各专业应根据本专业的培养目标精心设计专业教育平台课程,使专业教育平台课程与通识教育平台课程、自主学习教育平台课程、项目课程教育平台课程有机融合,确保专业人才培养目标的达成。

(2)各类专业课程的设置要注意课程之间的内在逻辑关联。

(3)多位教师开设的同一课程原则上应统一教学大纲、统一教材。

(四)考核评价要求

(1)各学院要积极鼓励教师开展考核方式多样化尝试。

(2)考核方式要逐步加大过程化考核比重,形成性评价成绩在最终成绩的构成比例中不得低于 60%,各学院要制定科学合理的形成性评价标准,加大对教师形成性评价的督查力度。

实践探索四：园林专业人才培养规格及课程体系简表①

一、培养目标

园林专业适应社会经济发展和园林建设需要，立足黔东，面向全省，辐射武陵山区，服务西部，培养德、智、体、美、劳全面发展，具备扎实的学科素养、专业技能，以及良好的团队合作与创新创业意识，能熟练运用园林专业的基本理论、方法和技能，在园林、林业、自然保护区、生态环境、生态文明建设等相关领域从事园林规划设计、园林植物繁育、栽培养护、园林工程施工及管理的应用型高素质专业技术人才。

毕业生在未来五年预期达成以下目标：

目标1：坚持正确的政治方向，能自觉践行社会主义核心价值观，具备高尚的人格素养、良好的生态文明意识、深厚的人文底蕴、坚定的职业理想、强烈的职业认同感，具有良好的团队协作精神和创新创业意识。

目标2：具备扎实的园林学科素养，能综合运用园林专业的基本理论、方法和技能，解决园林植物繁育、养护管理与应用，城乡各类园林绿地的规划与设计、园林施工组织与管理等生产实际问题。

目标3：具有独立获取知识、提出问题、分析问题和解决问题的能力，以及适应终身发展和社会发展需要的必备品格和关键能力，能适应国家社会经济发展和城市园林建设需要，能服务于乡村振兴战略和生态文明建设。

二、毕业要求

本专业学生毕业时应达到以下基本要求：

1. 素质要求

积极践行社会主义核心价值观，对中国特色社会主义有强烈的思想认同、政治认同、理论认同和情感认同；具备扎实的专业理论基础和专业技能，掌握一定的科学研究方法，具有良好的人文修养、科学精神、创新意识和国际化视野，具有健康的

---

① 铜仁学院2019本科人才培养方案(第二册)，343－348.

体魄、良好的心理素质,具有较强的职业认同感和团队协作意识。

（1）思想道德素养

能坚持正确的政治方向,遵纪守法,诚实守信,坚持真理,具有正确的价值观念,具有较强的社会责任感,具备高尚的人格素养;热爱园林专业,热爱自然,具有良好的生态文明意识,具有投身国家林业建设事业的良好意愿。

（2）学科专业素养

理解学科体系的基本思想和方法,具备扎实的专业理论基础和专业技能、严谨求实的科学精神;掌握生态学、植物学、建筑学等相关自然科学及社会学、美学与艺术等人文社会科学知识,具有一定的专业发展、终身学习和自主学习意识。

（3）人文综合素养

具备较深厚的人文底蕴,具有较强的创新创业精神与意识,具有团队协作与人际交往意识,具有健康的体魄、良好的生活习惯和心理素质,了解中外优秀传统文化,具有较宽广的国际视野、与时俱进的现代意识。

2. 知识要求

具备一定的自然与人文社科知识、较强的数理化及计算机科学知识、较强的外语知识,以及扎实的专业理论知识。了解和掌握园林专业相关发展历史、学科前沿和发展趋势,熟悉我国园林领域相关的方针、政策和法规。

（1）通识知识

了解生物、哲学、社会学、历史学、文学、美学与艺术、心理学、计算机科学等方面的通识知识,同时能够掌握一门外语知识,并达到规定的水平。

（2）专业基础知识

掌握高等数学、数理统计方法、有机化学分析、土壤科学、气象科学、植物分类、园林生态、园林植物生理、设计构成、园林艺术、园林历史等专业基础知识。

（3）专业核心知识

掌握园林花卉、树木生长习性与识别知识;掌握园林植物遗传与育种、园林植物栽培与养护管理及苗圃营建相关知识;掌握城市绿地系统、城市规划原理、园林建筑结构和构造相关知识;掌握园林工程、工程概预算、施工组织与管理等专业核心知识。

3. 能力要求

具有独立获取通识及专业知识、信息并对其进行处理的能力,对一门外语具有较好的听、说、读、写能力,具有较强的信息技术应用能力,具有独立从事园林生产、规划设计和管理等工作的能力,具有一定的创新能力与创业能力。

(1)基础能力

具备现场调查、基础资料收集、定量与定性分析以及文献查阅与综述的能力;掌握科技论文、文书、报告等的基本写作方法,具备较好的口语表达能力;有较强的沟通与协调、组织与管理、分析与决策及团队协作能力;具备质疑、求证、辩证的创新性思维方式和能力;具备较强的创新精神与创新能力;有较强的创业意识、良好的心理承受与调控能力;有自信、自强、自主、自立的创业精神;具备决策、经营管理、专业技术与交往协调等创业素质与能力。

(2)专业核心能力

具备综合运用园林专业的基本理论、知识和技术的能力,能独立从事园林专业相关的生产、科研和管理等工作。主要包括城乡各类绿地规划与设计能力、园林艺术设计能力、植物营造景观能力、计算机辅助设计能力、园林工程施工与管理能力,园林植物繁育、栽培与养护管理能力以及利用生态修复技术参与生态文明建设等方面的能力。

三、专业核心能力

(一)专业核心能力和能力要素

园林专业定位的岗位群,一是园林绿地景观规划设计岗,二是苗木生产与园林绿化管理岗,三是园林工程施工与管理岗。

根据岗位群对专业核心能力的要求,确定本专业学生应具备的核心能力为园林植物识别与应用能力、园林植物遗传育种、栽培养护与苗圃管理能力、园林规划与设计能力、园林工程施工及管理能力。园林专业核心能力和能力要素的对应关系如表4-2所示。

表4-2　园林专业核心能力和能力要素对应关系表

专业核心能力	核心能力要素
园林植物识别与应用能力	园林花卉、树木植物识别与植物造景应用
园林植物遗传育种、栽培养护与苗圃管理能力	遗传育种、组织培养、病虫害防治、栽培养护、苗圃管理
园林规划与设计能力	规划、设计、CAD制图、SU立体建模、PS后期效果图
园林工程施工及管理能力	测量、识图、施工管理、工程造价

（二）专业核心能力与课程设置

专业核心能力与课程设置见表4-3。

表4-3　园林专业核心能力和课程设置对应关系表

专业核心能力	课程设置
园林植物识别与应用能力	植物学、园林生态学、插花与盆景艺术、园林花卉学、园林花卉学实验、园林树木学、园林树木学实验
园林植物遗传育种、栽培养护与苗圃管理能力	气象学、有机化学、有机化学实验、数理统计、园林植物生理学、园林植物生理学实验、植物学、植物学实验、土壤学、土壤理化分析、园林植物病虫害防治、园林植物病虫害防治实验、园林植物遗传与育种学、园林植物遗传与育种学实验、观赏植物组织培养、园林植物栽培养护、园林苗圃学
园林规划与设计能力	制图基础、钢笔风景画、素描、三大构成、园林史、园林艺术原理、城市绿地系统规划、园林设计表现技法、园林植物景观设计、园林建筑设计、园林设计、园林设计实训、城市规划原理、Photoshop、园林CAD、Sketchup + lumion
园林工程施工及管理能力	园林工程测量、园林工程测量实训、园林工程、园林工程实训、园林工程施工组织与管理、园林工程概预算、园林景观施工图设计

四、学制与学位

修业年限:基本学制4年,实现弹性学制,可在4~6年内完成学业。

毕业要求:本专业毕业最低学分要求为163学分。

授予学位:农学学士学位。

五、主干学科与核心课程

(一)主干学科

生态学、植物学、建筑学、设计学、工程学等。

(二)核心课程

园林花卉学、园林树木学、园林植物栽培养护、园林苗圃学、城市绿地系统规划、园林植物景观设计、园林设计、园林建筑设计、园林工程。

六、专业课程体系

本专业总学时为2512,总学分为163,其中必修课总学分为142,占比87%;选修课总学分为21,占比13%;理论课总学分为91,占比56%;实践课总学分为72,占比44%。园林专业课程体系简况见表4-4。

表4-4 园林专业课程体系简况表

所属平台	模块名称	学时				学分					
		合计	学时占比	其中		合计	学分占比	其中		其中	
				必修	选修			必修	选修	理论	实践
通识教育平台	公民教育	456	26%	456	0	39	31%	39	0	34	5
	写作与沟通	81		47	34	5		3	2	3	2
	国际视野	51		0	51	3		0	3	3	0
	艺术审美										
	科学精神	68		0	68	4		0	4	4	0
	哲学智慧										
	小计	656		503	153	51		42	9	44	7

所属平台	模块名称	学时				学分					
		合计	学时占比	其中		合计	学分占比	其中		其中	
				必修	选修			必修	选修	理论	实践
专业教育平台	专业基础	686	74%	686	0	29	61%	29	0	19	10
	专业核心	762		762	0	32.5		32.5	0	22	10.5
	专业方向	372		372	0	12.5		12.5	0	4	8.5
	跨学科课程	36		36	0	2		2	0	2	0
	综合实践	24周		24周	0	24		24	0	0	24
	小计	1856		1856	0	100		100	0	47	53
自主学习教育平台	创新创业	–	–	–	–	6	4%	6		6	
	阅读	–	–	–	–						
	学术讲座	–	–	–	–						
	活动	–	–	–	–						
项目课程教育平台	创新训练	–	–	–	–	6	4%	6		6	
	社会服务	–	–	–	–						
	创业实践	–	–	–	–						
	其他	–	–	–	–						
学分/学时总计		2512		2359	153	163		142	21	91	72

实践探索五:农村区域发展专业人才培养规格及课程体系简表①

一、培养目标

本专业坚持立足铜仁、面向贵州、辐射武陵山区,秉承"铜仁需求·国家标准""依托梵净·服务发展"的办学理念,致力于将学生培养成为扎根山区、服务乡村振兴战略;具备农业技术推广与服务、农业企业管理运营和创新创业能力;能在政府涉农部门、涉农企事业单位等从事管理工作的高素质应用型农林人才。

毕业生在未来五年预期达成以下目标:

目标1:拥护党的基本路线,拥有强烈的三农情怀,贯彻落实国家各项农业政策,具有良好的人文素养和高尚的职业操守与专业精神。

---

① 铜仁学院 2019 本科人才培养方案(第二册),第 495——499.

目标2:熟悉三农问题发展前沿与趋势,熟悉农业企业管理运营,具备丰富的农业技术推广与服务经验,掌握必备的专业分析技术和研究方法。

目标3:能够运用专业理论、知识与技能,分析农村区域发展理论与政策问题并提出解决方案;具备农业项目协作和参与管理的能力,能够与其他成员进行协调合作并促成团队合作目标的达成。

目标4:具有较强的自主学习能力,掌握高效的学习方法,具有先进的创新理念与丰富的创业经验。

目标5:掌握现代农业信息技术和生产技术,熟悉国内外农业推广理论研究的最新进展和实践中出现的改革举措和经验。

二、毕业要求

本专业学生毕业时应达到以下基本要求:

(一)素质要求

要求1:熟悉中国特色社会主义理论体系,自觉践行社会主义核心价值观,具有强烈的社会责任感,愿为国家富强、乡村振兴服务,培育学生"爱农知农为农"等思想政治素质。

要求2:具有严谨求实的科学态度和开拓进取精神,具有诚信和吃苦耐劳的良好职业道德和敬业精神,具有科学思维和辩证思维能力,具有创新意识和一定的创新能力,具有不断学习、获取新知识和寻找解决问题愿望的职业素质。

要求3:具有农村区域经济与社会发展的基础理论和基本知识,掌握农村区域发展的基本理论、方法和技能,能在各级政府部门、各类相关企业等从事经营管理、推广咨询等工作的专业素质。

要求4:通过自主学习教育和项目课程教育平台的学习和锻炼,培养具有团结协作精神和人际交往沟通能力、组织管理能力、创新创业能力等能力结构全面的人文素质。

(二)知识要求

要求1:了解现代农业技术知识及其发展的热点和趋势;

要求2:掌握农业技术推广的基本理论与方法;

要求3:了解现代农业企业运营的原理和规律;

要求4:掌握现代农业企业管理的基本原理及方法;

要求5:了解创新的相关基本原理及过程规律;

要求6:掌握创业的基本原理及思路。

(三)能力要求

要求1:具备运用现代农业技术知识及其发展的热点和趋势选择适用技术的能力;

要求2:具备运用所掌握的农业技术推广理论和方法对农业技术进行推广和服务的能力;

要求3:具备运用现代农业企业运营的原理和规律判断现代农业企业运行优劣的能力;

要求4:具备运用现代农业企业管理的基本原理及方法对企业运营中出现的问题进行分析并解决的能力;

要求5:具备运用创新的相关基本原理及过程规律开展创新工作的能力;

要求6:具备运用创业的基本原理及思路开展创业实践的能力。

三、专业核心能力

(一)专业核心能力和能力要素

农村区域发展专业定位的岗位群为:一是农业技术推广部门及政府涉农部门;二是现代农业企业单位;三是创新创业主体。

根据岗位群对专业核心能力的要求,确定本专业学生应具备的核心能力为:农业技术服务与推广能力、现代农业企业管理经营能力、创新创业能力等,进一步梳理、细化分解成相应的能力要素,二者的对应关系见表4-5。

表4-5 农村区域发展专业核心能力和能力要素对应关系表

专业核心能力	能力要素
农业技术服务与推广能力	农业技术分析、农业推广
现代农业企业管理经营能力	农业经济分析、农业产业结构分析、农业企业经营、企业管理经营
创新创业能力	创新思维、创业实践

（二）专业核心能力与课程设置

农村区域发展专业核心能力有农业技术服务与推广能力、现代农业企业管理经营能力、创新创业能力。专业核心能力和课程设置对应关系见表4-6。

表4-6 农村区域发展专业核心能力和课程设置对应关系表

专业核心能力	课程设置
农业技术服务与推广能力	农学概论、世界农业发展概论、现代农业信息技术、农业推广学、计量经济学、农村发展概论、农村发展规划、农村社会学、山区农业遥感技术、农业标准化、农业技术经济学、山区农业机械化、梵净山特色植物栽培、黔东特种经济动物养殖、农业智能
现代农业企业管理经营能力	政治经济学、微观经济学、宏观经济学、管理学、农业经济学、发展经济学、区域经济学、统计学、农业政策学、农村调查研究方法、定性研究方法、农业企业与合作社实务、计量经济学、会计理论与实务、农村金融学
创新创业能力	职业生涯规划与就业指导、创新创业理论、创新创业实践、课程实习与毕业实习、社会实践与科研训练、项目课程

四、学制与学位

修业年限:基本学制4年,实现弹性学制,可在3~6年内完成学业。

毕业要求:本专业毕业最低学分要求为170学分。

授予学位:管理学士学位。

五、主干学科与核心课程

（一）主干学科:经济学、管理学、农学

（二）核心课程

农村发展概论、农业推广学、区域经济学、发展经济学、农村社会学、农村发展规划、农业经济学。

六、专业课程体系

本专业总学时为 2143，总学分为 170，其中：必修课总学分为 122，占比 71.76%，选修课总学分为 48，占比 28.24%；理论课总学分为 100，占比 58.82%，实践课总学分为 70，占比 41.18%。农村区域发展专业课程体系简况见表 4-7。

表 4-7 农村区域发展专业课程体系简况表

所属平台	模块名称	学时				学分					
		合计	学时占比	其中		合计	学分占比	其中		其中	
				必修	选修			必修	选修	理论	实践
通识教育平台	公民教育	456		456	0	39		39	0	23	16
	写作与沟通	81		47	34	5		3	2	3	2
	国际视野	51		0	51	3		0	3	3	0
	艺术审美		30.61%				30%				
	科学精神	68		0	68	4		0	4	4	0
	哲学智慧										
	小计	656		503	153	51		42	9	33	18
专业教育平台	专业基础	642		642	0	36		36	0	29	7
	专业核心	360		360	0	20		20	0	17	3
	专业选修	400	69.39%	0	400	22	62.94%	0	22	18	4
	跨学科课程	85		0	85	5		0	5	3	2
	综合实践	24周		24周	0	24		24	0	0	24
	小计	1487		1002	485	107		80	27	67	40
自主学习教育平台	创新创业	–	–	–	–						
	阅读	–	–	–	–	6	3.53%	–	6	–	6
	学术讲座	–	–	–	–						
	活动	–	–	–	–						
项目课程教育平台	创新训练	–	–	–	–						
	社会服务	–	–	–	–	6	3.53%	–	6	–	6
	创业实践	–	–	–	–						
	其他	–	–	–	–						
学分/学时总计		2143	1505	638		170		122	48	100	70

第五章 "山"字型人才培养模式通识教育

通识教育也称为博雅教育、通才教育、普通教育,目的是培养学生能独立思考且对不同的学科有所认识,能将不同的知识融会贯通,最终目的是培养出完全、完整的人。剖析国内外通识教育的演进逻辑,发现尽管通识教育的实施在各国都有其独特的社会和教育背景,但均致力于回归大学教育的本然价值,克服狭隘的功利主义弊端,冲破过度分割的专业壁垒。在"山"字型人才培养模式中,通识教育是根基,贯穿人才培养的全过程,服务学生的人格品质养成。其既注重"全人"教育,也注重成人教育服务于成才教育。带领学生"积累人文社会自然学科知识,塑造厚重灵性担当大山品格,锻炼服务未来持续发展能力",培养有社会担当、家国情怀、科学精神、哲学智慧、个人修养、全球视野的全人,为学生终身发展和服务区域经济社会做准备。

第一节 通识教育的演进逻辑

一、通识教育概念辨析

(一)通识教育概念演变

通识教育自提出以来,引起较多的关注,其概念的表述多达50余种[①],但尚无统一规范的定义。通识教育起源于古典时期的自由教育或博雅教育,又称为普通

---

① 李曼丽,林小英.后工业时代的通识教育实践——以北京大学和香港中文大学为例[M].北京:民族出版社,2003:106.

教育、教养教育(日本)、通才教育、全人教育(中国台湾)、素质教育(中国大陆)等，而通识教育是比较通行的称谓。

古希腊著名的哲学家亚里士多德认为，人的全部生活大体可以分为两类：一类是"鄙俗"的，一类是"高尚"的。"鄙俗"的生活是为了谋生，以实用、谋利为目的的"劳作"生活；"高尚"的生活则是以沉思为最高理想的闲暇生活①。与之对应，亚里士多德把教育也相应地分为两类：一类是"自由人"的教育；一类是"非自由人的"或"偏狭的"教育。"自由人"的教育就其目的而言，它是以人的理性的自由发展和德性的完善为最高目标的教育；就其内容而言，它以自由学科、文雅学科为主要教育内容，主要包括读、写、音乐、绘画、哲学等；就其方式、手段而言，自由教育以闲暇、沉思为前提，为充分享受闲暇生活做准备，反对任何狭窄的、功利性的专门技巧的训练②。概括而言，这一时期的自由教育是以"人"为中心，发现并尊重"人"的价值，旨在培养身心和谐、人格健全的"全人"教育，人文性、古典型和世俗化是其基本特征。

伴随工业革命的到来，大学开设更多的实用科目，自由教育也随之受到挑战。以斯宾塞和赫胥黎为代表的自然唯实主义者开始批判古典自由教育的无用，认为自由教育并不简单等同于古典教育，而是应包括智力、道德、身体以及审美等多方面的训练③。阿诺德与纽曼对此开展了充分的辩护。阿诺德认为，"能发展人的精神和道德的莫过于希腊和罗马的古典文学，而那些科学训练则可能会丧失真正的文化"④；纽曼认为，"大学的目的就是培养人的心智，以给它自身以最高的修养"⑤，而这正是自由教育的"用处"。尽管如此，自由教育渐渐走向大学的边缘，科学教育逐渐占据大学的主导地位。近代意义上的通识教育产生于美国，1829年，美国博德学院的帕卡德教授第一次使用了"通识教育"这个概念，认为"大学要给青年一种普通教育，一种古典的、文学的和科学的，一种尽可能综合的教育，它是学生进行任何专业学习的准备，为学生提供所有知识分支的教学。以使得学生在致

---

① 苗力田.亚里士多德全集(卷8)[M].北京:中国大学出版社,1992:228.
② [意]E·加林.意大利人文主义[M].李玉成,译.北京:三联书店,1998:75.
③ [英]托·亨·赫胥黎.科学与教育[M].单中惠,平波,译.北京:人民教育出版社,2005:64.
④ 戴本博.外国教育史(中)[M].北京:人民教育出版社,1990:336.
⑤ [英]约翰·亨利·纽曼.大学的理念[M].高师宁,等,译.北京:北京大学出版社,2016:133.

力于学习一种特殊的、专门的知识之前,对知识的总体状况有一个综合的、全面的了解。①"帕卡德教授所提出的通识教育对古典自由教育如何适应新兴职业教育发展起到了调和作用。

面对自由教育与实用教育的争论,哈佛大学原校长艾略特指出,"文学和科学之间并无真正的敌对不容,我们可以同时拥有这些科目"②,并在1943年组织哈佛大学众多学科领域里的12位教授组成委员会,潜心研究自由社会中的通识教育目标问题,1945年发布了《自由社会中的通识教育》报告(俗称"哈佛通识教育红皮书")。红皮书认为,通识教育是学生在整个教育过程中首先作为人类的一个成员和一个公民所接受的那部分教育③。通识教育的目的在于培养"整全的人"。"整全的人"是指"好"人、"好"的公民和有用的人④。"整全的人"应该具备四种能力:有效的思考能力、交流思想的能力、做出恰当判断的能力、辨别价值的能力⑤。20世纪60、70年代,哈佛大学开始建立核心课程,向学生提供共同的知识背景,培养"有教养的人"。2013年,哈佛大学启用了新的通识教育计划取代了核心课程,将通识教育的改革又推进了一步。哈佛大学的历史证明,通识教育不仅成为大学的重要组成部分,而且已上升为一种大学理念。

在我国,古典人文教育也孕育着通识教育的种子。儒家学派以《诗》《书》《礼》《乐》《易》《春秋》"六经"为教材,传授礼、乐、射、御、书、数"六艺"。《易经》主张"君子以多识前言往行";《礼记·大学》提出"大学之道,在明明德,在亲民,在止于至善";《中庸》主张做学问应"博学之,审问之,慎思之,明辨之,笃行之";《淮南子》说,"通智得而不劳";《论衡》说,"博览古今者为通人""读书千篇以上,万卷以下,弘扬雅言,审定文牍,以教授为师者,通人也""通人胸中怀百家之言"。古人一贯认为博学多识就可达到出神入化、融会贯通。"通""识"教育可产生通才,即博览群书,知自然人文,知古今之事,博学多识,通权达变,通情达理,兼备多种才能,这样的人称为全人。这些经典阐明我国古代的人文教育充满着丰富的通识教育内

---

① Packard A S. The Substance of Two Rrports of the Faculty of Amherst College to Board of Trustees with the Doings of Board thereon . In:North American Review,1829,vol. 28:300.

② 黄坤锦. 美国大学的通识教育:美国心灵的攀登[M]. 北京:北京大学出版社,2006:9.

③ 哈佛委员会. 哈佛通识教育红皮书[M]李曼丽,译. 北京大学出版社,2010:43 - 47.

④ 哈佛委员会. 哈佛通识教育红皮书[M]李曼丽,译. 北京大学出版社,2010:58.

⑤ 哈佛委员会. 哈佛通识教育红皮书[M]李曼丽,译. 北京大学出版社,2010:50.

涵。民国时期,蔡元培、梅贻琦、潘光旦、朱光潜等教育家将西方"通识教育"的概念引入我国。1941年,梅贻琦先生在《大学一解》中提出了"通识为本,专识为末"的著名论断①。

(二)通识教育的基本内涵

梳理通识教育的概念演变不难发现,最初的自由教育以自由学科、文雅学科为主要教育内容,以古典语言训练为载体,以培养绅士为目标,是一个历史性的概念。从自由教育向通识教育的转变,实则是调和自由学科、文雅学科与实用学科之间的矛盾,但仍强调要学习一定的共同科目,强调理性的养成,包括心智的训练和心智的装备。发展至今,通识教育和自由教育相伴而生,重视对学生进行广博的通识知识的教育,使学生按照自己的兴趣爱好、天然禀赋和发展规划成为自己能够成为和想成为的人,体现了人本属性;同时注重培养学生养成社会的价值认同,以及参与意识、批判精神、解决复杂问题必备的能力和健全人格,借以培养出"整全的人"或"有教养的人",体现了人的社会属性;从学科知识发展的角度,注重学生的选择性和知识的广泛性,以促进学生突破学科和专业壁垒,实现知识领域的交叉、融合、创新、创造,体现了认识属性②。

二、通识教育的理论基础

尽管通识教育的实施在各国都有其独特的社会和教育背景,但都致力于回归大学教育的本然价值,克服狭隘的功利主义弊端,冲破过度分割的专业壁垒。关于通识教育的各种哲学理论或思想派别纵横交织,互为影响,而理想主义、进步实用主义和精粹本质主义深刻影响着通识教育的理念和思想,西方文化影响下的自由教育是通识教育概念的核心部分。

(一)理想主义与通识教育

自由教育的理念可以追溯到古希腊以来的理想主义哲学思想。柏拉图的宇宙本体论认为,宇宙有一个永恒而普遍的真理或实体,人类要追求的是永恒的普遍的

---

① 钟秉林,王新凤.通识教育的内涵及其本土化实践路径探析[J].国家教育行政学院学报,2017(5):3-9.
② 钟秉林,王新凤.通识教育的内涵及其本土化实践路径探析[J].国家教育行政学院学报,2017(5):3-9.

真理①。笛卡尔从方法论维度认为,达至永恒的普遍的真理,最佳方法是运用人的理性思辨,用心思索各种的怀疑以求最后的肯定,即"我思故我在"②。纽曼在《大学的理想》一书中认为,大学是教学的场所,是训练心灵的地方。大学培养的青年,不仅具有工具性技艺,更应是一个有文化的智者。大学不是为了使学生只具有空泛的知识,而是为了使其智力得到训练。在纽曼看来,人类知识是有等级的,并且是互相联系的,对任何一门科学的排他性培养都会引起对真理的贫乏理解。为了看透真理,一门科学不得不打破和跨越其疆界,来试图解决它力所不及的问题。因此,大学的主要任务是将不同的科学组合,并对它们所由之抽象而来的整体进行重建。特定科学是实用的,也是大学教育所必须的,但其真正的目的则被遗忘。知识越实用,则越紧密地与某一特定目的相联,不再称其为知识。只有自由知识(即哲学知识)才能满足人们更深的需要,自由教育就其自身看来,仅是智者的培养,其目的就是知识的优异,别无其他。如果必须为大学课程设定一个实际目的,那就是要训练好的社会成员。大学的艺术是社会生活的艺术,大学的目的是适应世界。一方面,大学从不将它的观点局限在特定的职业中;另一方面,大学也不创造英雄或激励天才。一所大学的培训目的是营造社会的知识氛围、养育公众的心灵、纯化国家的品味,是为大众的热忱提供真正的原则、为大众的抱负提供确定的目标,是赋予时代思想以博大和清醒,是促进政治权力的实施,以及优化私人生活的内容③。

基于柏拉图本体论、笛卡尔方法论以及纽曼的大学理想基础之上的哲学对美国的高等教育影响深远,独立战争之前,美国九所"常青藤盟校"所设课程大都承袭欧洲大学的传统,尤其是牛津大学、剑桥大学的自由教育遗风,以修习七艺(文法、逻辑、修辞、几何、天文、算术、音乐)和文雅学科等为主④。哈佛大学自1636年创立以来,一直遵循理想主义理念,逐渐形成了以古典文学和古典语言为主的课程体系,开设有宗教科目、修辞、天文、数学、古典语言等课程,同时,教学方式上强调研读、问答和内省,充分体现了以思辨为中心的方法论。

---

① [古希腊]柏拉图.理想国[M].张竹明,译.南京:译林出版社,2009:237 - 241.
② [法]笛卡尔.第一哲学沉思集[M].庞景仁,译.北京:商务印书馆,1986:23.
③ 王瑜.影响通识教育理论的三大哲学基础[J].理工高教研究,2005(3):22 - 24.
④ 黄坤锦.美国大学的通识教育:美国心灵的攀登[M].北京:北京大学出版社,2006:3 - 4,9,49 - 53,68 - 69.

(二)进步实用主义与通识教育

进步主义哲学最早亦可追溯到古希腊,哲学家赫拉克利特认为,万物皆流变,唯一不变的是变化。经验主义者洛克、自然主义者卢梭、进化论者达尔文等的发展,在美国逐渐形成进步实用主义哲学理念。杜威是进步实用主义的典型代表,他尝试将哲学建立在日常经验之上,以经验统一精神与物质的传统分裂,认为哲学的角色是恢复物质以反对理念、以实践反对纯智慧,即用最权威、最可靠的认知信念规范实践信念,用实践信念组织和整合理论信念。杜威把价值分为"内在价值"和"工具价值","内在价值"是无法比较的,如美学;"工具价值"是一种比较的价值,应用程度越高则越有价值,应该把"内在价值"转变为"工具价值",才能对生活有真正的作用和帮助①。基于此,教育过程是一个连续的更新、转换、重组与重建的过程,学校的目的即确保个体连续生长,不仅在学校,而且终其一生,因此教育的主要目标是促进终身学习。教育目的应是满足个人的能力和社会的需要,当教育只集中于经验的获得性与认知性时,它就成为抽象、被动、似乎不经参与就可学会的经验,知识不能被这样灌输给学生。事实上,当事情出了偏差,未经思考的经验是不能解决问题的,即学生没有进行思考的学习是毫无意义的。杜威的教育观可概括为教育不仅是为职业和社会生活做准备,而且是一个连续的生长过程,其本质在于"增加经验之意义以及经验的重构和重组"②。杜威的哲学方法是"实验主义",其一是历史的方法,其二是实验的方法。比如,敏锐的观察力和记忆力可以靠学习中文得到锻炼;推理的敏锐可以在讨论中世纪经院哲学的细微区别中获得③。

进步实用主义的通识教育观点就是工具性和实用性,这一理念打破了古典文雅学科长期主导甚至垄断美国高校的局面,大大影响了通识教育的运动,促使其大量吸收承载近代政治、经济、文化、科技最新成果的学科进入高校,促进了学科分化和专业探索,并在很大程度上促成了选修制的创立和发展,促进了教学与科研的融合,使美国的高等教育实现了革命性的进步。自19世纪以来,美国大学开始关注知识与现实之间的联系,从实用主义角度反思自由科目的设置,课程多以社会实际

① [美]约翰·杜威.民主主义与教育[M].王承绪,译.北京:人民教育出版社,2001:257-258.
② 王瑜.影响通识教育理论的三大哲学基础[J].理工高教研究,2005(3):22-24.
③ 李天义.美国通识教育与杜威哲学的内联关系[J].北京教育(高教),2014(Z1):136-139.

应用来检验理智的价值,很好地将大学与社会现实需要结合起来,其通识教育闪烁着进步实用主义的思想光芒①。

(三)精粹本质主义与通识教育

精粹本质主义的实质是理想主义与进步实用主义的融合,其产生的背景与哈佛大学通识教育的改革密切相关。尽管进步实用主义推进了美国通识教育的发展,但实施中却有很多问题,比如哈佛大学的自由选修制度走向了极端,课程选择或缺乏系统性,或过于集中在某一领域,共同课程的缺席导致难以形成共同的文化和价值观。同时,自然科学的迅速崛起也冲击着传统的通识教育,但哈佛大学清楚地认识专业化知识体系的弊端,即过度强化专业知识体系,会淡化人们共同的价值观,有损人与人的理解与沟通。哈佛大学原校长科南特大刀阔斧地进行通识教育改革,用人文精神平衡专业化和科学主义,重新强调共同价值观和健全人格。1945年完成的具有划时代意义的哈佛"红皮书"提出了困扰哈佛多年的根本性问题——民主社会如何在多样化和共同标准之间找到平衡?阐述了通识教育的知识论基础,指出了自然科学和人文学科研究方法和判断角度的差异,更加强调科学的局限性,总结了通识教育应赋予学生的四种能力,明确通识教育的三大领域——人文学科、社会科学、自然科学。此后,在哈佛大学文理学院院长罗索夫斯基的主导下,进行了第四次通识教育改革,建立了著名的"核心课程"体系,旨在培养"有教养的人",包括清晰有效的思考和写作、对某专业有一定深度的知识、获得正确评价知识,社会、宇宙和自身的方法,对道德和伦理问题的识别与判断力、广阔的(多元文化)的生活经验,其开拓并深化了"红皮书"精神,进一步夯实了"全人发展"的教育理念。2007年,哈佛大学新院长科比展开了第五次通识教育课程改革,以新的通识教育计划取代了"核心课程",注重多学科知识融合渗透和社会问题导向,构建全新的通识课程体系,分为"审美与诠释、文化与信仰、世界中的美国、世界各社会、道德推理、实证和数学推理、生命系统科学、宇宙物理科学"八大范畴,将相互割裂的各领域知识过渡到语言、历史、政治等相互融合的文化、社会、审美、生命、宇

---

① 董成武.美国大学通识教育的内涵及其对中国的启示——基于本土化的视角[J].复旦教育论坛,2014,12(1):80-84.

宙等共同概念。既体现了哈佛大学对自由教育传统的继承,也彰显了哈佛大学对21世纪人才培养的最新理念,即在培养有教养的人的基础上培养"世界公民",并让学生为未来生活做好准备①。

回顾哈佛大学20世纪40年代以来的三次通识教育改革,不难看出有一种教育思想贯穿其中,它既反对杜威的进步实用主义,也不满于赫钦斯的经典复古思想,但又不全然否定,而是批判性地吸收二者之精华,这就是精粹本质主义。精粹本质主义既承认教育上兴趣与活动的意义和价值,也重视民主社会中全体公民的一般共同知识,强调社会的标准和要求②。精粹本质主义成为哈佛大学最近半个多世纪以来通识教育的核心理念。

综上所述,理想主义倾向于唯心论,认为真理是绝对、永恒而唯一的;进步实用主义倾向于唯物论,认为没有永恒不变的真理,真理是相对的;精粹本质主义倾向于二元论,认为真理是未知的。就认识论而言,理想主义认为古典语文和经典著作是最佳教材,因为它们反映了永恒而普遍的真理,历万古而常新;进步实用主义尊重个体差异和独特性,指出不可要求共同必修,认为自由选修才是最佳方式;精粹本质主义则规定了知识的框架——人文学科、社会科学、自然科学,但又允许和鼓励学生根据兴趣和才能自由选修各个领域的课程③。就方法论而言,理想主义倾向于研读、内省、问答,以思辨为核心;进步实用主义则倾向于外向、生长、自发,以生活为中心;精粹本质主义倾向于内外兼修,主张"去中心化",同时强调内在的钻研和外在的活动④。

三、美国一流大学通识教育的"同一性"和"多样性"⑤

美国高校是通识教育的重要典范,通识教育重在"思维习惯"的培养与"智识能力"的塑造,不仅包含一系列通识课程,还有一系列呼应通识教育理念的课外教育活动,并极为重视写作训练与外语学习。分析美国一流大学通识教育的基本理

---

① 吴靖.美国研究型大学通识教育理论的历史分析、比较及其启示——以哈佛大学为例[J].东华大学学报(社会科学版),2011,11(2):88-92,97.

② 傅思雯.精粹本质主义的传承与延续——论哈佛大学通识教育改革新动向[J].高教探索,2007(5):71-74.

③ 许万增,王平尧.中小企业信息化探索[M].北京:科学出版社,2007:56.

④ 吴靖.美国研究型大学通识教育理论的历史分析、比较及其启示——以哈佛大学为例[J].东华大学学报(社会科学版),2011,11(2):88-92,97.

⑤ 陈乐."多样"与"同一":世界一流大学通识教育理念与实践[J].现代教育管理,2019(04):43-48.

念、培养目标、课程体系、教与学,以探讨通识教育的"同一性"和"多样性"。

(一) 美国一流大学通识教育的实践

1. 通识教育的基本理念

哈佛大学的通识教育是一种"自由教育",旨在促进自由探究,而不是以职业和实用为目的,同时也是为学生未来的生活做准备①。耶鲁大学为学生提供一段时间去探索、发现,培养新能力;发展学生一系列的知识和能力,从而帮助他们在自己将来所选择的领域中获得成功②。芝加哥大学通识教育旨在为学生提供批判性探索和发现知识的机会;专业教育旨在基于特定的领域抵达知识的深度和前沿性③。哥伦比亚大学设置通识教育核心课程,帮助每一位学生获得对现代文明综合性的、真实的理解;核心课程建构了终身学习的基础④,鼓励学生提出问题,和经典著作对话,并表达自己独特的观点⑤。普林斯顿大学通过学习和探索人文、艺术、自然科学以及社会科学领域的问题、观点以及方法,学生将学会如何批判性地阅读,良好地写作,以及多角度地思考。

2. 通识教育的培养目标

哈佛大学通识教育旨在促进学生思考复杂的、根本性的问题,帮助学生辨别价值和意义⑥,为学生参与公民活动做准备;帮助学生理解艺术、思想、价值;帮助学生批判性地、建构性地面对变化;帮助学生理解他们言行的伦理尺度⑦。耶鲁大学通过心智训练和社交经历,最大限度地发展学生的智力、道德、公民意识以及创造

---

① Harvard University. Report of the Task Force on General Education[EB/OL]. [2017 - 10 - 22]. http://projects. iq. harvard. edu / files / gened / files /genedtaskforcereport. pdf? m =1448033208.

② Yale University. Undergraduate Study[EB /OL]. [2017 - 10 - 27]. https://www. yale. edu/academics/undergraduate - study.

③ The University of Chicago. Liberal Education at Chicago[EB / OL]. [2017 - 10 - 22]. http://collegecatalog. uchicago. edu/thecollege/liberaleducationatchicago/.

④ University of Columbia. Columbia College Mission[EB/OL]. [2017 - 10 - 23]. http://www. college. columbia. edu/about/mission.

⑤ University of Columbia. Columbia to the Core[EB/OL]. [2017 - 10 - 23]. http://www. college. columbia. edu/about/stories.

⑥ Harvard University. Program in General Education - Program Renewal[EB/OL]. [2017 - 10 - 20]. https://generaleducation. fas. harvard. edu/program - renewal.

⑦ Harvard University. Report of the Task Force on General Education[EB/OL]. [2017 - 10 - 22]. http://projects. iq. harvard. edu / files / gened / files /genedtaskforcereport. pdf? m =1448033208.

力。通识教育的最终目的是培养充分理解先辈文明遗产的现代公民,他们将在人类活动的各个领域中提供服务①。芝加哥大学通识教育的目的不是传递知识,而是提出根本性的问题,培养思维习惯、批判性思维能力、分析能力、写作能力等,这些是现代社会受过良好教育的人所应该具备的能力②。斯坦福大学通识教育的目的在于引导学生进入"智识生活",促进学生发现重要的问题,并学会从多元视角解决这些问题③。通识教育将帮助学生发展一系列"智识的"和"社交的"能力,不论学生最终选择哪个主攻方向,这些能力都将使他们受益终身④。哥伦比亚大学在通识核心课中培育思维习惯,建构起批判性和创造性的"智识能力",这些能力在学生毕业之后能持续发挥作用,为学生度过有意义的人生提供支持⑤。普林斯顿大学发展学生的"智识能力":学会分析思维、批判性阅读、清晰地写作、有说服力地演说,学会验证假设,并提出令人信服的解释或证据⑥。

3. 通识教育的课程体系

哈佛大学学生需要在"审美与文化""历史、社会、个体""社会中的科学与技术""伦理与公民"四个领域各选修1门课程,在艺术与人文、社会科学、自然科学或工程与应用科学各选1门课程,同时学习1门量化推理课⑦。耶鲁大学在人文与艺术类、自然科学类、社会科学类课程领域要求各修习2学分,量化推理能力、写作能力各修习2学分,外语能力根据学生情况而定⑧。芝加哥大学要求学习共同核

① Yale University. Yale College Mission[EB /OL]. [2017 – 10 – 27]. http://yalecollege. yale. edu/yale – college – mission.

② The University of Chicago. Liberal Education at Chicago[EB / OL]. [2017 – 10 – 22]. http://collegecatalog. uchicago. edu/thecollege/liberaleducationatchicago/.

③ Stanford University. General education Requirements[EB/OL]. [2017 – 10 – 23]. http://exploredegrees. stanford. edu / undergraduatedegreesandprograms/#gerstext.

④ Stanford University. General Education Requirements for Undergrads[EB / OL]. [2017 – 10 – 23]. https://undergrad. stanford. edu / academic – planning / degree – requirements / general – education – requirements – undergrads.

⑤ University of Columbia. The Core Curriculum [EB/OL]. [2017 – 10 – 23]. http://www. college. columbia. edu/core/.

⑥ Princeton University. Study What You Love[EB/OL]. [2017 – 10 – 25]. https://odoc. princeton. edu/curriculum.

⑦ Harvard University. New Requirements (Beginning Fall 2018)[EB / OL]. [2017 – 10 – 21]. https:// generaleducation. fas. harvard. edu / new – requirements – beginning – fall – 2018.

⑧ Yale University. Distributional Requirements[EB/OL]. [2017 – 10 – 27]. http://catalog. yale. edu / ycps /yale – college/distributional – requirements/.

心课,包括人文、文明与艺术,自然科学与数学,社会科学三类①。斯坦福大学通识课程模块包括思想性课程、思维与行为课程、写作与修辞课程、外语课程。哥伦比亚大学核心课程包括当代文明、人文经典、写作、艺术人文、音乐人文、科学前沿,以及自然科学核心模块(至少修3门课)、全球核心模块(至少修2门)、外语模块、体育模块②。普林斯顿大学人文类要求学生在认知与认知论、伦理思想与道德价值观、历史分析、文学与艺术、量化推理、实验科学与技术、社会分析领域各修习1~2门课程,大一期间修1门写作研讨课,要熟练掌握1门外语;理工类要求学生学习数学、物理、化学和计算机科学的课程,同时学习1门新生写作研讨课,并需要在人文和社会科学领域中至少选修7门通识课③。

4.通识教育的教与学

哈佛大学通识教育的教学是互动的,要给学生提供和教师以及其他同学交流讨论的机会;并设置一些特别的任务、实际的工作以及课外活动(比如音乐、戏剧、志愿者、公共服务、海外学习、艺术表演、校园管理、实习、实验室科研等等);提倡基于活动的学习④。耶鲁大学重视写作训练,耶鲁本科生可以在170门课中选择一门进行写作训练,涵盖了从心理学到哲学、生物学等各个专业的写作课程⑤;注重学生海外学习经历,学校为学生提供大量的海外学习、研究、实习的机会⑥。芝加哥大学注重原著的阅读并提出独创性的问题;为了促进思维的独立性和成熟度,选修课、独立的研究项目、海外学习、第二外语学习等也是通识教育的重要组成部分⑦。哥伦比亚大学通识核心课重视写作训练,写作训练尤其重视训练学生精读、

① The University of Chicago. The curriculum[EB/OL]. [2017 – 10 – 23]. http://collegecatalog. uchicago. edu/thecollege/thecurriculum/.

② University of Columbia. The Core Curriculum – The Classes[EB /OL]. [2017 – 10 – 24]. http://www. college. columbia. edu/core/classes.

③ Princeton University. Academics[EB / OL]. [2017 – 10 – 27]. https://admission. princeton. edu/ ac- ademics.

④ Harvard University. Report of the Task Force on General Education[EB/OL]. [2017 – 10 – 22]. http:// projects. iq. harvard. edu / files / gened / files /genedtaskforcereport. pdf? m = 1448033208.

⑤ Yale University. Writing at Yale College[EB/OL]. [2017 – 10 – 28]. http://yalecollege. yale. edu/yale – college – experience/writing – yale – college.

⑥ Yale University. International Opportunities at Yale College[EB/OL]. [2017 – 10 – 28]. http://yalecol- lege. yale. edu / yale – college – experience / international – opportunities – yale – college.

⑦ The University of Chicago. Liberal Education at Chicago[EB / OL]. [2017 – 10 – 22]. http://collegecat- alog. uchicago. edu/thecollege/liberaleducationatchicago/.

分析、研究、合作以及修改文章的能力,认为写作不是天赋,而是可以通过训练获得发展①。普林斯顿大学重视写作训练,所有本科生在大一期间都要修一门写作研讨课,写作研讨课为学生今后的学习培养关键的研究和写作能力,实行小班教学;重视外语学习,认为熟练掌握一门外语,学生将获得一个新的交流技能,并且能对其他文化进行欣赏,对世界有一个新的观察视角②;重视海外学习经历,促进学生从陌生的视角认识自己和世界,加深对自身的理解,并挑战学生对世界的固有认识;鼓励学生利用机会去海外学习、实习、做研究③。

(二)美国一流大学通识教育的"同一性"与"多样性"

从基本理念、培养目标等四个维度概括美国一流大学通识教育模式的"同一性"和"多样性"有如下几点。

同一性:一是通识教育不以职业和实用为导向;二是通识教育旨在为学生将来的专业学习和毕业后的生活乃至终身学习与发展奠定思维、能力等方面的基础;三是通识教育不在于灌输知识,而在于培养一系列的"智识能力"和"思维习惯",包括批判性思维、分析能力、写作能力、道德和伦理素养等在内的一系列智力、知识、能力、思维素养,这些能力和素养被认为对将来不论选择何种专业、从事何种职业都非常重要且受益终身;四是建立了囊括人文艺术、自然科学、社会科学等学科领域在内的通识教育核心课程体系,此外还十分重视量化推理、写作、外语等课程及相应的能力,并对学生选修通识课程模块和学分做了相应规定;五是重视写作训练;六是通识教育不只包括一系列通识课程,还包括诸如海外学习、外语学习、艺术表演、公共服务、研讨等教育活动,这些活动也具有通识教育的价值和意义。

多样性:一是不同高校、不同情境中使用的概念有所不同,一般为"liberal education""general education""liberal arts education"等概念;二是有的高校强调诸如公民意识、伦理道德、社会责任等"抽象性素养"的培育,而有的高校则具体化为批判

---

① University of Columbia. The Undergraduate Writing Program[EB/OL]. [2017 – 10 – 24]. http://www. college. columbia. edu/core/uwp.

② Princeton University. General Education Requirements[EB/OL]. [2017 – 10 – 26]. https://odoc. princeton. edu/curriculum/general – education – requirements.

③ Princeton University. International Opportunities[EB/OL]. [2017 – 10 – 25]. https://odoc. princeton. edu/curriculum/international – opportunities.

性思维、问题解决、写作、量化推理等能力的培养；三是有的高校依托住宿制学院开展通识教育，强调师生的互动与熏陶；四是部分高校（如普林斯顿大学）实行人文类、理工类相区别的"双轨制"通识教育路径。

"同一性"根植于通识教育的本质属性，超越了这些本质特征就偏离了通识教育的本意，如果某高校声称实行本科通识教育，那么至少要关注通识教育的基本特征和共同属性，只有对通识教育达成一些基本的共识，才能在不同国家和地区、不同高校之间讨论通识教育。"多样性"则根植于不同国家和地区的经济、文化、历史、社会制度环境，根植于不同高校的历史传统、目标愿景、办学定位、学科特征等要素，于是形成自己的一些独特性。

四、我国大学通识教育的发展现状

20 世纪初，我国近代大学初创之时，并不突出专业教育。20 世纪 20 年代，蔡元培先生在北大提倡"融通文理两科之界限"，30 年代，梅贻琦先生在清华主张"通识为本，专识为末"。战争年代，专业教育与通识教育均无暇顾及。新中国成立后，在工业化和民族复兴的背景下，为了培养各行各业急需的专业人才，我国高等教育"以俄为师"，走专业学院的道路，出现了过分强调实用化、过分追求专业化的极端行为。改革开放后，随着经济社会的快速发展，人们认识到了过度专业化的危害。自 20 世纪 80 年代起，以北大为代表的一批国内顶尖大学开始进行本科教育教学改革，从以专业教育为主要特征的苏联教育模式转向以通识教育为主要特征的英美教育模式。进入 21 世纪以来，通识教育渐成气候。2001 年，北京大学举办"元培"计划实验班，学生可自由选课，在导师的辅导下，依据兴趣和特点选择进一步学习的专业领域，实行 3 ~ 6 年的弹性学制，住宿实行混合居住，为相互交流和学习创造条件①。同年，北京师范大学举办励耘实验班，试图"打通文理，突出通识教育"。2004 年，武汉大学修订人才培养方案，推行"通识"教育。2005 年，复旦大学成立"复旦学院"，3700 名新生不分专业，统一进行为期一年的通识教育后，再进入专业学习阶段。为体现通识教育理念，复旦学院建立了七大模块核心课程，调整授课内容与方式，优化核心课程主讲教师结构，加强助教制度建设，积极推行小班讨论

---

① 陈向明，等.大学通识教育模式的探索——以北京大学元培计划为例[M].北京:教育科学出版社，2008:232.

制①。除上述大学外,清华大学、浙江大学、南京大学、中山大学等高校也先后成立相关学院,将通识教育的探索推向高潮。

通识教育理念融入我国高校的人才培养理念、通识课程在具体教学中实施、通识教育与基础教育进行融合等,都在不同程度上取得了明显进步。但是由于国内高校习惯于专业教育模式,课程设置、教学方式、管理体制等都铭刻了专业教育的印记,通识教育在大多数高校并没有取得理想的效果。中国大学通识教育面临着种种困境,比如,通识课程多数属于专业知识领域内的导论课或科普课,其作用仅限于扩大了学生的兴趣点和知识面;知识普及性课程还带来了大量"自助餐"式的"水课",大多数学生一旦结束通识课考试,便迅速忘记考前背诵过的知识;专业教授、学生和社会都更加看重专业教育所提供的知识和技能等等。我国通识教育目前的困境,一方面与中国大学里根深蒂固的专业思想是苏联计划经济体制下的产物有关,另一方面也是中国文化对"专"的高度认同的结果。事实上,"通识教育"中的"通"是融会贯通之意,也即老子所说"吾道一以贯之"的意思。然而,现实中人们要么不这么理解,要么即使这样理解也很难做到,最终走上"博"的道路。中国大学的通识教育能否真正成立,需要我们创造性地回应育人目标、制度模式、教育理念、培养目标、课程体系、教与学等方面的挑战。

第二节 "山"字型人才培养模式通识教育的设计思路

铜仁学院通识教育源自专科时代的文化素质教育的教学实践,2014年,学校首次将通识教育概念融入人才培养方案,原有"思政""大学体育""大学外语""计算机"设置为通识必修课程,并开设了8学分的通识选修课程②③。2016年,构建

---

① 复旦学院与通识教育[J].复旦学报(社会科学版),2011(1):143.
② 《铜仁学院关于修订2014级本科人才培养方案的指导意见(适用师范专业)》,院政发〔2014〕153号,2014年8月25日.
③ 《铜仁学院关于修订2014级本科人才培养方案的指导意见(适用非师范专业)》,院政发〔2014〕154号,2014年8月25日.

了通识教育＋专业教育＋自主学习＋项目课程的"山"字型人才培养模式,通识教育为基础,贯穿人才培养全过程,新设置了公民教育、科学精神、艺术审美、哲学智慧、国际交流、教师教育 6 类全校性通识教育模块,通识选修课程学分增加为 12 学分①。一方面,深刻把握教育的根本目的是培养和谐发展的人,而不是培养有用的"工具";另一方面,充分认识到当前的专业教育存在的弊端,形成了"大通识"补齐本科专业教育短板的通识教育理念②。2019 年,学校优化通识教育结构,增加写作与沟通模块,将教师教育模块调整为师范生的专业课程③。至此,通识教育的结构基本形成。通识教育模块结构与学分的变化,实质上是深化教育教学改革,持续探索通识教育内涵的反映。从人才培养的角度,通识教育的设计关键在于明确我们需要什么样的"通识"以及如何培养"通识",本质上要回答清楚通识教育的理念、目标、课程体系及教与学等问题。

一、通识教育的理念

从国内外高校通识教育发展来看,理想主义、进步实用主义和精粹本质主义深刻影响着通识教育的理念和思想。发展至今,通识教育既重视教授普遍性知识,培养人的独立精神与自由思想,也强调知识的外在价值,为职业生涯和终身发展做准备。其本质是认识论与政治论的统一,即以追求知识本身就是目的的内在价值与知识应该服务于社会与国家的外在价值统一。

基于认识论的通识教育强调教育目的的内在性,在这种理论下,通识教育要切合学生的需要,其目的是要培养全面发展的、有价值的人。"山"字型人才培养模式通识教育首先是培养"全人"的教育,本质是把自然人、生理人教育成为文化人、社会人、理性人、道德人,"全人"教育包含智能、情感、身体、社会、审美和精神六方面的基本素质④,体现了通识教育的基础性与普遍性。

基于政治论的通识教育强调教育目的的外在性,在这种理论下,通识教育的价值判断在于其对国家和社会的深远影响,强调职业生涯和终身发展能力。比如,哈

①　《2016 版本科人才培养方案的指导意见》,院政发〔2016〕160 号, 2016 年 9 月 2 日.
②　罗红芳,周永雄."大通识"补齐本科专业教育短板[N].中国教育报,2018 - 05 - 28(5).
③　《2019 版本科专业人才培养方案指导意见》,校办发〔2018〕29 号,铜仁学院办公室,2018 年 12 月 27 日.
④　袁广林,周巧玲.大学全人教育与通识教育论析[J].现代大学教育,2008(05):6 - 10.

佛大学五次通识教育改革,既夯实了"全人发展"的教育理念,也彰显了在培养有教养的人的基础上培养"世界公民",并让学生为未来生活做好准备的新理念。铜仁学院作为应用型本科院校,服务区域经济社会发展成为学校的基本价值理念。一方面,回应学校服务地方的办学定位,立足山区,涵养"厚重·灵性·担当"的大山品格,培养有大山情怀、能扎根山区的人才;另一方面,结合专业教育开展通识教育,将通识教育理论贯穿人才培养始终,培养地方需要的职业领域的骨干、岗位能手,即在承担培养"全人"之本质诉求的同时,亦将培养学生的职业素养作为通识教育的应有之意。所谓职业素养,不单单包括学生在获得职业那一刻所应具备的知识与技能,更应包含学生在整个职业生涯发展中所应表现出的行为、能力、态度与价值观,这些非智力范畴内的元素往往更能决定学生的职业发展。职业素养从显性层面可归结为学习思考能力、交流沟通能力、阅读能力、写作能力、信息处理能力等要素,从隐性层面包括自我约束、主动性、人际沟通、团队协作等因素,可归结为学习能力、合作能力、创新能力。职业素养的发展需要在知识宽度、综合能力及价值判断上的统筹发展,这一诉求与通识教育的主张不谋而合,这也说明通识教育在培养"全人"的同时发展职业素养的合理性。

综上,"山"字型人才培养模式通识教育,既注重"全人"教育,也注重成人教育服务于成才教育。带领学生"积累人文社会自然学科知识、塑造厚重灵性担当大山品格、锻炼服务未来持续发展能力",培养有社会担当、家国情怀、科学精神、哲学智慧、个人修养、全球视野的全人,为学生终身发展和服务区域经济社会做准备。

二、通识教育的目标

通识教育的发展从培养贵族绅士到培养具有科学知识与人文精神、通专相济的社会中坚,再到培养全球意识与公民领袖,通识教育的目标在不同历史阶段有着不同的价值取向[①]。张红霞、吕林海等基于对美国等国家的一流大学的通识教育课程体系的分析,提出过"古今、中外、文理"的"三个维度平衡"的培养目标。蔡颖

---

① 蔡颖蔚,施佳欢.一流大学通识教育目标的价值取向——基于布鲁贝克高等教育哲学的思考[J].江苏高教,2017(03):60-62.

蔚、施佳欢从知识构成、学生学习的角度提出大学通识教育目标的核心维度是要帮助学生建立起知识"跨时代维度""跨文化维度"和"跨学科维度"的联系。可见,通识教育的目标要以"统整"的方式,帮助学生建立起知识之间以及情感体验过程中知识和经验之间的广泛联系。因此,遵循"积累人文社会自然学科知识、塑造厚重灵性担当大山品格、锻炼服务未来持续发展能力"的通识教育理念,铜仁学院的通识教育目标不仅传授知识,更塑造人格,以及培养一系列普遍性的能力,以利于学生无论选择什么专业领域、从事何种职业,这一系列的知识、能力、品格都能让他受益终身。知识维度注重带领学生积累人文社会自然学科知识,能力维度发展学生学习能力、合作能力、创新能力,情感维度涵养"厚重·灵性·担当"的大山品格。通识教育目标框架见表5-1所示。

表5-1 通识教育目标框架一览表

通识教育的目标	知识目标	人文科学	人文、艺术
		社会科学	历史、哲学
		自然科学	数学、物理、生物、化学、人工智能
	能力目标	学习能力	注意力、观察力、记忆力、思维力、想象力、创造力、理解力、语言表达、写作能力、运算能力、听/视知觉能力
		合作能力	组织能力、沟通能力、协作能力
		创新能力	发现问题、批判思考、解决问题
	素质目标	厚重品格	崇德(道德情操、仁爱情怀、审美情趣);明理(明辨是非、理性思维、科学精神);博识(学识广博、励志求真、学以致用)
		灵性品格	善学习(乐学善学、勤于反思、持之以恒);能适应(生命意识、认识自己、自我管理);懂创造(独立性、求新欲、科学观)
		担当品格	自信(坚定信念、包容乐观、诚实守信);责任(社会参与、国家认同、国际理解);敢为(探究精神、坚强意志、担当意识)

（一）知识目标

知识是能力与素养的基础,广博的知识和均衡的知识结构可以为学生的全面发展奠定坚实的知识基础。博耶提出,通识教育的最终目的是在专业化的时代为每一个学生提供发现人类共同经验的机会,让他们更好地理解自我、理解社会、理解我们生活于其中的世界。为此,大学教育应该使一个学科的有关内容涉及另外一个学科。学科之间的桥梁必须建立起来,课程与生活的密切联系也必须建立起来①。基于这一思想,拓展学生知识的宽度与广度,可促进学生了解历史、理解社会和世界,形成共同文化的认识;学习多学科知识,可以让学生了解学科知识间的关系,培养交叉学习思维习惯,以促进用交叉学科思维与视野解决问题。从学科知识分类来看,主要有人文科学知识、社会科学知识和自然科学知识三大类。基于此,"山"字型人才模式通识教育提供人文科学、社会科学、自然科学、应用技术科学等多个领域的广博知识,并努力培养跨学科的视野和广泛的国际视野。具体而言,跨学科的视野方面,广泛地学习数学、科学、人文、历史、艺术、哲学等,获取基础知识,跨越学科间的各种限制,开拓知识学习与研究的视野。广泛的国际视野方面,学习和领悟世界的历史、现在和未来,中国和世界的关系,个人发展和国家民族的前进方向,逐步懂铜仁,懂贵州,懂中国,懂世界、懂社会,培养世界公民。

（二）能力目标

1.学习能力

学习能力不仅指获取应用知识和求得新知的能力,还应做全面理解,UNESCO(联合国教育、科学及文化组织)《学会生存》报告指出的"教育四大支柱",即学会求知、学会做事、学会共处、学会做人应作为提高学习能力的总要求,要求大学生既要学习成才,更要学习成人。我国学者认为,学习能力可以表征为"注意力、观察

---

① 周光礼.论高等教育的适切性——通识教育与专业教育的分歧与融合研究[J].高等工程教育研究,2015(02):62-69.

力、记忆力、思维力、想象力、创造力、理解力、语言表达、写作能力、运算能力、听/视知觉能力"十二种核心能力①。管理大师德鲁克说,学习能力是真正持久的优势,企业的优势在于能够学习得比对手快。通识教育对学习能力发展的意义在于通过听、说、读、写、算、信息处理等学习活动,支持和激励学生获得他们终身所需要的知识、技能、价值,以提升职业能力适应性。学习能力提升的关键是解决学生对学习、学习力的认识、理解问题。

2. 合作能力

在信息化和专业化高度发展的时代,日益细密的分工要求越来越紧密的合作,合作能力与专业能力同样重要,其表征为组织、沟通、协作的能力。组织指根据工作或任务,对资源进行分配,同时控制、激励和协调群体活动,使之相互融合,从而实现组织目标的能力。组织能力是成功有效地完成组织目标的心理特征,良好的组织能力是合作工作的保证。沟通是人与人之间思想和感情的传递、反馈,以求达到思想一致、感情畅通的目的。合理、快速地说服别人,尤其重要。沟通的过程需要谈话技巧、倾听艺术、情感共鸣及换位思考。协作的过程体现了相互帮助、相互协作,共同完成合作目标。提高合作能力的教育将使学校的课程更侧重培养学生的合作意识,提高共同解决问题和发明新事物的能力,首先要培养学生的大局意识、协作精神和服务精神,其次要培养尊重、欣赏、包容、平等、信任等素养,了解自己的优势的同时了解队友的专长,学会相互磨合、相互让步、相互协作、为共同的目标一致行动,贡献自己的力量。

3. 创新能力

创新能力,也称创造性思维,它是在个人已有经验的基础上,发现问题、创造新方法、解决新问题的过程,是思维活动的高级过程。创新的关键是善于批判性思考问题,即善于以批判的态度评价自己与他人的思想与成果,主要表现在善于思考,敢于挑战权威。批判性思维主要体现在定义和明确问题、判断相关信息、解决问题三个方面,这些技能和批判性意识不是一朝一夕就能获得的,需要在实践中锻炼。

---

① 学习能力[EB/OL]. [2012 – 5 – 8]. https://wenku. baidu. com/link? url = Ux2BUFZUY8T5RuNk7uU
EOPQmKiSUdPJumNiz6e7WEDYua3xP6c29gXfgTX5t7aJHj4siBNbUm4eadqoVFUZGLROiZ8fB67oA6nXFOBz18Rzo
Rp9ZRxnwwzTos3l833Xy.

创造性思维的过程首先收集大量信息,将信息整合消化吸收,然后进入酝酿状态,处理关键信息,紧接着就会突然冒出解决问题的方法,这是突发灵感阶段,最后验证灵感,检验灵感带来的解决问题的方法。

(三)情感目标

无论是从自由教育到实用教育再到自由教育与实用教育融合,通识教育即便纳入了实用主义元素,但通识教育的主体目标性和自由教育传统依然是其内涵本质,"山"字型人才培养模式通识教育在情感维度致力于涵养"厚重·灵性·担当"的大山品格。

1."厚重"的品格

"厚重"的品格定位在人的道德性。重在强调能获得人文、科学等各领域的知识和技能,掌握和运用人类优秀文明成果,涵养内在精神,追求真善美的统一,发展成为有宽厚文化基础、有更高精神境界的人。"崇德"具体包括道德情操、仁爱情怀、审美情趣等要求;"明理"具体包括明辨是非、理性思维、科学精神等要求;"博识"具体包括学识广博、励志求真、学以致用等要求。

2."灵性"的品格

"善学习"主要包括学习方法、学习动力、时间管理、学习习惯、学习心智、学习意志六要素[1],体现为乐学善学、持之以恒、勤于反思等品质。"能适应"指能有效选择和监控的策略,具体包括生命意识、认识自己、自我管理(抗击逆境、自我评价、自我控制)等品质。"懂创造"是指与个体创造性活动有关的个性倾向性(需要、动机、兴趣、信念、理想)、自我意识和个性心理特征(气质、性格、能力等)的总和[2],表征为:①高度的独立性,能够正确地认识自己,能够较高地自我体验和自我控制;②旺盛的求新欲,渴望创造出新生事物,有强烈的成就需要、发展需要和自我实现的需要;③正确的科学观,实事求是,追求真理。

---

[1] 学习力. [EB/OL]. https://wiki.mbalib.com/wiki/%E5%AD%A6%E4%B9%A0%E5%8A%9B.

[2] 高创造力的人通常有哪些人格特征. [EB/OL]. https://zhidao.baidu.com/question/331116177596073605.html.

3. "担当"的品格

"担当"的教育目标主要定位在人的政治性。重在强调能处理好自我与社会的关系,养成现代公民所必须遵守和履行的道德准则和行为规范,增强社会责任感,促进个人价值实现,推动社会发展进步,发展成为有理想信念、敢于担当的人。"自信"具体包括坚定信念、包容乐观、诚实守信等要求。"责任"具体包括社会参与、国家认同、国际理解等要求。"敢为"具体包括探究精神、坚强意志、担当意识等要求。

三、通识教育的课程体系

课程体系是通识教育理念的重要载体和实现人才培养目标的关键平台。铜仁学院通识教育课程体系打破学科壁垒,贯彻"全人"教育和普适性职业素养的知识与能力的共同基础,形成了较为系统的课程体系,由"公民教育 + 写作与沟通 + 哲学智慧 + 艺术审美 + 科学精神 + 国际视野"六个模块组成,覆盖了人文、社会、自然、艺术、历史等多学科。其中,公民教育 39 学分,写作与沟通 5 学分(3 学分为必修,2 学分选修),国际视野 3 学分,科学精神、哲学智慧、艺术审美三个模块共 4 学分,要求学生跨学科门类选修。必修与选修结合,必修课程 42 学分,选修课程 9 学分,选修课程丰富,在支撑全面教育的前提下,给学生提供充分的选择空间,体现个性化培养与全面发展的逻辑统一。

在通识教育课程的设置方面,基于全人教育与成人教育服务成长教育的理念,通识教育课程设置既遵循基本的通识课程原则,也超越传统的学科专业,抛弃"通论""概论",尽量体现经典性、前沿性、开放性、多元性、交叉性。唯有经典,方经得起历史的考验,只有教授经典才能汲取人类文明的精华,习得最普遍的知识与能力;唯有前沿,才能带领学生把握时代的脉搏,领略创新的魔力,激发学生的志向,使课程焕发活力;唯有开放,"才能"拥有人类文明发展的视野,进而去反省历史,开创未来,立足东方文明,放眼西方文明;唯有多元,才能促进讨论、思辨、批判与比较,养成尊重多元差异的人格和精神;唯有交叉,才能领略多学科知识,以开启心智,拓宽学生的视野,培养跨学科的思维。

（一）公民教育

公民教育模块的课程包括思想政治理论教育、军事理论与训练、体育、外语、劳动、创新创业六个类型，是传统意义的本科公共课程。这些课程缺少统一的内在联系，除了少数课程是为专业课程做准备的工具技能课程外，其他课程均无法纳入专业课系统。传统意义上的公共课程可以说是大学教学的边缘，其地位低于专业课，极其不被重视。事实上，这类课程并不是与专业对立的特殊的、无用的"水"课程，从通识教育的层面看，其对本科教育的支撑起着基本的、普通的作用。这些公共课程不仅是各专业公共的工具技能基础，也是跨专业交叉融合的系统性支撑，其最普遍的"通"指向的不仅是可跨专业迁移创新的元认知结构，而且是价值规范专业知识的知意情融通的人格主体[①]。基于此，"山"字型人才培养模式把这类传统的公共课程立足于通识教育的高度与深度建设为新型公共课，为培养大学生作为公民的基本素养服务，取名为"公民教育"，其实质是从通识教育变革的高度对这种课程的公共性进行了深度定位，将此作为人才培养目标的统摄性公共课程。

（二）写作与沟通

教学目标：帮助学生提升写作与沟通能力，使其在各种环境下通过书面、口头及非语言手段表达情感，阐明思想，与人交流，培养学生清晰的思维和敏锐的意识，使学生的研究能力、提问能力、思维能力、审美能力、分析能力，以及批判性阅读、组织观点、逻辑推理、表达等能力得到综合性训练。

教学内容：主要包括理解性阅读、创造性写作、批判性思维，以及积极聆听、口头沟通与人际沟通等。

教学模式：探索"课程主导＋活动对接"的教学模式。创新 1＋X 课程体系，办好"两刊一馆一社团"，开展课内学习与课外活动融合式教学。

---

① 尤西林.通识教育的公共性与本科公共课的深度定位[J].高等教育研究,2019,40(04):70－74.

(三)哲学智慧

教学目标:学习哲学理论知识,弘扬中华文化精华,激发学生批判思维与独立思考,帮助学生理解思想和行动所依据的哲学信念和价值观念,增强学生明辨是非、理性思维的哲学思维和哲学智慧,提升学生的人文社会科学素养,树立正确的世界观、人生观和价值观。

教学内容:辩证唯物主义与历史唯物主义问题、科学哲学与认知问题、政治哲学与社会问题、道德哲学与人生问题、艺术哲学与审美问题、批判性思维与认知问题。

教学模式:探索"专题教学+阅读经典+项目课程"的教学模式。通过开展专题教学,强调在原著研读的基础上,通过项目课程,引导学生在实践实训中,开展研究、讨论,激发学生批判性思维和独立思考,培养学生提问能力和批判性精神。

(四)艺术审美

教学目标:帮助学生了解美学的基础知识,通过对古今中外优秀艺术作品的审美分析,以及艺术技能的实践体验,陶冶审美情趣,拓展想象力,提升审美鉴赏力、感知力,增强艺术修养;培养艺术思维与各学科相融合的创造力和表达力。

教学内容:主要包括音乐、戏曲、美术、影视、手工艺等 20 多个方向,尤其强化民族民间艺术。

教学模式:探索"艺术鉴赏+实践体验"的教学模式。艺术审美教育既强调鉴赏的美学内涵,以陶冶审美情趣,启发内在精神境界,也强调实践体验,把对艺术的理解深入到技术实践与体验层面。

(五)科学精神

教学目标:通过讲授自然科学与工程技术的发展历史、现状和趋势,重要知识点、认知方法、价值取向,帮助学生了解自然科学的一般方法和思维方式,增长基本科学素养,学会运用科学方法分析问题、解决问题;带领学生感知科学探索者的信念、勇气、意志、工作态度、理性思维、人文关怀和牺牲精神,培养学生严谨、求真、求实、创新、批判的科学精神。

教学内容:科学技术发展史、科学哲学的基本观点和分析方法、逻辑与数学思想、化学与社会文明、生命与自然、工程理念与技术创新、信息技术与大数据等。

教学模式:探索"理论溯源+实践探索"的教学模式。理论教学注重探索自然科学与工程技术的关键理论的历史演变、发展进程、基本规律;实践探索注重激发学生运用理论知识进行实践验证。

(六)国际视野

教学目标:帮助学生了解中国和世界文化,理解人类文明的丰富性和多样性,了解文化交流中的价值冲突与融合,学会以理性的方式审视、理解、包容;促进学生在认识不同文化的基础上,逐步形成中、西、古、今文明的比较视野,养成在不同视角之间的转换能力、学术思考能力和提问能力。

教学内容:主要包括中西文化比较、中国文化演进、跨文化交际、经典英美文学选读、国际关系等。

教学模式:探索"课堂讲授+研讨学习"的教学模式,既强调宽度,又强调关键点的深度;课程实践注重学生的阅读体验,在深入研修文本的同时对比历史语境和学术脉络,并促进主动吸纳和自我创造。

第三节 "山"字型人才培养模式通识教育的实践探索

实际上,通识教育不仅包含一系列人文艺术、社会科学、自然科学等学科领域的通识课程,更囊括了诸如社会实践、海外学习、公益服务、课外阅读、艺术表演、研讨等在内的一系列第二课堂教育活动。铜仁学院通识教育在实践过程中逐步形成了"课程主导、活动对接、实践历练、三全育人"的一二课堂深度融合育人模式;注重推进第一课堂与第二课堂的融合,将第二课堂教育活动作为第一课堂的有效补充,整合校内与校外、课内与课外、知识与思维、人文与科学,建构包括第一课堂通识课程和第二课堂多元教育活动在内的丰富的、全面的通识教育育人体系。部分一二课堂深度融合育人路径见表5-2。

表5-2　一二课堂深度融合育人路径(部分)

育人路径	内容
明德印记,扎根铸魂	一院一品校园文化特色品牌,荣誉体系(发挥明德学生最高奖、卓越教育教学奖,明德印记年度人物品牌集群效应)
思政课程与课程思政同向同行	加强思想政治理论课在教学内容、教学模式、教学实践和教学组织方面不断改进和优化,注重挖掘各类课程的思政元素和价值元素,通过"思政课程"与"课程思政"协同育人,培养学生具有高尚的情操和优秀的性格、品质
劳动树德,增智强体	积极参与专业公益活动、校园绿化美化、校园环境和宿舍卫生、餐饮服务等实践体验与服务
艺术活动,美育心灵	高雅艺术进校园、大学生艺术展演、社团文化节、书画摄影作品展、校园歌手等美育心灵
创新创业,激发潜能	"互联网+""挑战杯""华清杯嵌入式大赛"等促进课内教学与课外实践相衔接
开放办学,在地国际	在本国教育的土壤中,积极利用、拓展、配置本土和全球优质教育资源,吸纳国际化的办学理念、国际化的教育过程、国际化的校园氛围,并培育国际化人才

实践探索一:大学梦　劳动美——在劳动中成长的新时代大学生

一、劳动课程概况

自2016年以来,农林工程与规划学院根据专业实践实训的需要,结合校园绿化美化和学生动手能力培养,专门开设了《劳动》。2018年,将《劳动》纳入人才培养方案,成为全校学生必修的通识课程。同时,学校全面加强和改进学校劳动教育工作,成立劳动教育领导小组,统筹全校劳动教育工作。2019年,出台《铜仁学院劳动课实施方案(试行)》①文件。通过实施开展不同类型的劳动教育活动,让师生

---

① 《铜仁学院劳动课实施方案(试行)》,院教发〔2019〕81号,2019年11月20日.

积极参加到文明校园、生态校园、绿色校园的创建工作,将学校的行政资源转换为教学资源,使之成为全面培养提升学生实践能力和综合素养的第二课堂。通过组织学生积极参与劳动讲座、寝室劳动、教室劳动及校园劳动,大力弘扬劳动精神,使学生树立正确的劳动观念,养成良好的劳动意识、吃苦精神和劳动习惯,提升学生的劳动技能,树立学生爱校、护校的主人翁意识,全面促进学生身心健康和谐发展。

三年来,共有154个班级6704人参加了劳动课。学生在劳动中思想观念有了改变,身体得到了锻练,意志经受了考验,能力得到了提升。许多学生经历了从不爱劳动、不愿劳动到爱劳动、能劳动的转变。

二、劳动课程设计

1.教学目标

帮助学生掌握基本的劳动知识和技能,通过组织学生参与劳动讲座、寝室劳动、教室劳动、校园劳动以及其他劳动,使学生树立尊重劳动、尊重普通劳动者、崇尚劳动、劳动最光荣的劳动观念,养成自觉劳动、热爱劳动、诚实劳动、创造劳动的习惯和吃苦耐劳、珍惜劳动成果、杜绝浪费的品质,形成勤俭、奋斗、创新、奉献的劳动精神,具备完成劳动任务所需要的设计、操作能力及团队合作能力。

2.教学内容

主要进行劳动观念教育,包括马克思主义劳动观、习近平关于劳动教育重要论述等劳动观念,劳动安全、劳动纪律及相关法律知识,以及通过劳动模范人物的先进事迹学习和劳动心得畅谈,开展劳动精神、劳模精神、工匠精神教育。

3.实践活动

巩固良好日常生活劳动习惯,自觉做好打扫寝室、美化寝室活动,独立处理个人生活事务;强化服务性劳动,自觉参与打扫教室、食堂、实验室、图书馆、运动场等活动,结合"三支一扶"、大学生志愿服务西部计划、"青年红色筑梦之旅""三下乡"等社会实践活动开展公益服务性劳动,参加勤工助学活动;参加校园绿化特色劳动,积极参加校园树木、绿篱、草坪养护与管理、植物病虫害防治管理等。

4.教学模式

采取"理论学习+劳动实践+榜样激励+反思交流"的教学模式,促进学生在劳动实践、聆听体验、观摩技艺、反思交流中树德、增智、强体、育美。

5.课程计划

《劳动》的课程计划见表5-3所示。课程由"劳动(一)""劳动(二)"两个教学环节组成,其中"劳动(一)"由校园劳动、劳动成果两个部分组成,共0.5学分;"劳动(二)"由劳动讲座、寝室劳动、教室劳动三个部分组成,贯穿各学年,共0.5学分。

表5-3 铜仁学院《劳动课》课程计划

课程环节	劳动讲座	寝室劳动	教室劳动	校园劳动(校园绿化景观提质实践)	其他劳动	劳动成果(作品、心得等)
数量	1次	–	–	4次	–	2篇
学时	2			16		
总学时/学分			18学时/1学分			

6.组织实施

劳动课程的组织实施,充分体现了行政资源教学化的理念和三全育人的理念。校园、教室、宿舍、实验实训中心、图书馆等成为劳动课的资源,绿色校园发展中心员工、班主任、辅导员、实验室管理员等成为劳动课教师。学校绿色校园发展中心负责"劳动(一)"教学内容设计、教学任务的设定、教学活动的组织实施、成绩的评定及录入等工作,二级学院负责"劳动(二)"教学内容设计、教学任务的设定、成绩的审定及录入等工作。学工部、校团委、二级学院负责"劳动(二)"中"寝室劳动""教室劳动""实验室劳动"等环节的组织、实施与评价。

三、学生劳动课随笔

第一次劳动:楠竹林清理枯藤死竹

今天的天气是如此的美丽,我教大家唱一首《月光下的凤尾竹》。这是杨红老师在一次劳动课上教我们唱的歌,对于每一个劳动的人,我想都是如歌般美好的样子。

第二次劳动:种植马尾松

老师教我们唱《绿色小诗》:"植一棵树苗种一片希望,把一首绿色小诗写在祖国的大地上……"就这样,一棵棵小松树在音乐楼旁的绿地上快乐地生长着。

第三次劳动:校园内清除杂草

老师说,清除绿地的杂草,校园才会整洁。绿地杂草如同我们人心中的杂念一样,必须定时清除,我们才能健康成长。尽管很累,但我们都坚持了下来。

第四次劳动:挖穴、种油茶

老师说是检验我们植物栽培课的理论学得怎样的时候了。我们学会了劳动工具的正确使用。

第五次劳动:播种百日草、格桑花

太阳很晒,土也很硬,太难了,手都打起泡了。我们小组成员分工协作,坚持着完成了劳动任务。看,这是我们劳动的成果。经过几个月的管理,我们劳动有收获了。当我们看到盛开的百日草、格桑花时,我们的心情如花般美丽!劳动课让我们知道了团结的力量,体会了成长的快乐,分享了成功的喜悦。

第六次劳动:施肥、除草、病虫防治管理

老师说,劳动课是多门课程、多种技能的综合应用,做好了,你们就是园艺师、园林管家了。渐渐地,我们爱上了劳动课。

第七次劳动:行政楼前修剪绿篱

嘿,还挺专业吧,挺漂亮吧!这就是劳动课的魅力,它让我们学会了运用专业知识创造美、丰富美、完善美。

第八次劳动:南门到清雅楼道路给蔷薇整形

每次当从学校南门经过,闭眼都能想象蔷薇花开满学校围栏的场景,心中的那首《蔷薇花开》就自然唱了出来。同学们、朋友们:快来铜仁学院赏花啊!蔷薇花开,我等你来!

第九次劳动:大棚内搬花、认花、铺草皮

那么多绿色的丝毯啦,铺起来有意思,坐上真让人感觉舒服极了。多好啊,劳动还可以欣赏那么美的花。粉红的欧月、娇嫩的凤仙、热烈的羽扇豆……好多以前都没听说过呢!

第十次劳动课:郁金香种植

去年元月,我们种下的郁金香在这个春天开花了!校园内到处都洋溢着春的气息!我们的劳动成果终于结下了丰硕的成果。红的、黄的、紫的一同盛开。你喜欢吗?

后记

在劳动中,我们体会到老师、父母、园丁、清洁工、保安、农民工等劳动者的辛苦,懂得尊重他人的劳动成果!在劳动中,我们收获了同学之情和友谊,学会了团结协作,懂得了团队精神!在劳动中,我们学会了分享快乐,学会了理解别人,学会了自立自强。大学梦,劳动美。作为新时代的大学生,我们将用勤劳的双手创造幸福美好的明天!

实践探索二:以美育人、以美化人——课堂美育与课外美育融合

进入新时代,党和国家更加重视美育工作,铜仁学院贯彻教育部《关于切实加强新时代高等学校美育工作的意见》,全面加强和改进学校美育工作,统筹学校美育工作规划和实施工作,出台《铜仁学院深化美育工作实施方案(试行)》①文件,推进公共艺术教育与学校校园文化的融合,强化美育课程体系建设,加强课堂美育与课外美育融合,提高学生审美和人文素质。

学校坚持以社会主义核心价值观为引领,弘扬中华优秀传统文化,继承革命文化,发展社会主义先进文化,形成学生自觉增强文化主体意识、强化文化担当的新面貌;遵循美育教育的特点,健全美育育人机制,坚持艺术教育的公平性,做好艺术教育的各类普及工作,使每一个学生享有优质艺术教育的权益,得到艺术的熏陶,提升审美素质,完成全面发展的高素质人才的培养工作;以特色为目标,加强分类建设,鼓励各二级学院特色发展,坚持整体推进与典型引路相结合,融入黔东文化、民俗风情,形成"一院一品"局面;充分挖掘、合理利用、优化整合各类美育资源,促进学校各部门、各院系与社会的互动互联,全面提高普及美育教学质量,切实推进艺术类专业教育和艺术师范教育的改革发展,带动学校美育的全面改革与发展。

一、建立健全美育教育体系

(1)完善美育培养体系。严格落实美育教育要求,以"明德印记"思政工作体

---

① 《铜仁学院深化美育工作实施方案(试行)》,铜院政发〔2020〕70号,2020年11月20日.

系为引领,积极实践"山"字型人才培养模式,充分发挥第一课堂、第二课堂的教育功能,把社会主义核心价值观、审美和人文素养培养、创新能力培育、中华优秀传统文化传承发展和艺术经典教育等内容融入专业教育和第二课堂活动。将美育教育全方位纳入人才培养体系,设置艺术审美、写作与沟通、哲学智慧校级选修模块,把艺术课程纳入人才培养方案,每位学生须至少修满2学分。

(2)优化美育课程体系。一是充分利用地方特色文化资源,因地制宜开发具有铜仁地方本土特色、凸显综合美育特色以及地方文化审美特色的校本课程和校本教材。开设《黔东民歌欣赏与演唱》《篆刻艺术魅力》《民俗礼仪——剪纸艺术》《民族民间美术》等选修课程50余门。加强美育课程资源建设,建成质量高、特色鲜明、深受学生欢迎的微课、在线开放课程、立体化教材等。《黔东古韵》《旅游商品设计》《写作与沟通》等课程上线开放。二是加强艺术专业课程建设,践行学科、专业一体化,落实普通高校艺术相关本科专业教学质量国家标准、推进师范专业认证理念,不断优化艺术类专业、艺术师范专业的课程体系和教学内容,改进教学方法,促进艺术教育与思想政治教育有机融合、专业课程与文化课程相辅相成,推进"互联网+美育"网络资源平台建设,完善艺术专业人才评价标准、课程评价研究机制、课堂教学和实践评价一体化质量监控体系,着力提升学生综合素养。

(3)明确美育教育评价体系。改革美育教育评价体系,让学校美育、学生的审美和人文素养在对学生的成长和全面发展的评价里占到应有的地位。将学生美育教育纳入学生综合量化测评体系,将学生的审美和人文素养的发展情况作为综合量化测评的重要指标。

二、搭建美育实践活动平台

(1)打造美育实践活动品牌。深入推进第二课堂美育教育,开展高雅艺术进校园、大学生艺术展演、校园文化活动月、社团文化节、书画摄影作品展、校园歌手等活动,让全体学生参与其中,享受其中,切身体会到美育的价值。积极建设具有铜仁学院特色的高水平大学生艺术团,承担铜仁市重大文艺演出或赛事,为学生美育创建多元化实践活动平台,充分展现铜仁学院的美育教育成果;同时,注重挖掘、选拔、培养非艺术类在校生,开展舞蹈、表演、书法、绘画、篆刻、剪纸、茶艺等内容丰富、形式多样的校园文化活动,培育浓厚的校园艺术氛围。

(2)推进主题性艺术创作活动。充分利用非物质文化遗产传承基地、梵净人文生态馆、铜仁文学馆、黔东红色文化自媒体工作坊、黔东区域特色文化传播数字移动工作坊、铜灵设计工作坊、苗绣工作坊、梵净山旅游资源保护与旅游商品开发工作坊等文化艺术活动场所,开办"美育大讲堂",邀请艺术名家、学者开办艺术讲座,推进非物质文化遗产进学校、进课堂;创作主题墙绘,规划、设计、制作、布置充满艺术气息的专用场所和彰显特色的厅廊文化,使学生在参与校园文化建设的实践中提高艺术修养和审美情趣;组织原创校园景观设计等作品的展示与推广,为学生接受审美教育营造良好氛围。

三、深化美育教学改革

紧跟美育工作前沿,打造美育综合研究的高地,积极承担各级各类美育课题研究与实践,重点研究促进学生人文与审美素养以及道德素养、科学素养和专业素养等协调发展的美育系统理论、科学实施美育课程与教学的策略等,深入研究中华美育精神,推动美育研究成果在学校的实践、转化和推广。

四、提升美育教师队伍素质

(1)充实美育师资队伍。积极引进美育师资高层次人才,改善美育师资结构,提升美育学术研究的整体水平。艺术学院、人文学院、国学院、写作研究院、大健康学院等相关教学单位积极开展高层次人才引进和培养工作。同时,聘请有美育理论功底与精湛美育技能的艺术家、民间艺人、非物质文化遗产代表性传承人、中小学美育教育骨干和学术带头人、文博专家进校园,拓展我校美育师资队伍。

(2)提高美育师资整体素质。开展多种形式的师资培训活动,将提高美育教师思想政治素质和职业道德水平放在首要位置。健全美育教师互帮互助机制,搭建美育课堂教学交流和教学技能培训平台,鼓励教师参与美育课程建设和教学改革,支持普通课教师与艺术教育教师跨学科合作开发美育课程,不断提升教师教育教学能力与社会影响力,在艺术类专业人才培养、美育通识课程建设、服务社会等方面发挥重要作用。

五、构建美育协同育人机制

结合艺术类本科专业校外实践教学基地建设,与铜仁市艺术表演单位加强联系与合作,积极拓展校外美育实践基地规模,充分利用市内各类文艺演出场馆资源开展艺术专业教学与实践活动。

艺术学院等教学单位积极与铜仁市内区县中小学校确立艺术教育协作关系,帮助中小学校合作共建学生艺术实践实习基地,服务铜仁市文化基础教育事业。

六、增强美育服务社会能力

充分发挥我校美育资源和力量,主动融入乡村文化振兴计划,积极参与"美丽乡村"建设,实施美育浸润行动计划,采用"美育进社区""支教""定点联系""对口帮扶"等多种形式,每年安排教师下乡进村任教,安排艺术类专业、艺术师范专业学生到帮扶学校驻点实习。

实践探索三:探索"课程主导、活动对接"的写作与沟通能力培养模式

一、建立"写作研究院"特色学院

2018 年 8 月,学校成立"写作研究院",主要承担"写作与沟通"教学工作,并致力于探索大学通识教育研究。写作研究院仅 9 名教师,但承担该模块教学工作的教师遍及了整个铜仁学院。秉持"打破学科和专业壁垒,打破传统教学模式,打破学校教育边界"的原则,构建口头沟通、积极聆听、理解性阅读、创造性写作和批判性思维为一体的人才培养体系,全面提升大学生的人文素养和应用写作能力,培养能够适应社会发展需求的具有一定写作与沟通能力的复合型人才。

二、探索"写作与沟通"教学改革

(1)创新"写作与沟通"课程体系。"写作与沟通"课程体系采用"2 + X"模式,"2"即《阅读与欣赏》(1 个学分)和《写作与沟通》(2 个学分)两门基础课程,"X"即为若干个性化课程(每门课程 2 个学分)。个性化课程实行"菜单式"教学,由教师定制"菜单",让学生看"菜"吃饭。根据各专业和学科的实际需求,学校为其量

身定制若干个性化课程。目前,共开出了 12 门线下个性化课程,如公文写作实用技巧、人际关系与沟通、朗诵技巧、论文写作中的 SPSS 应用、人文与社会科学学术论文写作、逻辑与批判性写作、法律写作(帮你应对法律风险)、中国新诗鉴赏等;2门线上课程(有效沟通、礼行天下仪见倾心)。

(2)课内学习与课外活动融合。理查德·莱特认为,"所有对学生产生深远影响的重要具体事件,有 80% 都发生在课堂外"。通过创设明德读书会、田秋讲堂,以及各种形式的比赛、评奖与采风等多样的第二课堂活动,对接第一课堂课程内容,把课内学习延深至课外活动,有效提升写作与沟通能力。活动采取"固定 + 不定期"的形式,定期组织的"明德读书会"一方面分享古今中外的经典作品,另一方面大力推介地方作家作品。以"读书沉淀自我,写作点亮人生"为主题的新书分享会系列活动深受学生欢迎。此活动经由《贵州日报》、贵州作家网、《铜仁日报》、铜仁学院微校园等媒体平台宣传报道后,已引起社会广泛关注。还积极与相关职能部门或地方文艺机构不定期组织开展征文比赛、演讲比赛、辩论比赛、主持人比赛等一系列活动,让更多的学生在活动中得到锻炼。我们指导学生在《青春文学》《中国诗人》《贵州日报》《贵州作家》《贵州文学》《梵净山》等刊物以及当代先锋网、贵州作家网、《铜仁日报》、铜仁新闻网等媒体发表文学、新闻作品 300 余篇(首)。其中,晨光社员杨声广同学在 2020 年全国"十大校园诗人评选"活动中名列大学组榜首。

(3)办好"两刊一馆一社团"。充分利用校内外资源,办好"两刊一馆一社团",为学生提供写作与沟通能力训练、交流、展示的平台。两刊指《晨光》《梵净学刊》,一馆指铜仁文学馆,一团指晨光文学社。办好校园文学刊物《晨光》和学生学术刊物《梵净学刊》,为学生搭建一个展示写作水平的平台。《晨光》《梵净学刊》每年各出 4 期,期刊稿件、编辑、版面设计等环节均为教师与学生共同完成,在此过程中,学生的能力得到充分锻炼。晨光文学社也成为我校,乃至全省最为活跃的学生社团之一。建立铜仁文学馆,聚焦黔东,辐射全国,重点展示铜仁文学创作成果,把文学馆打造成学生涵育文学素养、增强文化自信、传递文化力量、培育家国情怀的立体空间。

(4)改革课程考核。研究制定《铜仁学院学生语言表达与沟通能力标准》。语言表达与沟通能力水平分为高级、中级、初级和不合格四个等级,标准见表 5 - 4。

成立语言表达与沟通能力水平测评专家委员会,负责指导和组织学生语言表达与沟通能力水平测评。语言表达与沟通能力水平测评一年进行两次。学生在至少修满5个学分的基础上,自认为达到一定的语言表达与沟通能力水平等级,方可申请参加语言表达与沟通能力水平测评。具有特殊写作与沟通才能的学生(如公开发表或出版文艺作品、学术论著,在写作与沟通方面荣获省级以上奖励)可以申请免修。语言表达与沟通能力水平测评与学位证直接挂钩,语言表达与沟通能力水平被定为不合格等级的学生不能授予学士学位。

表5-4　铜仁学院大学生写作与沟通能力等级标准

等级	分数	写作能力标准(60%)	沟通能力标准(40%)
A等	90分以上 (含90)	1.有思想,立意新,主题鲜明; 2.内容充实,思路清晰,条理清楚; 3.语法正确,能使用较复杂的句式和修辞手法; 4.词汇丰富,遣词造句恰当,语言通顺,表达准确、得体; 5.汉字书写及标点使用正确,允许有极个别词汇及汉字书写上的错误,不影响文章思想内容的表达。	1.沟通中能把事情说全,要点齐全,有节点有确认; 2.会换位思考; 3.逻辑性强,条理清晰,表达精确,没有语法错误; 4.语言优雅,举止从容得体; 5.普通话标准流畅。
B等	80~89分 (含80)	1.主题比较鲜明,立意较好,有一定的创新性; 2.内容比较充实,思路比较清晰,层次较清楚; 3.语法结构清楚,能使用较复杂的句式结构清楚地表达思想; 4.词汇较丰富,语言通顺,用词准确,表达较得体; 5.汉字书写及标点使用允许有少数错误,但不影响表达。	1.沟通中能把事情基本说清楚,要点比较齐全,有极少部分遗漏,有部分节点有确认; 2.有时会换位思考; 3.逻辑性较强,条理较清晰,表达准确; 4.用语规范偶有语法错误,举止较得体; 5.普通话较标准流畅。

续表

等级	分数	写作能力标准(60%)	沟通能力标准(40%)
C等	60~79分 (含60)	1. 主题不够鲜明,立意不新,缺乏创新性; 2. 内容较完整,能用基本通顺的语言表达思想; 3. 语法结构较清楚,词汇较丰富,但有时词不达意,有语法、词汇及汉字书写上的错误,基本不影响表达。	1. 沟通中能把事情的大概基本说清楚,要点遗漏较多,缺少内容节点和确认; 2. 不会换位思考; 3. 逻辑性较差,条理清晰度较差,表达不够准确; 4. 用语不够规范,语法错误较多,举止一般; 5. 普通话不够标准流畅。
D等	60分以下	1. 能表达一定的思想,但内容不充实; 2. 有一定的词汇量,但使用时往往词不达意; 3. 语言欠通顺,语法、词汇及汉字书写错误较多,影响表达。	1. 沟通中不能把事情说清楚,没有要点,无法突出重点; 2. 不会换位思考; 3. 逻辑性差,条理清晰度差,表达不准确; 4. 用语不规范,语法错误多,举止不当; 5. 普通话不标准流畅。

(5)创研反哺教学。教师的创研与人才的培养是相辅相成、同向同行的,写作研究院成立具有地方特色的研究中心(比如田秋研究中心、叶辛文学研究中心等),充分挖掘地方文学文化资源,鼓励师生对地方以及中国文学进行广泛研究,多出研究成果,营造良好的文化研究氛围。孙向阳、庄鸿文、王晓旭、唐竹英、陈洁的作品成为教学的素材。庄鸿文编著的《学术写作与公文写作——铜仁学院田秋讲堂系列讲座实录》、唐竹英编著的《明德读书·创意写作——铜仁学院新书分享会现场实录》出版,完成知识的二度传播,让更多的学生从中受益。

实践探索四：创新"在地国际化"模式，拓展师生国际视野

"国际视野"是"山"字型人才培养通识教育的一个重要模块，其目的在于拓展学生国际视野。传统国际化教育以跨境教育、交换学习为主要形式，而地处大山深处的铜仁学院，国际化教育资源匮乏，无法满足培养学生国际视野的需求。学校创新"在地国际化"模式，通过引进留学生、国际学者、国际会议、国际活动、多元课程等优质教育资源，在本土开展广泛的国际交流与合作，拓展师生国际视野。

一、打造"留学铜仁"教育品牌①

开拓多样化培养渠道和确保良好的生源质量是有效开展留学生办学的基本前提。学校通过设立"校长奖学金""铜老奖学金"等近10个奖助学金项目，形成了较为完善的奖助学金资助体系，着力吸引"一带一路"沿线国家的优质生源，倾力打造"留学铜仁"教育品牌。现有在校留学生689名，占学校学生总数的8%，占贵州省留学生总数的19%，生源主要来自东南亚国家和俄罗斯、蒙古等16个国家。

在留学生教育教学上，围绕德智体美劳全面发展的高素质应用型人才培养目标定位，实施"通识教育＋专业教育＋自主学习＋项目课程"的"山"字型人才培养模式，把中华文化等课程作为通识课程贯穿留学生培养全过程。通识教育课程模块设置5个模块，共38学分。汉语言模块开设高级汉语视听说、高级汉语阅读与写作、专业汉语视听说、专业汉语阅读与写作等课程，中国文化模块开设中国概况、多彩贵州、中国传统文化、民族文化体育等课程，艺术审美模块开设书法、少数民族舞蹈、黔东打击乐等课程，哲学智慧模块开设国学十讲、辩证思维与成长智慧等课程，科学精神模块开设物理之美、梵净山生命力、营养与健康等课程。充分利用铜仁区域内梵净山、江口云舍、苗王城、大明边城、德江傩文化等丰富的旅游资源和非物质文化遗产，校内人文馆、校史馆等文化资源，开展留学生教育教学活动，主动服务国家"一带一路"建设需要，取得了较好的效果。

2018年，老挝籍学生申铜服务于中老铁路建设，荣获"中老铁路2018年度建设工作先进个人"称号；老挝籍留学生宋琦、陈睿深入老挝阿速坡省洪灾现场，用

---

① 罗红芳，谭钰.山里蹚出"在地国际化"办学路［N］.中国教育报，2019－06－03（5），版名：高教周刊.

"中国话"挽救家乡受灾同胞；老挝籍学生赛雅、俄罗斯籍学生周小桐在 2018 年分别荣获"第十一届中国 – 东盟教育交流周贵州旅游形象大使"冠军、季军称号。柬埔寨教育部、老挝教育行政机构官员对铜仁学院致力于培养符合两国经济社会发展的高水平应用型人才给予了充分肯定和高度评价。

二、搭建国际交流合作平台①

近年来，学校与国外政府、教育机构、高校、企业等机构签订教育合作协议 60 余份，积极开展教育合作，常态化地邀请国（境）外知名专家、学者来铜仁学院开展合作研究、举办学术讲座和国际会议、开设课程等，打造特色鲜明的国际化校园，让全校师生共享教育国际化的成果。

铜仁学院与柬埔寨教育部共同建立"柬埔寨本科人才培养基地"，与马来西亚多所高校建立了"马来西亚人才培养基地"，共同开展跨国合作与人才培养研究；成功举办了第十届"中国 – 东盟教育交流周"之高等教育论坛、第十一届"中国 – 东盟教育交流周"之"一带一路"大学通识教育论坛，来自 10 余个国家和地区的 50 余所学校及相关机构的 300 余名代表汇聚铜仁，围绕高等教育发展达成了"铜仁共识"。学术合作研究和讲座范围从传统的文学单一学科扩展到教育学、理学、工学、农学、艺术等多学科领域，覆盖了学校一半以上的学科和专业。

学校充分利用已有的优质留学生资源，组织师生编写小语种口语教材，并选拔优秀留学生担任小语种口语教师，开设老挝语、柬埔寨语、俄语等课程，面向全校师生开放，形成了特色校本培训课程。通过与合作伙伴国家、地区开展交流合作，本土教师与学生在校内开展国际交流学习已全覆盖，师生的国际理念初步形成、教育理念不断更新、国际视野进一步开拓，为地方培养具有国际视野的高素质应用型人才奠定了坚实基础。

---

① 罗红芳，谭钰. 山里蹚出"在地国际化"办学路［N］. 中国教育报，2019 – 06 – 03（5），版名：高教周刊.

第六章 "山"字型人才培养模式专业教育

专业教育既是"专门学业"的教育,也是"专门职业"的教育,学术性与职业性是其不可割裂的两种本质属性。剖析国内外专业教育的演进逻辑,发现其呈现职业知识与技能为核心、文理知识为基础两种主要形态,通识教育、专业教育、职业教育三者在人才培养过程中逐渐呈现良性的互动。专业教育的发展与演进,反映了不同国家不同时期对专业教育的认知与需求。"山"字型人才培养模式,专业教育是主峰,注重培养学生的专业知识和专业能力,服务学生的职业岗位需求。其遵循职业需求、学术需求、人文需求三重逻辑,"凸显职业性""立足学术性""贯穿通识性"。在实践过程中,构建了"职业性""学术性""通识性"融合的课程体系,探索了通专互融、产学联动、兼顾双创的课程教学范式。

第一节 专业教育的演进逻辑

一、专业教育概念辨析

(一)专业

何谓专业?《后汉书·孝献帝纪》指出,"今耆儒年逾六十,去离本土,营求粮资,不得专业",其专业意为职业。《上张明府书》中的专业则指专门的学问。《辞海》界定专业是因社会分工的需要而设立的学业类别。《普通高等学校本科专业目录》根据学科、知识分类，把专业分成若干类，专业体现了学业和学问。王沛民研究了专业的关键特征，认为专业要有专门的知识和技能，要受到专门的教育和训练，并在知识、技术、伦理等方面有一定的资格标准①。在西方，职业分为 Tradest 和 Professiong，其中 Tradest 指不需要更多训练，比如工匠类；Professiong 则指特定的职业门类，比如医生、律师、教师②，Professiong 是建立在高深学问基础上的职业。可见，专业既指向学业，也指向职业，学术性与职业性是专业不可割裂的两种本质属性。

（二）专业教育

何谓专业教育？专业教育是专业人才培养的基本载体，但给专业教育准确界定被学术界公认的定义并非易事。保守主义的代表纽曼在《大学的理想》一书中对专业教育进行了批判，认为大学是传授普遍知识的地方，普遍知识并非专业性知识。美国学者亚伯拉罕·弗莱克斯纳并未像纽曼那样武断地摒弃专业教育，但在"属于大学的专业"和"不属于大学的职业"之间做了区分，认为专业具有高深学问，没有学问的专业只能是职业，高深学问是区别专业教育与职业教育的关键③。20 世纪 70 年代，本·大卫在《学术中心》指出，专业教育的目的是培养从事某种专门职业的教育④。英国学者彼得·贾维斯则认为，专业教育旨在培养胜任专门职业的从业者，即培养学生掌握专门的知识与技能，具备一定的专业伦理观，能够批判性思考⑤。我国学者顾明远在《教育大辞典》中指出，专业教育是指在一定的普通教育基础上实施的培养某一领域专业人才的教育⑥。由此可见，专业教育既是"专门学业"的教育，也是"专门职业"的教育，以培养具有学术性和职业性的专业人才为目标，其作为连接社会需求与学校教学之间的纽带，其基本遵循是高深学问

---

① 王沛民.研究和开发"专业学位"刍议[J].高等教育研究,1999（2）:43－46.
② 郑晓沧.大学教育的两种理想[N].浙大日报,1936－09－30(26－27).
③ [美]亚伯拉罕·弗莱克斯纳.现代大学论——英美德大学研究[M].徐辉,陈晓菲,等,译.杭州:浙江教育出版社,2001:23－24.
④ BEN－DAVID J. Centers of learning:Britain, France, Germany, United States [M]. New York: M Graw－Hill Book Company, 1977: 27.
⑤ JARVIS P. Professional education [M].London: Croom Helm Ltd, 1984:48.
⑥ 顾明远.教育大辞典[M].上海:上海教育出版社,1998:2128.

和社会需求。

二、国内外专业教育的发展与演进

(一)国外专业教育的演进特质

专业教育理念的发展与演变,反映了大学通识教育与专业教育关系上的纠葛,欧美大学专业教育的演进主要体现了以下两种特征。

1. 职业知识与技能为核心的专业教育

美国学者雅罗斯拉夫·帕利坎认为,专业教育起源于中世纪大学的职业性教育。虽然自由教育或博雅教育是中世纪古典大学的重要特征,但其通过文法、逻辑、修辞等课程训练学生的心智,致使其能理性行使教会、政府和社会的权力,其教育形态或多或少呈现出职业教育特性。随着工业革命的蓬勃展开,社会分工更复杂和细化,社会需要更多专业人才,更多的职业需要接受专门的训练,因而面向职业的专门教育也逐渐在大学中获得合法地位。18 世纪中期,法国创办巴黎综合理工学院,率先把职业教育理念引入高等教育系统,创造了专业教育与精英教育融合的专业性大学模式。18 世纪后期,法国资产阶级大革命胜利后,新政府摧毁了中世纪以来所形成的大学,取而代之的是规范的职业教育模式,提供有助于国家发展的高度化专业教育。1808 年创办的帝国大学,旨在为拿破仑帝国培养官员、科学技术人员和职业军人。德国 1810 年创办的柏林大学,旨在培养探索高深知识和发现真理的教授、研究者及科学家。1860 年,法国巴黎综合理工学院明确提出培养服务企业的专业技术人员,成为工科大学的样本。以 2002 年 11 月《哥本哈根宣言》、2008 年 11 月《波尔多公报》的签署为典型标志,面向较高社会地位职业的教育形式成为欧洲典型的专业教育模式。

尽管这些欧州国家在职业教育领域的具体操作方式以及实施效果均有较大差异,但专业教育总体体现了面向国家、政府、企业的变化和需求,培养学生的实践能力和就业能力。从组织结构上看,已经形成了专业学院或单科性的专业大学或综合性的大学三种形式,萨莱诺大学和博洛尼亚大学极具代表性,分属于单科性医学院和单科性法学院。一些综合性大学多设置神学院、法学院、医学院和文学院,为社会培养牧师、律师和医生,其专业性和职业性显而易见。从培养目标上看,是为了训练学生掌握一定的职业知识，为以后从事特定的社会职业而进行准备①。从课程内容上看，无论神学、法学等传统专业，还是管理学、工程等新兴专业，都注重通过实习、实训进行技能训练和累积从业经验。

如此看来，法国、德国等欧洲国家，专业教育主要突出职业性，没有专门的通识教育，但强调"有学问的职业"与"一般职业"的区别，这种面向高深知识的职业型专业教育，以掌握从业所需的知识和技能为主要目标，培养不断适应社会复杂需求的专业人才，并表现出巨大的韧性，职业型专业教育的范式极具特色。

2. 文理知识为基础的专业教育

学术性教育是专业教育的另一种典型表现，美国专业教育具有强烈的学术意蕴，造就了别具风格的学术型专业教育范式。美国专业教育迅猛发展，得益于1862年美国政府颁布的《莫雷尔法案》，康奈尔大学、麻省理工学院、加利福尼亚大学等一大批州立大学因此跳出了古典大学教育模式的拘囿，重点偏向于实用的农业、工业、军事等领域②，培养满足地方经济发展的技术人员，面向社会需求，推进学术理论转化为应用的应用型专业教育模式逐步形成，"将学术理论转化为实践"成为美国模式专业教育可持续发展的秘籍③。哈佛大学前校长科南特说，专业化是我们推动社会变换结构的方式④，专业化教育是不可抗拒的时代之需，但过度专业化的弊端也日趋严重。随着知识社会的到来，在知识生产与创新的逻辑及强劲的社会需求的推动下，科学教育逐步进入大学，科技教育、人文教育、专业教育的融合才是解决社会生产和生活难题的根本途径，这也是学术型专业教育的核心意蕴。比如，斯坦福大学在其通识教育中，拟定了文化、自然科学、技术与应用科学、哲学、社会与宗教思想等9类课程。另外，在美国，即便是培养工程技术人才的大学，也不局限于科技教育，而是基于人文教育开展专业教育，使学生能够从哲学、文化、伦理的角度思考技术的问题，体现了人文学科、科技学科的相互融合。

从组织结构上看，美国专业教育的发展演变路径从殖民地时期多专注自由

① 解德渤.专业教育的世界模式与中国抉择——以高等教育基本命题的分析与开拓为中心[J].复旦教育论坛,2016(4):12-17.

② 解德渤,赵光锋.地方本科院校转型发展:理念、困境与突围[J].山东高等教育,2015(4):13-18.

③ UNGER H G. Encyclopedia of American Education[M]. New York:Facts on File,Inc.,1996:767.

④ 郭键.哈佛大学发展史研究[M].石家庄:河北教育出版社,2000:173.

教育的美国学院式专业教育,主要是神学,发展至大学之外的比较重视实践的学徒制专业教育,演变为独立设置的专业学校。由于对理论知识注重不够,专业教育与基础文理教育的联系较弱,独立设置的专业学校才逐步被纳入大学体系。与此同时,作为实施专业教育的载体,专业学院、职业和实用性学科、专业课程以及专业学位等也均得以逐步确立。从培养目标上看,培养具有专业知识的行业精英;从课程内容上看,注重人文知识、科学知识、专业技术知识和从业实践知识的良性互动。

如此看来,美国专业教育是在独特的实用主义文化培育下成长起来的教育形态,是文理教育与职业教育的统一体,是与通识教育相互分立却又相互补充的有机体,以掌握人文知识、科学技术、专业技术知识和从业实践知识为主要目标,培养不断适应知识社会发展的专业人才,学术型专业教育的范式极具特色。

(二)国内专业教育演进特质

近代以来,我国专业教育主要有三种形态:一是效仿苏联的专业教育,职业性为主要特征。强调适应社会职业发展需求,培养通晓基本理论并能实际应用的专门人才。二是基于通识教育的专业教育,兼具学术性和职业性。专业教育的核心仍是职业性,但嵌入通识教育,为专业教育增添了学术性意蕴。三是创新创业教育融入专业教育。打破了理论与实践、专业与综合、业务与素质之间的壁垒,在学术性和职业性的基础上,增加了创新创业,弥补专业教育在实施"学术性"和"职业性"时的不足①。毋庸置疑,我国专业教育模式的演进与发展折射出了不同时期人们对专业教育认知水平和实践水平,随着我国高等教育从大众化迈进普及化,面临着利益相关更加多元、创新能力不足、服务区域发展不足等挑战,专业教育需要对通识性、学术性、职业性进行全面思考。

---

① 李鹏虎.我国高校专业教育模式的历史流变与发展进路——兼论高等教育内涵的重新审视[J].国家教育行政学院学报,2020(6):67－74.

第二节 "山"字型人才培养模式专业教育的设计思路

一、专业教育的理念

"山"字型人才培养模式专业教育如何超越传统专业教育,适应新时代的新要求,首先要回到专业教育"为何而教""为何而专"这一逻辑起点,尤其要处理好与通识教育、职业教育的关系。从国内外专业教育的演进特征来看,通识教育、专业教育、职业教育三者在人才培养过程中逐渐呈现良性的互动,职业型专业教育、学术型专业教育的范式极具特色。铜仁学院作为新建地方本科院校,其人才培养目标是培养服务地方经济社会的高素质应用型人才,一方面,要积极回应地方就业市场的需求,培养能够胜任专业工作的实践者,突显专业教育的职业性理应成为专业教育的安身立命之根本;另一方面,以适应经济社会发展需要并解决经济社会发展中的重大问题为追求,培养胜任职业持续发展需要的知识生产与创新能力,专业教育体现学术性是其培养可持续发展人才的关键。另外,把通识教育融入专业教育,既因强化基础理论知识的迁移性而充实专业教育的长久适切性,也因强化人文教育的价值与职业目的的联系而提升专业教育育人的基本属性。"山"字型人才培养模式专业教育发展道路的实质是职业性、学术性、通识性的融合,也正好体现专业教育由基础学科、应用学科、职业学科等多类型学科知识组成知识体系的整体①。

(一)凸显职业性的专业教育

长期以来,我国专业教育的目标是培养各行各业所需的专门人才,较大地满足

---

① 侯长林,陈昌芸,罗静.本科层次职业学校学科选择及建设策略——兼论职业学科[J].高校教育管理,2020(6):60-67.

了国家建设的需要。时至今日,我国大部分产业仍处于全球价值链中低端的基本状况没有改变,仍然需要"数以千万计的高级专门人才"①。2015年,教育部、国家发展改革委、财政部联合发文,引导部分地方普通本科高校转到应用型人才培养上,铜仁学院作为新建地方本科高校,致力于为区域经济发展培养面向基层与实际工作一线的专门人才。

一方面,基层一线工作岗位的分工明确对人才的专业化程度要求较高。更何况,随着社会化大生产的专业化,许多职业专业化分工越来越细,需要具有特殊专业技术技能的人才就越多,对专业人才提出重构知识、技能、伦理的新要求。因此,"山"字型人才培养模式专业教育要对传统"专门人才"的教育重新审视,以培养服务基层一线实用型人才为首要任务,提供直接与学生就业有关的教育内容,强调知识学习的实用性和技术技能的综合性,增强业务素质的岗位适应性。另一方面,布鲁贝克认为,在知识爆炸的现代社会,人不可能通晓百科全书式的知识,只可能精通有限领域的学问②。在本科教育阶段,如果不能将精力聚焦到相对专门化的领域,其结果必然只能使学生得到一些肤浅的知识,导致样样通、样样松。尽管许多人推崇通才教育,但专才教育成为社会发展的必然需求。

"山"字型人才培养模式专业教育凸显职业性,意味着既注重职业领域高深的专门知识、实践经验和技术技能,也注重培养从业者特有的职业信念和职业伦理。"山"字型人才培养模式专业教育凸显职业性,实践应用是其首要特征,体现了专业教育的外在适切性,即专业教育要切合社会需求。

(二)立足学术性的专业教育

栖身于大学的专业教育,以造就专门职业人才为目标而开展专业知识技能教育,是致力于实践应用并提升其专业性的一种教育形态。舍恩指出:"只有基于系统的、科学的知识解决工具性问题,实践才有专业性。"因此,纵使职业性是专业教育的首要特征,但学术性是其必然属性。学术是系统性的专门学问,其根本属性是原创性、探究性。"山"字型人才培养模式专业教育,不单纯注重专业技术知识和

---

① 潘懋元等.要勇敢面对一流本科教育这个世界性难题(笔谈)[J].教育科学,2019(5):12-14.
② [美]约翰·S·布鲁贝克.高等教育哲学[M].郑继伟,等,译.杭州:浙江教育出版社,1987:74.

从业实践知识,也注重专业技术知识、从业实践知识与基础科学知识的良性互动。一方面,人才培养需要从面向确定性知识转向面向不确定性问题,将创新意识和研究能力的培养整合到培养过程中,提升学生创造性解决问题的能力,因此,专业技术知识和从业实践知识需要在基础科学知识中寻求合理化表达。另一方面,将专业技术知识和从业实践知识抽象化、系统化,甚至是理论创新,可为技术知识和实践知识注入可持续发展的要素。

立足于学术性的专业教育,一是在学习、创新知识的过程中促进从业者认知升级。专业教育经历了培养从业者到有学问的匠人再到以科学服务人类,科学知识在人才培养的认知升级中扮演了重要角色,通过学习、创新科学知识加速专业实践的升级,并反过来促进人才培养认知的升级。二是在深入实践应用的探究中提升从业者解决问题的能力。博耶指出,学术的本质是探究,学术实践即用专业的方式逼近这一目标①。在专业实践活动探索其内蕴的一般性原理,尽管其不一定具有普适性,但由于更好地回答"是什么"和"怎么样"的问题,对解决具体问题体现了一定的特适性。这种立足现场、面向实践的探究,体现出在反复探究中传播和应用知识、累积并创造知识,进而推动专业教育在学术探索中持续发展②。

(三)贯穿通识性的专业教育

知识社会的到来使得在许多领域知识迅速变旧,专业教育若仍以掌握专门的特殊知识为目的,将不能很好地满足知识社会的实际需求。理性主义哲学认为,普遍知识高于特殊知识,理论高于实践③,那些具有普遍性和迁移性的知识往往最具价值。基于此,强调教授普遍理论知识的通识教育,因其关注知识的迁移性而体现出长久的适切性。"山"字型人才培养模式专业教育贯穿通识性,一方面,要重视培养基础或一般能力,关注知识的迁移性,以更好地适应知识社会发展的需求;另一方面,杜威认为,通识教育旨在为社会所需的技术科目获取人文素质。超越专业

---

① BOYER E L. Scholarship reconsidered: priorities of the professoriate[M]. New Jersey: Princeton University Press,1990:16 – 19.
② 龚静,张新婷.地方高校"一流学科"的成长逻辑与路径探讨[J].贵州社会科学, 2019(7):96 – 101.
③ 周光礼.论高等教育的适切性——通识教育与专业教育的分歧与融合研究[J].高等工程教育研究,2015(2):62 – 69.

知识,促进学生在技术科目学习中认识自我、完善自我、勇于担当,学会做事和学会做人结合,在一定程度上体现通识教育的价值,这也是"山"字型人才培养模式专业教育的自我革命。

"山"字型人才培养模式的专业教育贯穿通识性,一是使学生从学习的深度走向学习的广度。学习的广度,即通过掌握基础的理论知识、普适的技术工具、一般的研究方法和一般的科学态度,实现基础理论、基本技能、基本方法、基本科学态度之"通",以更好地服务于"专"。二是受到良好专业训练的同时受到人文教育,体现其以培养专业人才必备的价值理念和精神规训为基础。三是培养标准注重基于"系统性"及"普遍性"基础上的"专业"素养,而非狭窄的专业技能教育。通过培养可持续发展能力,提升专业教育的长久适切性。四是专业教育与通识教育的相互促进。在专业实践中,基础理论与应用实践结合得越来越紧密,技术技能的创新需要深厚的理论基础知识;反过来,实践应用也促进理论提升。

二、专业教育的实践路径

"山"字型人才培养模式专业教育理念的核心是职业性、学术性、通识性有机融合。实践中,迫切需要立足专业教育的本质,超越传统,探究体现职业性、学术性、通识性融合的课程体系和课程教学范式。

(一)构建职业性、学术性、通识性融合的课程体系

课程体系旨在解决培养目标在知识体系构建、课程设置、课程内容选择,以及课程的结构、顺序、比例如何组织等重大问题。铜仁学院升本时间短、积淀少,课程体系与课程设置一方面固守传统,遵循学科逻辑,追求学科知识的系统性和完整性,另一方面与行业企业需求衔接松散,难以支撑专业教育理念。基于此,《铜仁学院人才培养方案指导意见》明确指出,课程设置要改变目前学科导向、由内向外的建构方式,立足于行业企业对人才在知识、能力、素质上的需求设置课程和内容;在操作层面,改革"闭门造车"的传统方式,遵循"反向设计、正向施工、持续改进"的原则;并要求调研行业企业需求,重构培养目标和毕业要求,围绕毕业要求和培养目标设置课程体系和课程内容,通过追踪毕业生就业发展情况,改进课程体系和课程内容。体现了自外向内、产出导向、持续改进的优化思路。

回应专业教育理念,职业性、学术性、通识性统领专业教育的课程体系构建、课程设置及课程内容选择,三种属性的课程既非并列关系,也非主次关系,而是辩证统一关系。第一,体现学科知识与专业知识的系统性。遵循专业教育理念,以及人才培养的认知发展规律,系统性的课程更有利于学生成才、成人。课程体系与课程设置既要注重学科知识与专业知识的系统性,又要兼顾实践应用能力、创新创业精神、自主学习能力的培养。第二,实现职业岗位能力培养与学科专业知识学习的协调统一。调研行业企业岗位(群)能力需求,厘清专业核心职业能力要素,确定核心职业能力对应的学科基础知识、专业理论知识、专业实践知识,设计基于职业岗位能力培养的学科知识课程、技术培育课程、技能训练课程和综合应用课程统一的课程体系,实现课程链、能力链、产业链的"三对接",在学科知识学习的同时,提升职业岗位能力,兼顾职业迁移能力、职业创新能力,服务行业产业发展。第三,体现技术技能培育的实效性与先进性。一方面,课程设置的实效性,即课程设置要围绕行业企业生产过程及岗位标准,以职业岗位能力、工作任务与职业技能标准为教学内容设置课程。另一方面,要以行业企业最新的生产技术(工艺、装备)为教学内容设置课程,以体现课程对人才培养的先进性。第四,专业能力培养与可持续发展能力一致。要根据社会需求、学生个性和职业趋势,设置跨学科的、综合性课程,有利于促进人才的多元化能力培养与可持续发展能力培养。第五,推进人文教育融入专业教育。积极促进人文素养教育与科学知识教育的有机融合,在专业课程教学全过程融入人文素养教育。专业教育课程体系设计框架如图6-1所示。

"山"字型人才培养模式专业教育的课程体系是基础文理课程、专业基础课程、专业核心课程、专业技术课程、行业实践课程、跨学科课程、综合应用课程的融合与统一。课程结构体现相互关联、上下衔接、交互递进的特征,按照知识与能力形成规律和教育教学规律,合理组合,统筹安排。从课程时间序列上看,其安排呈现出多线程反复交互递进。多类别课程交叉进行,既使得理论知识可以在实践中得到验证,又可以使专业技术知识与专业实践知识在基础理论中表达,甚至系统化和抽象化。从课程比例上看,理论与实践同等重要,不因应用型人才培养而忽视理论、强调实践,也不以培养学术型人才为目的而追求学科理论知识体系的系统性,而是在理论与实践之间反复交融、并行发展。

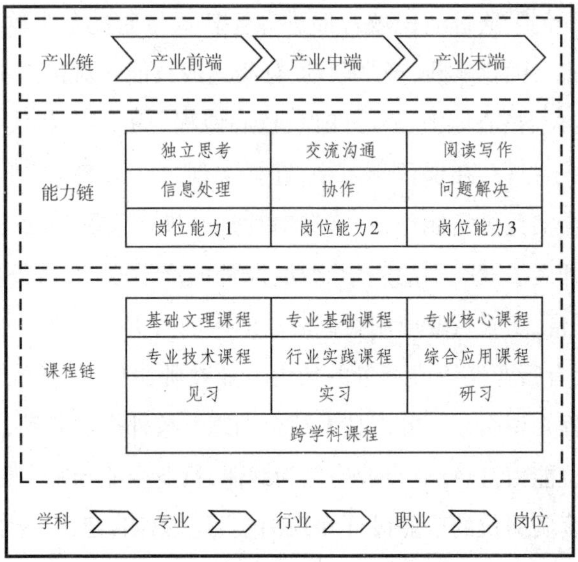

产业链	产业前端	产业中端	产业末端
能力链	独立思考	交流沟通	阅读写作
	信息处理	协作	问题解决
	岗位能力1	岗位能力2	岗位能力3
课程链	基础文理课程	专业基础课程	专业核心课程
	专业技术课程	行业实践课程	综合应用课程
	见习	实习	研习
	跨学科课程		

学科 ➤ 专业 ➤ 行业 ➤ 职业 ➤ 岗位

图 6-1 专业教育课程体系设计框架

(二)探索通专互融、产学联动、兼顾双创的课程教学范式

课程是人才培养的最后一公里,专业教育理念和专业人才培养目标的达成源于一门门课程目标的实现。基于 OBE 理念,促进课程教学在专业理念和专业人才培养目标达成和持续改进思路下实施。面向学术和职业两维度,贯通基础、专业和创新创业三层次,设置多样化的实践课程,按课程类别分模块达成人才培养目标,从课程到课程群,不断强化"通专互融、产学联动、兼顾双创"的课程教学范式。

第一,围绕目标,明确课程——能力达成矩阵。以专业人才培养目标为出发点,细化毕业生的人格品质、专业知识、技术技能要求,根据毕业要求明确课程体系中每门课程或每个教学环节的目标和作用,建立课程与人才培养目标要求及能力达成的映射矩阵,切实将各门课程所承担的知识和能力的培养要求落到实处。第二,双向切入,通识贯穿专业,专业提质通识。一方面,通识贯穿专业课程教学全过程,利用通识课程基础的、普适性的知识来促进专业知识的学习,其实质是把理性主义作为解决问题的基础。另一方面,从专业课程学习中切入通识课程学习,即运用专业课程的知识、视角来分析通识课程的问题。双向切入的模式体现了课程层面的互促机理,开创了通过通识教育促进专业教育与通过专业教育达成通识教育目的的道路。第三,强化实践,产学联动,分级达成技能。对接岗位需求,强化实践技能,以"核心岗位、核心能力、核心知识、核心课程"为主线,将实践技能目标分解为分层次递进的子目标,在课程学习中,穿插实训、见习、实习、研习、服务学习、创新创业训练、社会实践等实践环节,有针对性地开展产学联动,交互递进式达成目标。在实践中,开展了三类别的产学联动:课程内产学联动,由校内行业背景教师依托校内实践平台,实施行业应用案例驱动的课程内实践教学。校内外产学联动,由企业导师与具有行业经历或背景的校内专业教师协作,依托校内外产学实践平台,开展多门课程知识引领下的多技术综合训练。校外产学联动,面向真实岗位训练,培养适应岗位能力,以行业企业岗位为载体,行业企业导师主导,实施基于行业企业真实项目、真实岗位的毕业设计和顶岗实习。第四,建设"七性"课程,在专业教育全过程兼顾创新创业。专业教育嵌入创新创业教育,其意义在于突破传统专门人才培养的思维定势,适应行业企业发展的需求,着力于创新精神与创业意识并举,技术创新与创业实践兼顾。在教学内容方面,注重知识的广、深、新,体现"丰富性""思辨性""研究性""前沿性""实用性",在素养方面强调创新精神培养,体现"教育性"。具体操作上,将创新创业教育贯穿于课程学习过程。在教学内容设计中,注重引入最新科技成果或从教师科研课题中提炼项目或广泛吸纳面向产业的技术创新案例,同时通过加强学科竞赛、创业大赛、创新创业训练等方式,切实加强学科与学科、学科与实践的交叉融合,以专业学习架设起"创新"与"创业"的桥梁,加强创新理论与创新方法的教育,培养批判性思维和创造性思维。第五,变革教与学,引导学生深度学习,促进认知发展与迁移。专业教育绝不是只停留在培养特定的职业能力,更应注重促进学习者认知发展与迁移,变革教与学的方法尤其重要。深度学习是触及知识本质、促进学习者知识与能力迁移的学习方式。课程教学中,教师对知识进行意义理解、形式加工,将其转化为揭示知识本质的问题、任务和项目,设计引导学生深度参与、深度反思、深度重构的学习活动,在深度学习中促进知识与能力的迁移①。

---

① 龚静,侯长林,张新婷.深度学习的生发逻辑、教学模型与实践路径[J].现代远程教育研究,2020(5):45－51.

第三节 "山"字型人才培养模式专业教育的教学改革

一、推进"七性"课堂教学改革[①]

如何抓本科的课堂教学？陈宝生部长说得好，就是要"真正把'水课'变成有深度、有难度、有挑战度的'金课'。"[②]只要"水课"都变成了"金课"，何愁本科教育变不成一流？那么，如何打造应用型高校的"金课"？应用型高校尤其是正在朝应用方向转型发展的新建本科高校，由于升本时间短，积累积淀少，相对于研究型高校而言，其"水课"存在的面积更大，只不过其"水课"产生的根源主要不是教师精力投入不足而是不知道何为大学"金课"，及其教师本身的教学水平等问题。铜仁学院作为应用型的新建本科高校，课堂教学要想把"水课"变成"金课"，至少要体现"七性"，即教育性、实用性、丰富性、前沿性、思辨性、研究性和艺术性。

（一）教育性

由于升本时间短，铜仁学院课堂教学在一定程度上存在重知识或技术的传授、轻教育的问题。要解决这个问题，就需要增强教学的教育性，形成教学全方位育人的格局。德国教育家赫尔巴特指出，"我不承认有任何'无教育的教学'"[③]，即教学的教育性是一种客观存在。苏联休金娜则进一步指出，"教学的教育性是一种在任何时代和任何条件下都会表现出来的客观规律性"[④]，这就是说，教学的教育性不

---

① 侯长林.应用型高校金课建设研究[M].北京:科学出版社,2020:1-17.

② 教育部部长陈宝生在新时代全国高等学校本科教育工作会议上的讲话[EB/OL].[2018-10-17]http://xxgc.dlu.edu.cn/info/1049/1409.htm.

③ 张焕庭.西方资产阶级教育论著选[M].北京:人民教育出版社,1964:257.

④ [苏]休金娜.中小学教育学[M].华东师范大学比较教育研究所译.北京:人民教育出版社,1984:322.

仅客观存在,而且是我们必须遵循的教学规律。教学的教育性既然是我们必须遵循的教学规律,当然也是应用型高校教学的基本规律。因此,作为应用转型的地方本科高校,铜仁学院重视教学的教育性也就成了必然的价值选择和应有的行为导向。高素质应用型人才要能够适应并很好地服务社会,除了需要掌握其社会岗位必须具备的相关知识或技术外,首先需要学会做一个合格的社会人。要成为合格的社会人,就需要强化教学的教育性。虽然教学的教育性内涵十分丰富,包含的内容很多、很广,但思想政治教育始终是主体,因此,实施思想政治教育的思政课程和课程思政就是教学教育性的重要体现。增强课堂教学体现教育性的策略有以下几点:一是做好提升课堂教学教育性的统筹规划;二是制定课堂教学教育性的标准;三是提升其他公共课和专业课教师育人的意识与能力。增强教学的教育性,教师是关键。教师的问题解决不了,就等于空谈。再好的设想,都需要教师去完成,因此教师育人的意识和能力都需要提升。

(二)实用性

应用型高校的课堂教学之所以要体现实用性,是由应用型高校的基本性质决定的。世界高等教育发展到 1904 年范海斯担任美国威斯康辛大学校长时期,随着"为州服务"办学理念的提出,大学社会服务的职能应运而生。应用型高校的根本、共同的属性就是应用性,即应用型高校的基本性质是应用的,要服务社会必然要培养应用型人才、建设应用性学科、打造应用型文化等等。尽管应用型高校的应用性体现在学校的方方面面,但是最根本的还是要通过对应用型人才的培养来实现其应用性。而应用型人才培养的主渠道就是课堂教学。如果作为人才培养主渠道的课堂教学所讲授的知识不实用,这样的高校也就不能称其为应用型高校。因此,在课堂教学中体现实用性,是应用型高校首要的也是最基本的要求。

我国正在朝应用型方向转型发展的本科高校在应用型课程建设方面已经做了很多有益的探索。日本、新加坡等国家都非常重视大学课程设置的实用性,认为实用性才能使高等教育更好地服务社会。我们认为,传授实用性知识不是一般应用型高校的独特要求,研究型高校也同样如此,比如澳大利亚堪培拉大学副校长李荣誉在接受我国青年报记者采访时非常肯定地说道:"一流大学所传授的知识必须有实用性;所培训的技能必须有实用性"①。世界一流大学尚且如此,一般应用型高校更应该加强应用型课程建设,努力在课堂教学中体现实用性。

(三)丰富性

大学与中小学相比,知识的丰富性是其重要特征。德国哲学家、教育家雅斯贝尔斯说得好:大学是"知识的宇宙"②。我们知道,"宇宙"是无边无际、无始无终的,将大学比作"知识的宇宙",其意义就是指大学虽然是有围墙的,但是其中所包含的知识既是无边无际的,比如陆地的知识、海洋的知识、天空的知识甚至整个宇宙的知识,也是无始无终的,比如古代的知识、近代的知识、现代的知识,乃至未来的知识等,无所不包。总之,只要是知识都可以纳入大学并融入大学知识的整体之中。由此可见,大学的知识是丰富的、多姿多彩的,应用型高校在知识的拥有方面虽然不能与研究型大学比,但是应用型高校也属于大学的范畴,知识的丰富性同样是其重要的特征,只是更加偏重于应用性知识及技术罢了。

英国高等教育理论家纽曼在他的《大学的理想》一书的开篇演讲中就指出,大学"是一个传授普遍知识的地方"③。也就是说,大学不仅是一个知识贮存丰富的地方,还是一个以传授普遍知识为己任的地方。在信息闭塞的年代,教师仅仅围绕课本进行教学,信息量少,尚能应付,但是在历史已经发展到高度信息化的今天,学生能够通过各种渠道很便捷地获取有关课堂教学内容的大量信息,若教师还只是照本宣科,学生不玩手机、不打瞌睡才怪呢!当代大学生对课堂学习的积极性不够,诚然有学生自身的原因,但是根源在教师,在于教师课堂教学的"水分"太多。因此,为了提高课堂教学的吸引力,教师必须尽可能增大课堂教学的信息量,尤其是增加学生不易查找到的信息。所以,课堂教学内容的选择应该是"以若干本教材作参考,在学科的范围内纵横驰骋,编写讲义进行教学"④,才能体现课堂教学内容的丰富性。

---

① 范彦萍.一流大学传授的知识要有实用性[N].青年报,2016-04-15.
② [德]卡尔·雅斯贝尔斯.大学之理念[M].邱立波,译.上海:世纪出版集团,上海人民出版社,2007:3,121.
③ [英]约翰·亨利·纽曼.大学的理想(节本)[M].徐辉,等,译.杭州:浙江教育出版社,2001:1.
④ 侯长林.走向大学深处[M].湘潭:湘潭大学出版社,2016:40.

（四）前沿性

作为应用型高校课堂教学仅仅体现知识的丰富性还不够,还要体现前沿性。因为高校是追求真理、研究高深学问的地方,其"'高深'不仅体现在知识的专业性层面,而且反映在知识的前沿性方面"[1]。同时,高校更是培养创新型人才的摇篮。应用型高校同研究型高校一样都要培养创新型人才,其差异在于研究型高校重在培养理论型创新型人才,应用型高校重在培养应用型创新型人才。不管是理论型创新型人才的培养,还是应用型创新型人才的培养,都需要在课堂教学中传授相关学科前沿性的知识,并且应用型高校都有责任建立确保教师能够将各专业学科的前沿知识成果纳入课程内容中的制度和机制,以此"展现当前社会、科技发展的面貌,使培养的人才始终处在社会和科技发展的最前列"[2]。

要在课堂上传授前沿性的知识,就需要教师经常阅读相关学科前沿性的文献资料,并不断将其添加到自己的讲义中去。一本讲义讲一辈子的时代已经过去,甚至一本讲义一年不更新就已经落后。所以,优秀的教师一般是不使用已经出版的教材,而使用不断更新的讲义。新加坡南洋理工学院不允许教师使用已经出版的教材,每一个走上讲台的教师都必须自己编写讲义。因为只有使用不断更新的讲义,才能保证教师不断传授前沿性的知识。因此,教师应该尽可能选用自己开发的教材,尤其是一些应用学科其技术性知识在当今时代可谓日新月异。关注新技术已经成为应用型高校教师的职责和使命。

（五）思辨性

虽然中小学的课堂教学也要对学生进行思辨性思维能力的训练,但不是其课堂教学的主要任务,然而大学课堂教学则不同,可以说不管何种类型的大学,包括应用型高校,其课堂教学都需要强化学生思辨性思维能力的训练。所谓思辨,顾名思义,就是指思考与辨别。思考是基础和前提,辨别是在思考基础上进行的,是思考后的反思,以及反思后的思考,其中包含接受与批判两个方面,并且批判所占的

① 田小军.大学生学习投入视角下的高校课程质量问题研究[D].西南大学,2016:38.
② 田小军.大学生学习投入视角下的高校课程质量问题研究[D].西南大学,2016:38.

比重较大,因而有学者也就把思辨性思维看成是批判性思维。当然,批判性思维不完全等同于思辨性思维,但是批判性思维是思辨性思维的主要方面。所以,培养学生的思辨性思维首先还是要抓好批判性思维的培养和训练。1998 年,联合国教科文组织在《21 世纪的高等教育:观念与行动》的报告中就已经明确提出:"高校必须培养学生能够批判性思考和分析社会问题,寻求问题解决方案"①。培养学生批判性思维的理念在美国已经根深蒂固,每一所大学都非常重视学生批判性思维能力的培养。斯坦福大学还"开设专门的批判性思维能力课程——有效思考,并且在各学科教学过程中强化批判性思维训练"②。欧洲等国家的高等教育界也非常重视学生批判性思维能力的培养。德国的马丁·布伯认为,教师"最有价值的教学绝非使学生通过机械式的方式积累知识,而是使个体形成建设性的批判思维"③。

我国对批判性思维的研究起步较晚,直到在 20 世纪末至 21 世纪初才开始有关于这方面的论文出现,并且其内容多是对西方思辨能力理论和实践的介绍。不过,近年来,大学生思辨能力的培养在我国教育界开始引起人们的重视和关注。可能有人会产生这样的疑问:应用型高校需要培养这种批判性思维能力吗? 批判性思维能力不是研究型高校的"专利",恰恰相反,应用型高校还要加强对学生批判性思维能力的培养。因为一个没有批判性思维能力的应用型人才不可能成为一流的应用型人才。也就是说,一流的应用型人才一定是具有一定批判性思维能力的人。因此,铜仁学院要想打造"金课",其课堂教学一定要努力体现思辨性、批判性。这是应用型高校课堂教学的基本要求。

(六)研究性

大学课堂之大,要体现对高深学问的传授。不传授高深学问还叫什么大学课堂? 而高深学问的传授是建立在对高深学问研究的基础之上的,即连何谓高深学问都不知道,哪来高深学问传授给学生? 因此,大学课堂教学的重要特征之一就是

---

① United Nations Educational, Scientific and Cultural Organization. Higher Education in the Twenty – First Century: Vision and Action [EB/OL]. [2017 – 10 – 27]. http://www. unesco. org/education/educprog/wche/declaration __eng. htm.

② 刘学东,袁靖宇. 美国大学生批判性思维能力培养研究——以斯坦福大学为例[J]. 高教探索,2018(9):44 – 50.

③ 米靖. 马丁·布伯对话教学思想探析[J]. 外国教育研究,2003(2):25 – 29.

高度和深度。应用型高校同样如此。教学作为学术活动,最重要的是要"使教学工作对于教师而言,具有与科研同等性质的活动,一种指向于未知的探究活动。这种活动,简言之,就是使教学上升为教研,上升为科研"①。这是大学课堂教学体现研究性的首要任务。博耶在其《学术反思:教授工作的重点》一书中曾经建议将学术分为研究学术、整合学术、应用学术与教学学术四种相对独立但又相互交叉联系的学术形式②。既然课堂教学本身就属于学术的范畴,理当引起应用型高校教师的高度重视并将其列为提高课堂教学学术性的首选工作。

课堂教学体现研究性的另一个重要方式就是提倡教师要进行与课程所涉及的专业领域有关的科学研究。不进行与课程所涉及的专业领域有关的科学研究,要想把大学课堂教学工作做好,要想成为一个优秀的大学教师,那是不可能的。雅斯贝尔斯说得好,"没有人能够不亲身参与到科学研究中去而能真正在大学里面教育好学生"③。所以他认为,优秀的应用型高校教师应该同时是一个优秀的研究者,"只有自己从事研究的人才有东西教别人,而一般的教书匠只能传授僵硬的东西"④。也许有人会问:应用型高校的课堂教学也应该体现研究性吗?回答是肯定的。应用型高校也是高校,也要"从事社会发展与科技应用等方面的研究"⑤。

应用转型的高校不论是技术类还是综合类,也不论是以什么学科为主,科学研究都是其重要的工作,如果放弃科学研究,其学术根基就会动摇甚至漂移。一个没有学术根基的大学还谈什么高深的课堂教学?我们知道,学科建设及科学研究是大学的根本,其实这些也是应用型高校的根本⑥。

(七)艺术性

应用型高校课堂教学要体现艺术性,教学既是科学也是艺术。但遗憾的是,关

---

① 刘振天.教学与科研内在属性差异及高校回归教学本位之可能[J].中国高教研究,2017(6):18-25.
② 何晓雷.博耶的教学学术思想:内容、影响与局限[J].高教探索,2018(9):60-65.
③ [德]卡尔·雅斯贝尔斯.大学之理念[M].邱立波,译.上海:世纪出版集团,上海人民出版社,2007:3,12,121.
④ [德]卡尔·雅斯贝尔斯.什么是教育[M].邹进,译.北京:三联书店,1991:40,152.
⑤ 教育部关于"十三五"时期高等学校设置工作的意见[EB/OL].[2018-10-17]http://www.moe.gov.cn/srcsite/A03/s181/201702/t20170217__296529.html.
⑥ 侯长林,陈昌芸.应用转型是在坚守大学根本前提下的转型[J].教育发展研究,2018,38(17):6-14.

于教学艺术的讨论主要集中在中小学,而应用型高校对增强课堂教学艺术性普遍重视不够。在西方,对课堂教学艺术的研究有着悠久的历史。其源头可以追溯到古希腊时期苏格拉底的"助产术"。但是最先使用"教学艺术"一词的则是德国教育家和教学法革新家拉特克。他曾在培根思想影响下"发现了根据天性而实施的教学艺术"①,创建了他的关于教学原理的理论。我国对教学艺术虽然可以追溯到《学记》,但是在学理上,教学艺术并没有成为一个自觉的理论范畴,因而关于教学艺术的研究只能从近现代算起。教学艺术特征主要包括创造性、审美性和情感性。因此,所谓教学艺术就是指在教学过程中所体现出的具有创造性、审美性和情感性的教学活动。没有创造性的教学不是艺术,但仅仅具有创造性,没有审美追求和情感参与的,也算不上艺术。所以,真正的教学艺术应该是指创造性、审美性和情感性三方面都有所体现并有机结合的课堂教学活动。增强应用型高校课堂教学艺术性的策略有下面几点:一是提高课堂教学艺术的认识;二是处理好课堂教学科学性与艺术性的关系;三是加强课堂教学艺术性的研究。

二、促进学生深度学习能力发展的"教"与"学"改革

(一)现实窘迫:课堂教学不够"深刻"的现实

作为年轻的本科高校,纵使在推进学生中心的教育教学改革中做了系列探讨,"教师中心、教材中心、课堂中心"的"老三中心"教学范式在铜仁学院课堂教学中仍占主流。教师隐喻为"教的工具",按照预设的程序和模式将知识"传授"给学生;学生异化为"学的工具",仅记忆和浅层次地理解知识。这种教学忽视了学生的学习需求和困惑,主要目标是传输知识和训练技能,更多的是考核记忆能力,而非应用、分析、解决问题的能力。纵使部分教师在教学中尝试"以学生发展为中心、以学生学习为中心、以学习效果为中心"的"新三中心"教学改革,探索翻转课堂、混合式课堂等教学模式,但由于课堂教学的"复杂性"特征,课堂教学不够"深刻"、学习停留在低阶层次,仍是普遍的现实。

---

① [英]伊丽莎白·劳伦斯.现代教育的起探和发展[M].纪晓林,译.北京:北京语言学院出版社,1992:69.

分析其存在的原因，一是教师教学技术无法支持新教学理念。新教学理念的目标是促进高阶学习，激发学生在学习过程中发展理解、应用、分析、评价、创造高阶学习能力，课堂教学的核心变成了如何促进学生使用旧知来支持新知习得及拓展思维，教师从知识传授，转换为引导者、学习同伴、监督者，教师学科知识的宽度、深度及系统性是基础，教师教学知识及高超的教学技巧、策略和技能是关键。事实上，极大多数教师在学科知识和教学技能层面还不合格，推进新教学改革，教师仅能做到形式上的示范，无法深入到教学活动的内涵，学案编制、微课制作、课堂教学设计、课堂的互动等不尽人意，教师的低水平点拨和启发无法引起学生深度思考。二是学生主动参与教学改革的倾向性不够。大学课堂有"沉默、问答、对话、质疑和辩论"五重境界①。在质疑和辩论中思考，在思考中学习，充满质疑和辩论的课堂是高境界的，能够有效促进学生深刻理解、融会贯通、从现象到本质。然而，我们的学生上课不做笔记，而且异常沉默，学习兴趣和积极性不高，学习主动性不强；学生和老师交流少，互动几乎没有；学生没有完全掌握课堂内容，创新、批判思维等关键能力没有得到提升②。在探索翻转课堂、混合式课堂等新教学改革的过程中发现，学生在课前和课后的时间投入较少，"先学""后学"几乎没有发生，学生花在任务上的时间没有增加甚至还有减少。

（二）理论探索：深度学习"深"在何处

1. 深度学习的概念

早在 1956 年，布鲁姆提出的"布鲁姆认知分类模型"就蕴含了深度学习的思想。按认知发展水平，教学目标被分为记忆、理解、应用、分析、评价、创造六个由浅入深的层次③。停留在记忆、理解、应用的层次为浅层学习，涉及机械记忆、简单理解等低阶认知活动，认知能力较高的分析、评价、创造涉及思辨、问题解决、创造等高阶认知活动，属于深层学习。深度学习概念由美国学者 Ference Marton 和 Roger

---

① 李志义.“水课”与“金课”之我见[J]. 中国大学教学,2018(12):24 - 29.
② 陈凡. 以学生为中心的教学何以可能——基于 51 所大学本科课堂现状的实证研究[J]. 高等教育研究,201738(10):75 - 82.
③ [美]洛林·W·安德森,等. 布卢姆教育目标分类学(修订版)[M]. 蒋小平,译. 北京:外语教学与研究出版社. 2009:78 - 80.

Saljc 在 1976 年正式提出①。

国内外的研究者对深度学习的研究集中在深度学习的学习方式、学习过程、学习结果三个维度。从学习方式视角,Biggs 指出,深度学习与浅层学习相比较,表征了高水平或主动的认知加工过程,而非简单记忆或机械记忆②。从学习过程视角,美国国家研究委员会认为,深度学习是知识应用从一种情境迁移到另一种情境的过程;从学习结果视角,段金菊、余胜泉指出,深度学习以高阶思维能力培养为目标,学习过程强调反思与元认知,在多层次学习过程中促进认知投入及高阶思维能力培养③④。

2. 深度学习的"深度"

尽管表述不同,深度学习的概念都指向了"知识"和"学习"两个要素,剖析关于知识学习的目标和过程的问题。深度学习与浅层学习的本质区别在于学习的过程⑤,而不是学习的结果,学生对知识学习的深刻程度决定了其学习结果的差异性。深度学习之"深",与"浅"对应,深度学习不是知识学习程度的"深"与"浅",而是知识学习性质的"深"与"浅"。深度学习之"深"体现在学生学习过程的深度,以及教师教学过程的深度。

(1)知识学习之"深"

深度学习过程强调深度理解、批判性学习、利用旧知识创造新知识、做出决策和解决问题、发展认知结构等,相比浅层学习,深度学习者在元认知能力、迁移能力、问题解决能力等方面的状态、过程、水平的表征有明显差异。

其一,"深"在元认知能力。元认知是学生对自己的认知加工过程的自我觉察、自我反省、自我评价与自我调节,既是知识实体,也是认知过程。学习是理解知

---

① Marton F, Säljö R (1976). On Qualitative Differences in Learning:I—Outcome and Process[J]. British Journal of Educational Psychology,(46):4 – 11.

② Biggs JB(1979). Individual differences in the study process and the quality of learning outcomes[J]. Higher Education,(8):381 – 394.

③ 余胜泉,段金菊,崔京菁(2013).基于学习元的双螺旋深度学习模型[J].现代远程教育研究,(4):39 – 40.

④ 段金菊,余胜泉(2013).学习科学视域下的 e – Learning 深度学习研究[J].远程教育杂志,(4):43 – 51.

⑤ 陈凡.以学生为中心的教学何以可能——基于51所大学本科课堂现状的实证研究[J].高等教育研究,2017,38(10):75 – 82.

识、联结知识、应用知识和创造知识,学习过程中涉及感知、记忆、加工、分析、比较、假设、提问、思维、决策、创造等认知活动,学生对自己的各种认知活动进行积极的监控和调节,自觉反思与自我控制能提高学习效果。另外,动机与情绪是保证学习成功的关键,"学会"让大脑产生兴奋,大脑会奖励"学会",进而激发学习积极性,这是学霸的奥秘。对学生而言,能够对学习任务进行估计、觉察到任务完成带来的自身满足的需要,便能够使用元认知和意志策略投入深层次学习。

其二,"深"在迁移能力。深度学习的"深"体现在学生知识迁移的能力。学习是在原有知识和经验的基础上进行知识建构和意义制定的过程,而不是知识的接受和吸收的过程,所有的学习都包括来自以往经验的迁移,迁移能力是深度学习的一个重要标志。影响成功迁移的首要因素是原学习的水平,学科知识掌握程度较低,迁移是不会发生的,原学科知识掌握的数量与质量是专业知识发展和知识迁移的关键;迁移还受理解性学习程度的影响,花在学习上的时间,对探究基本概念、生成与其他已有信息的联系、进行信息整合、进而学会理解是有必要的,理解力对于迁移来说十分重要;将问题在更一般的抽象层面表征,可以促进学生思维可视化,进而增加迁移的可能性;另外,激发动机、持续反馈、自我监控、主动评估也是促进迁移的重要因素。

其三,"深"在问题解决能力。问题解决能力是深度学习结果的重要表征,其能力的高低体现在问题解决过程中系列有目标指向的认知操作过程,可以通过对比专家与新手解决问题的差异进行洞悉。专家与新手之间的差异不仅仅在记忆、智力、策略应用方面,还在于专家比新手更有可能识别有意义的信息模式、能够识别新手注意不到的信息特征和有意义的信息模式;专家组织知识,不是罗列事实、概念及公式,而是围绕核心概念进行拓展,并以相对不费力的方式提取相关知识;专家根据解决问题的原理对问题进行梳理,在更广、更深的层面思索各种可能,新手则根据表面特征对问题进行归类。如果教学内容亦按照专家组织知识的方式重构,便能呈现合理的解释和深度的解读,而非仅触及一些表面性的事实知识。问题解决的思维活动和方法体现了深入分析、思考问题的深刻性、灵活性、独创性、批判性和敏捷性,也体现了深度学习之"深"。

(2)知识教学之"深"

教与学不是对立关系,而是相依相生的关系。艾根注重深度教学与深度学习的关联性、一致性的研究①。深度教学不是无限增加知识难度和知识量,而是注重学生知识、能力、素质的发展。

其一,"深"在教育性。哲学认识论认为,"知识产生于实践,且经过实践检验,是人类认识客观世界的结果"②。知识既是人类认识客观世界的结果,也为人类提供了理解世界最普遍的世界观和方法论。从教育的角度看,学生学习知识既要获得知识的符号意义,更要获得符号所隐含的全部思想、价值,知识应赋予学生"成长意义"。知识学习的过程既是将前人的认识变为自己的认识,构建相应的学科知识结构,从而辨认相应的事物,解决有关的问题,更是通过前人的认识成果来认识世界,建立世界观、处世哲学、思维方式方法。因此,知识教学之"深"要超越知识传授的育人教育,充分挖掘知识所隐含的特定思想、思维方式和价值观念,并促进学生思维方式、价值观念等方面的精神发展。

其二,"深"在引导性。真正意义上的深度学习强调学生积极参与学习和自我构建知识,学生是主体,教师从知识传授者转换为引导者、学习同伴、监督者,学生深度学习需要建立在教师深度教导、引导的基础之上,"授人以鱼不如授人以渔""教是为了不教"。对教师而言,引导学生对知识进行的层进式学习(知识内在结构的逐层深化的学习)和沉浸式学习(对学习过程的深刻参与和学习投入),设计难度适中的学习任务和有意义的学习任务,以及多样有趣的驱动问题,以保证学习任务的可行性,把学生带入发展区,而非恐怖区。实践中,教师通过搭建有效的"脚手架"并提供线索,告诉学生已经掌握的相关知识,引导学生基于旧知探索新知,建构对学科知识的连贯把握和广泛理解;同时,深度了解所教学科中的知识结构,构建学科认知地图、设计作业、评价学生学习状态、提供学习反馈和学习支持。这正是教师学科知识和教学法知识相互作用的结果。

(三)模型构建:深度学习能力发展模型③

深度学习从学的角度追求深度理解、批判性学习、知识迁移、问题解决与创新;

① Kieran Egan. (2010). Learning in Depth: A Simple Innovation That Can Transform Schooling. London [M]. Ontario: The Althouse Press, 148 – 149.

② 中国大百科全书. 哲学Ⅱ[M]. 北京:中国大百科全书出版社,1987:1169.

③ 龚静,侯长林,张新婷. 深度学习的生发逻辑、教学模型与实践路径[J]. 现代远程教育研究,2020 (5):45 –51.

从教的角度则以注重学生知识、能力、素质的发展为核心任务,而非无限地传授知识。深度学习的发生必然体现于知识系统、教学系统、学习系统、认知系统间诸多教与学相关要素的动态转换。具体而言,深度学习借助教学系统、学习系统将知识系统内化为认知系统,而教学逻辑和学习逻辑间的交互则是促进静态知识转化为动态认知和技能的内生机制。更进一步来说,依托教学逻辑,事实性、概念性、符号性的学科知识,经教师的组织和重构转化为承载教育意义的情境知识;依托学习逻辑,学生通过对知识的加工、应用和创造,获得知识所内隐的思想、价值和意义;依托认知逻辑,在教与学的有效融合、动态交互和反复迭代中,促进学生的知识迁移和认知迁移。可见,深度学习的发生取决于知识逻辑、教学逻辑、学习逻辑、认知逻辑间的有序和有效转化,而教与学中相关要素动态转化是深度学习的关键。

在辨析深度学习的生发逻辑基础之上,以知识、教学、学习和认知间的逻辑转化为脉络,提出了能够反映深度学习中教学活动、学习活动、知识迁移和认知迁移间内在联系的多要素动态自适应教学模型,如图 6-2 所示。在该模型中,深度学习是一个螺旋式上升的多阶段过程,其中每个阶段可包括接受式学习、参与式学习、迁移式学习三个子阶段。在接受式学习阶段,记忆陈述性知识是主要的学习行为。知识积累越丰富,知识的联结和炼制就更容易发生。与浅层次学习不同的是,深度学习中的知识记忆与累积更加关注其广度、深度和关联度。在参与式学习阶段,对知识进行深度编辑和加工是主要的学习行为。学习者需要对知识进行联结,将零散的知识通过"从点到线、从线到面、从线到网"的关联形成知识体系,进而在思考、质疑、争论中实现对知识的解构、炼制和创新。在迁移式学习阶段,情景化的知识应用是主要的学习行为。学习者在已习得的知识体系与认知图式基础上,将其应用于新的情境中,形成新的认知技能(即程序性知识),从而实现知识和认知的迁移,促进高阶知能的发展。

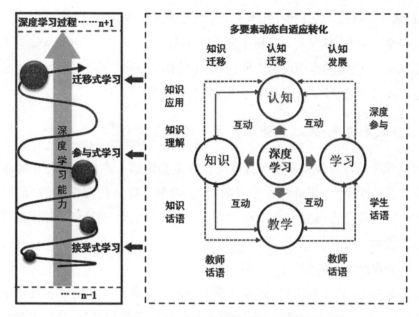

图6－2 面向深度学习的多要素动态自适应教学模型

在该模型中,为上述三种学习方式提供支撑的是教与学中多个要素的互动与融合,其具体体现为知识、教学、学习和认知之间的逻辑转化。一是知识与教学的逻辑转化。由于知识多以概念、原理、定理等抽象符号的形式呈现,其并不适合作为教学的直接内容,因此教师需要对知识进行教学化处理,对静态知识进行意义理解与形式加工,揭示知识产生与发展的过程,进而使知识话语体系转化为教师话语体系。二是教学与学习的逻辑转化。教学活动与学习活动之间的互动是教学逻辑向学习逻辑转化的阶梯,也体现为教师话语体系向学生话语体系的转化。在教学活动方面,需要诊断学习的起点,设置能够激活学生参与、激发深度认知加工、促进高阶能力发展的学习活动,在引导、交互、评价与反馈等教学活动中推进学习。在学习活动方面,强调学生通过全身心的参与,从而引发元认知体验和知识迁移。三是学习与认知的逻辑转化。学习活动伴随着认知发展的全过程,深度学习强调通过支持深度参与、深度反思、深度重构的学习活动来促进高阶知能的发展。认知发展的过程具有多线程和反复迭代的特征,多样化的学习活动对认知迁移的螺旋式促进体现了学习逻辑向认知逻辑的转化。四是知识与认知的逻辑转化。认知源于对陈述性知识的简单记忆,随着知识理解和应用的深入,静态的知识得以内化为动态的认知。当从知识到认识的内化反复发生,认知技能便在该过程中得到强化,知识迁移、认知迁移也随之发生,这体现了知识逻辑向认知逻辑的转化过程。

从接受式学习、参与式学习到迁移式学习,在知识、教学、学习和认知等系统的多要素互动中,教师的作用逐渐变弱,而学生的作用逐渐变强,进而要素间的互动得以逐渐实现动态自适应,深度学习便得以持续发生。

(四)教学实践:促进课堂深度学习的教学设计①

面向深度学习的多要素动态自适应教学模型的核心思想是教与学的相互适应。在教学实践中,为促进深度学习的发生,教师需要从把握学生的"最近发展区"出发,通过设计恰当的学习目标、学习内容和教学活动,帮助学生循序渐进地达成高阶知能的发展。

1.明确深度学习的"最近发展区"

维果斯基用"最近发展区"来描述学生的现有发展水平和潜在发展水平之间的差距,认为基于"最近发展区"确立教学目的、任务和组织教学,是促进学生发展的最佳教学。面向深度学习的"最近发展区"应当是无论学生自己怎么学都"够不着",但在教师的帮助下学生能"够得着"的发展水平②。深度的"教"应着眼于学生当前的"最近发展区",并为其进入"新的最近发展区"提供教学支持。因此,明确学生的"最近发展区"以及可能达到的"新的最近发展区",才是面向深度学习的教学设计的起点和依据。教师一方面可以设置有张力、有层级的问题,通过递进式的提问来检测学生的先前知识、认知结构和学习策略,进而判断出学生的"最近发展区";另一方面可以通过对话、观察、访谈等方式来及时把握学生可能进入的"新的最近发展区",以便对教学设计进行动态调整。

2.设置适切的深度学习目标

深度学习的目标在知识维度上注重知识的应用和创造,在认知维度上强调高阶知能的发展和迁移。然而,任何学习目标都是表层目标和深层目标的结合体,教师如果随意拔高学习目标或过于侧重针对低层目标的训练,都会加重学生的学习负担,致使全面的学习目标难以达成。对于深度学习而言,尤其应当避免在该深入

---

① 龚静,侯长林,张新婷.深度学习的生发逻辑、教学模型与实践路径[J].现代远程教育研究,2020
(5):45-51.
② 郭华.如何理解"深度学习"[J].四川师范大学学报(社会科学版),2020,47(1):89-95.

的地方浅尝辄止。制订深度学习目标既要考虑挑战性,也要考虑挑战提升的幅度,让学生清楚目标与现状间的差距,从而更好地维持学习动机并制定学习策略,最终完成学习任务。同时,将学习目标与学生的知识和认知水平差距控制在适当范围,也能够为教师的教学设计提供更为明确的指引,从而为学生的学习提供更加适切的支持。

3.重构揭示知识本质的学习内容

学科知识之间是存在关联的,其复杂的内在结构和发展脉络未必契合学生的认知水平,因而不加处理的原始呈现不利于学生的深度学习。合理地选择、重组、改造和活化知识是促进深度学习发生的关键。首先,应当根据学习目标剖析学习内容,在兼顾学科知识整体结构的同时,选择与学生的"最近发展区"和"新的最近发展区"相符的内容。接着,需要挖掘出前后、左右、上下知识之间,以及知识与学科之间的联结点,并基于这些联结点设计具有挑战的教学主题。最后,应当采用多模式、多类比、多角度、多案例的形式对知识序列进行组合和呈现,从而重构出能够触及知识本质的学习内容。其具体做法包括创设多种情景,让同一知识多次"进入",以促进对知识更为全面的理解和认识;设计多种变式,促进知识在非良构领域中的应用,进而揭示知识间的细微变化及其相互关联。

4.开展聚焦"迁移"的教学活动

面向深度学习的教学活动设计,需要在教学的各个环节充分考虑深度学习的特征,以启发式教学、问题式教学、高阶思维训练等为手段,设置一系列能够激发学生深层次认知加工的教学活动。这些教学活动应当以"问题解决"为导向,按照"是什么""怎么做""为什么"的时序推进,将发现、探究、反思等体现深度学习特征的学习活动穿插在课前、课中、课后等环节的教学中,通过反复迭代实现深度学习目标。

(1)课前导学:促进学生主动建构知识

在面向深度学习的教学活动安排中,常将"授课"环节以导学的形式置于课前,如果学生不能有效完成课前导学,课堂上的深度交互则会流于形式。可见深度学习始于有效的课前自主学习,而教师在课前的导学中应当注重激活学生的学习动机,帮助其联结旧知和构建新知。课前导学的学案质量决定着课前学习的深度。学案设计的核心是问题设计,要通过问题激发学生的学习兴趣,这就需要找准学生内生学习动力的起点并引起其注意。课前导学不应是随意"联结"学生的旧知,而是要"激活"学生的旧知与新知之间的联结,进而"唤醒"有效的学习。课前导学常通过在线学习的形式开展,其学习效果可以通过下载、浏览、交流等学习行为表征,因此教师可以基于对行为数据的分析把握学生课前学习的状态。

(2)课中研学:促进学生深度知识迁移

将"授课"环节前置到课前导学中,是为了在课堂上强化高层次的知识加工,这也意味着课堂教学会淡化对知识的传授。美国学者埃德加·戴尔的"经验之塔"理论指出,"听不如看,看不如做,做不如讲,讲不如辩"①。课中研学要以"问题解决"为主线,按照认知技能发展的规律灵活组织并有机融合讲授、探究、讨论、分享、反思、测试、评价等教学事件,实时调整"教"的方式和策略,引导学生实现高阶知能的发展和迁移。要实现这样的教学目标,有序的教学事件组织是关键。教学事件的有机融合并无固定时序,教师应当以课前导学的成果为起点设计研讨任务,为学生搭建进阶式的"脚手架",组织学生围绕"怎么做""为什么"等深层次的问题开展讨论和辩论。在此过程中,教师要动态诊断和评价学生的学习状态,及时给予其反馈并调整教学活动的节奏,动态重组教学事件并优化教学策略,帮助学生达成深度学习的目标。

(3)课后练学:促进学生创造性解决问题

相较浅层学习而言,面向深度学习的课后练学多针对劣构问题而非良构问题的解决。以深度学习为目标的课后练学强调反思和创造,其目的是通过知识的主动建构和深度迁移,提升学生解决综合性、创造性问题的能力,实现高阶知能的迁移。因此,课后练学要从真实问题出发,以创作作品、设计方案等为练学的成果,让学生在分析问题、设计论证、成果改进等学习活动中进一步内化知识,促进学生创造性问题解决能力的提升。教师在选择问题和设计任务时,要充分考虑学生的特点,将练学任务置于有意义的现实情境中,激发学生的有效参与、反思和创造。课后练学的主体是学生,其在学习过程中往往难以进行有效的自我觉察、自我反省、自我评价和自我调节,因此,教师可以通过设计和提供能实现自我监控的机制和工具,帮助学生改进学习策略。

---

① Dale E. A Truncated Section of the Cone of Experience[J]. Theory into Practice, 1970 (2):97 – 100.

第四节 "山"字型人才培养模式专业教育的实践探索

实践探索一：创新课堂质量标准，构建竞争性教学激励机制，建设"金课　银课"

一、改革背景

近年来，我国高等教育逐步进入大众化阶段，一方面，人民对于高等教育的需要与期待更多的是灵活、优质、个性化的教育；另一方面，高水平教师和创新团队不够，对教师评价"重科研，轻教学"，创新人才培养力度不够，高质量人才培养仍是"短板"。课程建设是提高人才培养质量的最后一公里，2018 年 6 月 21 日，全国高等学校本科教育工作会议召开，以及教育部相继出台的《关于加快建设高水平本科教育全面提高人才培养能力的意见》和《关于狠抓新时代全国高等教育本科教育工作会议精神落实的通知》文件，都明确提出淘汰"水课"，打造"金课"，合理提升学业挑战度，增加课程难度，拓展课程深度，切实提高课程教学质量。

对我校本科教学情况、现有 36 个招生专业以及所开设的 1300 门左右的课程进行调研，发现依然存在以下问题：一是教学管理队伍创新管理意识不够，既懂教学又懂管理的专家型管理者不够多；二是教师教学精力投入不足，重科研、轻教学，重教书、轻育人，重"量"轻"质"，教师教学素养不够高；三是课程质量有待提高，课程内容整合不够，优质课程数量少；四是教学模式单一，教学改革力度不够，以教为主的课堂教学模式仍然占主导地位。课程是人才培养的落脚点，课堂是教书育人的主要场所，为了进一步激励潜心教学，提升教师教学素养，改革教学模式，建设优质课程，提升课堂教学质量，学校从 2018 年启动"1235"教学行动计划，掀起了一场建设"金课　银课"的课程建设革命。

二、改革措施

(一)创新课堂教学质量标准

课堂教学改革和课程建设的关键是要有科学合理的评价指标体系,传统的课堂教学质量标准主要关注教学态度、教学准备、教学组织、教学内容、教学方法、教态、语言、板书、教学针对性、教学效果等方面,主要体现了教学规范性,这种课程评价导向难以适应新时代人才培养诉求。为适应新时代教育教学改革需求,突出学生中心,建设"高阶性、创新性、挑战度"的课程,以教育科学、学习科学为指导,从教育性、丰富性、思辨性、研究性、前沿性、应用性、艺术性七个维度进行探索,简称"七性"课堂教学质量标准,教师备课以及评课已全面使用"七性"课堂教学质量标准。《铜仁学院课堂教学质量评价标准》①,见表6-1。

表6-1 铜仁学院课堂教学质量标准

(一)课堂教学基本标准
1.教学态度:热爱教育事业,教师执教严谨,认真负责,为人师表,尊重学生,责任心强。
2.教学准备:遵循教学大纲,认真备课,教案规范;分析学生,掌握学生学情,梳理应掌握和培养的能力,从知识、能力、情感等角度明确教学目标。
3.教学组织:善于课堂管理,教学组织紧凑,教学活动生动有趣,能很好地与学生进行教学互动,创设良好的学习气氛,学生能全神贯注地认真学习。严格按教学进度表开展教学活动,按时上下课。
4.教学内容:教学内容应正确、充实、系统,深度适宜,符合教学大纲要求,并重视联系生产、社会和生活实际。
5.教学方法:教学方法充分体现学生中心地位,教师主导,学生主体,不满堂灌。教学方法应灵活多样,启发性强,能激发学生的求知欲,活跃课堂气氛,有利于实现教学目标,适合于教学内容和学生实际。
6.教态:教态自然大方,和蔼可亲;着装整洁、朴素;言谈举止端庄,为人师表,形象好。
7.语言:语言准确、简洁、流畅,使用普通话。

---

① 铜仁学院本科课堂教学质量标准,院政发〔2018〕303号,2018年12月3日.

8.板书:板书应布局合理,条理清楚,层次分明,内容简洁,重点突出,书写规范,图表准确、清楚。

9.教学针对性:能够根据课程特点和不同的学生状况因材施教,能够根据不同的教学内容选择不同的教学方法。

10.教学效果:教学效果好,注重对学生创新能力的培养。

(二)"七性"课堂标准

考核点	等级标准		
	金课	银课	水课
教育性	坚持立德树人,加强课程思政教育,有机融入思想政治教育元素。能结合教学内容,教育学生树立正确的世界观和人生观,加强职业道德教育,培养有理想、有道德、有家国情怀的社会主义接班人。课程思政教育内容占比达10%以上。	坚持立德树人,加强课程思政教育,有机融入思想政治教育元素。能结合教学内容,教育学生树立正确的世界观和人生观,加强职业道德教育,培养有理想、有道德、有家国情怀的社会主义接班人。课程思政教育内容占比达5%以上。	只教书,不育人。教学过程不能适时开展思想政治教育、职业道德教育,教学设计、教案内容、教学案例等未能明确体现课程思政的基本要素,课堂教学未能有效达成情感、态度、价值观的教学目标。
丰富性	1.教学内容信息量大:以1本主教材为蓝本,科学融入了大量相关性强的信息(参考书、参考文献、学习网站、教学案例、学习视频)辅助教学目标的达成,教学资源较丰富。能恰当融入跨学科知识点,多维度达成人才培养目标。 2.教学方式多样:能够实施"自主学习、协作学习、案例教学、项目教学、	1.教学内容信息量大:以1本主教材为蓝本,科学融入了大量相关性强的信息(参考书、参考文献、学习网站、教学案例、学习视频)辅助教学目标的达成,教学资源丰富。能融入跨学科知识点,多维度达成人才培养目标。 2.教学方式多样:能够实施"自主学习、协作学习、案例教学、项目教学、	1.教学内容局限于教材,未就课堂知识重点关联其他章节或其他学科知识。课堂讲授的内容信息量少,仅围绕教材对本堂课程的知识点进行简单再现。

MOOC 教学、翻转课堂、在线学习、智慧教学、混合式教学"等以学生为中心、培养学习能力的教学方式授课,至少灵活使用 2 种以上,其中至少 1 种信息化教学方式。 3. 考核方式多样:健全能力与知识并重的多元化考核评价方式,科学设计考核方式和内容,及时反馈考核结果。综合应用笔试、口试、随堂测试、作品设计、小论文、实验报告、非标准答案考试等多种形式。注重过程考核,严格过程考核管理,过程考核占比高。	MOOC 教学、翻转课堂、在线学习、智慧教学、混合式教学"等以学生为中心的、培养学习能力的教学方式授课,至少灵活使用 1 种以上。 3. 考核方式多样:健全能力与知识并重的多元化考核评价方式,科学设计考核方式和内容,及时反馈考核结果。能应用笔试、口试、随堂测试、作品设计、小论文、实验报告、非标准答案考试等多种形式。注重过程考核,严格过程考核管理,过程考核占比较高。	2. 教学方式单一,以教师为中心,满堂灌。 3. 考核形式单一,无法有效支撑过程考核。
思辨性	教师注重思辨性问题的设计和引导解疑。设计思辨性提问,启发学生思维,鼓励学生发现问题、提出问题,加强解疑、质疑问题能力,并引导学生摆脱权威与习惯的束缚,增强反思与批判意识。教案及教学中思辨性问题设计较多。一门课程体现学生思辨性能力培养的作业有多项。	教师注重思辨性问题的设计和引导解疑。设计思辨性提问,启发学生思维,鼓励学生发现问题、提出问题,加强解疑、质疑问题能力,并引导学生摆脱权威与习惯的束缚,增强反思与批判意识。教案及教学中有思辨性问题设计。一门课程有体现学生思辨性能力培养的作业。	不能根据课程内容科学设置合理问题引导学生主动思考和质疑,学生不能就课程内容自由平等地发表观点,并进行辩证。不能组织学生深入讨论课程内容涉及的相关结论、理论、规则、标准的形成依据。

研究性	在教学中使用自己或学校其他教师在科学研究、教学研究、社会服务等方面的研究成果较多。	在教学中使用自己或学校其他教师在科学研究、教学研究、社会服务等方面的研究成果。	教学中没有使用自己或学校其他教师在科学研究、教学研究、社会服务等方面的研究成果。
前沿性	课程内容新颖,注意知识更新,能吸纳学科新成果,关注学科新趋势,明晰本学科与邻近学科的关联。能将新知识、新技术、新方法、新工艺介绍给学生。前沿性教学内容占比较大。一门课程体现学生关注前沿性知识学习的作业有多个。	课程内容新颖,注意知识更新,能吸纳学科新成果,关注学科新趋势,明晰本学科与邻近学科的关联。能将新知识、新技术、新方法、新工艺介绍给学生。前沿性教学内容有一定占比。一门课程有体现学生关注前沿性知识学习的作业。	不关注学科知识前沿,教学内容陈旧,没有将新知识、新技术、新方法、新工艺介绍给学生。
实用性	重视传授实用性的技术、知识,占比大。以行业岗位能力为导向,梳理课程对应的能力要素,面向工作过程,重构课堂教学内容,培养专业实用能力。工作过程为导向重构课堂教学设计占比大。	重视传授实用性的技术、知识,占比较大。以行业岗位能力为导向,梳理课程对应的能力要素,面向工作过程,重构课堂教学内容,培养专业实用能力。工作过程为导向重构课堂教学设计占比较大。	教学内容理论过多,操作技能训练较少,缺乏对实用能力的培养。
艺术性	课堂教学中追求理性美、语言美、节奏美、互动美,灵活驾驭课堂,语言生动,具有教学魅力,体现教学艺术。大多数同学对教师评价优,非常喜欢课堂。	课堂教学中追求理性美、语言美、节奏美、互动美,灵活驾驭课堂,语言生动,具有教学魅力,体现教学艺术。大多数同学对教师评价良好,较喜欢课堂。	课堂教学缺乏互动,教师语言枯燥,学生的学习兴趣不高。

(二)创新课堂教学改革

传统课堂教学模式单一,教学形式简单,通过认真研讨新形势下教育教学模式的新特点和新需求,以学生为中心,推动课堂教学改革。教师通过革新教育教学观念、重构对课堂的理解,突破围墙和固定桌椅的束缚,将学习空间由教室发展到实验室、图书馆、工厂、田野,构建立体、超时空的学习空间;转变角色,摒弃"教材中心"和"教师中心"的旧思路,最终走向学生本位的教学,"传授知识核心"向"培养学生素养核心"转变。引入研讨式教学、案例教学、翻转课堂和服务学习等先进教学模式,开展基于问题的教学、参与型教学与基于项目的主题教学,凸显知识获得"过程"的魅力与价值,构建"过程为本"的新教学。

(三)打造"金课""银课",淘汰"水课"

通过建设"金课""银课",淘汰"水课",建设一批优质课程。出台《铜仁学院"金课 银课"评估与管理办法》①及《铜仁学院"建设金课 打击水课"行动方案》②,采取建设与评估结合的原则,持续实施"金课"建设与评估,激励教师热爱课堂、投入教学,产出一批具有示范引领作用的"七性金课";定期开展打击"水课"专项斗争,以"七性"课堂教学质量标准为纲,对照课堂教学质量负面清单,深入课堂教学、教学大纲、教案、作业、试卷等,对"教师不用心教""学生不用心学""教学内容陈旧低阶"的典型"水课"进行排查与整治,对触碰课堂教学质量红线的教师建立负面清单,并启动校督导团专家开展专项认证,同时进行教学事故认定,突出曝光一批"水课堂""水教案",鞭策教师敬畏教学、敬畏课堂。"铜仁学院课堂教学负面清单"③见表6-2。

---

① 铜仁学院"金课""银课"评估与管理办法,院政发〔2019〕7号,2019年1月7日.
② 铜仁学院"建设金课 打击水课"行动方案,院政发〔2019〕52号,2019年11月13日.
③ "水课""水师"基本画像. 院教发〔2019〕74号,2019年10月12日.

表6-2　铜仁学院课堂教学负面清单

课堂教学质量负面清单
1.教学态度不端正。课堂教学不尊重学生,有讽刺、辱骂、歧视学生等行为;或发表不利于学生思想、身心健康成长的不妥当言论。
2.课堂纪律不严明。不管学生的学习纪律,课堂教学秩序差(学生玩手机、睡觉、不听课等);不明确告知学生课堂学习纪律要求。
3.备课设计不充分。PPT、教案或讲稿一年不更新;或教学内容完全不契合课程教学目标;或教案为一级提纲式,无教学方法及手段等设计;或教学内容照搬照抄教材,不加工;或教学内容无任何思想政治教育元素。
4.讲授内容无计划。课堂讲授只是单纯的知识传递,不育人;或不按教学大纲、教学计划、教案开展教学活动;或讲授内容严重偏离教学大纲及教学计划。
5.教学方法不恰当。在辅助教学设备无法正常使用的情况下,不能有效实施教学,或无其他合理安排;或上课只读PPT或只要求学生试讲,无任何分析点评总结;或教学方法单一,教学过程无互动,满堂灌。
6.过程评价无支撑。未适当采用小组讨论、课后作业、测验、小论文等形式进行过程考核评价;或平时成绩无支撑材料,过程不能回溯;或不布置作业和批改作业;或无过程考核评价标准。
7.成绩考核不严谨。考核内容过易或过难,不能有效支撑课程目标的达成;或走过场、放水现象严重,考核流于形式;或未按标准进行考核评价,打天分。

(四)提升教师教学素养

一方面,"以教为中心""智慧教学"等新理念被广泛应用,我校一线教师大多从高校到高校,在教师教学素养方面较欠缺,急需提升教师教学素养,增强教师教学有效性;另一方面,我校教学管理队伍流动性强,大多以青年教师为主,不熟悉管理业务,难以提升管理水平。如何培养一支懂教学、精管理的教学管理队伍,精准服务一线教师教学需求,是提升教师教学能力、教学学术素养的关键着力点。围绕卓越教学与一流人才培养、专业建设、课程建设、教学成果培育等主题,采取"引进来、走出去"的模式,推行名师讲坛、教学沙龙、教学观摩、教学工作坊、教学研修班等培训活动;推进以学院和基层教学组织为主体的教研活动,通过听课观摩、教学研讨、集体备课、教学展示会等活动；着力提升教学管理队伍教学素养和管理水平，同时精准服务一线教师，以点带面，提升一线教师教学素养。

（五）完善教学质量导向的激励机制

构建激励机制，让优秀的教师拥有合理的价值回报，引导教师转变观念，以教为本，潜心教学，树立一批先进教师典型，充分发挥榜样的示范作用、引领作用、带动作用，营造优良教风。进一步优化教学管理制度和本科教学质量标准，完成《铜仁学院本科教学质量标准选编》，修订"铜仁学院一流大学和一流学科建设成果奖励办法"之"教学成果奖"部分，制订"铜仁学院本科教学工作量计算办法"等，对评选出的"金课、银课"加大工作量认定和奖励，对打出的"水课"教师停课。

三、改革成效

（一）"七性"课堂教学有成效

通过"七性"课堂教学改革，高水平理论成果不断呈现，《应用型高校金课建设研究》在国家一级出版社科学出版社出版；发表在"职教论坛"上的理论文章《应用型高校打造"金课"要体现"七性"》于 2019 年 9 月 15 日入选中国高等教育学会主办的重要内参《中国高等教育参考》（2019 年第 17 期）；《应用型本科高校课程建设的"破"与"立"》《论应用型本科高校课堂教学的研究性》《应用型本科高校课堂教学的教育性》等理论成果发表在中文核心、高水平省级期刊上。2019 年、2020 年，开展"金课银课"评估四轮次，评选出"金课"教师 11 名，"银课"教师 46 名。汇编"金课"教学设计，将教改案例凝练为典型经验，做出榜样示范，进行推广。围绕"七性"，打造了"教学的艺术""阅读与欣赏""黔风古韵""英语写作""园林植物景观设计"等课程上线，为学生提供了丰富的课程学习资源。

（二）教师教学素养有提升

聚焦管理能力、聚焦教学素养，打造"明德湖"品牌教学工作坊，创办"明德论教"教学内参，组织开展系列"教学沙龙""教学示范""金牌讲师""金牌督导"等活动，通过研讨、示范、讲座、技能训练等多种形式，开展教育教学教研交流，学院、教师之间相互学习,形成了学习共同体,进一步服务教师教学能力发展。"建设'金课',听听一线老师的声音""打造卓越教学,听听教学管理教师的声音"等成果成为促进教师教育教学发展的典范。

(三)教学质量导向评价机制有完善

进一步优化奖励激励制度,践行"人才培养中心理念",将"立德树人成效""教育教学实绩"作为教师评价的基本要求,突出教育教学实绩在绩效分配、职称职务评聘、岗位晋级考核中的比重,引导教师上好每一节课、关爱每一个学生。明确将基础教学工作量作为教学为主型、科研为主型、管理为主型三类不同岗位类型教师职称评定、绩效考核、评优评先等工作的基本条件,"金课 银课""学科竞赛指导""教师技能竞赛""教学改革成果"等作为教师职称晋升教学成效;出台《铜仁学院本科教学工作量计算办法》,将教师日常指导学生学业、创新创业、社会实践、各类竞赛展演以及教研活动、"老带新"等工作,计入教师的教育教学工作量,纳入年终考核内容;修订"铜仁学院一流大学和一流学科建设成果奖励办法"之"教学成果奖"部分,一是丰富教学奖励成果的类型,二是设置"育人奖",加大"金课 银课""学科竞赛指导""学术指导"等奖励。

实践探索二:基于螺旋递进深度学习 PPPTS 模式的《食品化学》教学创新与实践

《食品化学》是食品科学与工程专业的核心课程,本课程的任务是使学生掌握食品化学基础知识、基本理论和应用技能,为培养符合地方经济需求和引领行业发展的食品工程类高素质应用型人才打下坚实的基础。由于理论知识枯燥繁杂且内容抽象,课程学习中学生主动参与度低,深度理解知识、应用知识的能力较弱。以全方位提升学生认知深度、促进高阶能力发展为目标,基于 CDIO 理念、SRT 项目和 TBL 方法,建立"案例式引入 + 探究式推进 + 沉浸式参与 + 迁移式学习 + 质疑式思辨"的螺旋递进深度学习 PPPTS 模式。在课前、课中和课后,针对学生"被动式学习"和"浅层次学习"问题,精心设计和组织课堂活动及教学内容,利用"雨课堂"智慧教学平台,开展"MOOC + SPOC + 翻转课堂"的混合式教学,使学生在教与学的交互中全方位唤醒学习热情,在合作学习中增强个人能力并养成自主学习的习惯,促进学生进入"主动学习、深度学习"的良性循环,进而使学生实现从主动建构知识体系到深度迁移认知再到创造性解决问题的进阶。

一、课程教学现状及存在的问题

《食品化学》从化学角度和分子水平上研究食品的组成、结构、性质,食品在加工、贮藏和运销过程中发生的变化及其对食品品质和安全性的影响,与食品加工开发、食品贮藏保鲜、食品营养健康都密切相关,是食品科学与工程专业的核心课程,课程的教学质量对培养应用型食品类专业人才至关重要。

一方面,《食品化学》课程理论知识繁杂、抽象、枯燥,教师又往往采用传统的灌输式讲授法,导致学生听得多,主动参与少;浅层次理解知识多,深度理解知识少;强化理论知识学习,弱化应用知识解决问题。另一方面,在探索翻转课堂、混合式课堂等教学模式改革中,由于教师对新技术如何促进有效学习的经验不足,导致课程内容重构、课堂教学设计、课堂的互动指导、学习过程监控等不尽人意,难以引发学生深度思考。因此,提升《食品化学》课程教学质量,亟待开展教学创新与改革,创新教师教学方法,促进学生主动学习、深度理解知识和应用知识,以提升学生认知深度,促进高阶能力发展。

二、螺旋递进深度学习 PPPTS 教学模式的理论构建

以全方位提升学生认知深度、促进高阶能力发展为目标,在 CDIO 理念、SRT 项目和 TBL 方法等先进教育理念及方法基础上,构建"案例式引入 + 探究式推进 + 沉浸式参与 + 迁移式学习 + 质疑式思辨"的螺旋递进深度学习 PPPTS 教学模式,其结构如图 6-3 所示。在课前、课中和课后,精心设计和组织课堂活动及教学内容,利用"雨课堂"智慧教学平台,开展"MOOC + SPOC + 翻转课堂"的混合式教学,助力学生摆脱"被动式学习"和"浅层次学习"的学习陷阱,使学生在教与学的互动中全方位唤醒学习热情,在全过程合作学习中养成自主学习习惯,进入"主动学习、深度学习"的良性循环,进而使学生实现从主动建构知识体系,深度迁移认知,再到创造性解决问题的进阶。

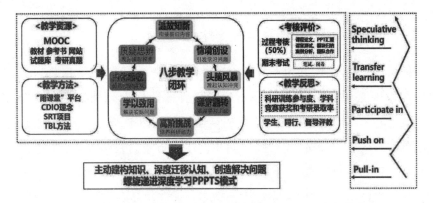

图 6-3 《食品化学》螺旋递进深度学习 PPPTS 模式结构图

三、螺旋递进深度学习 PPPTS 模式的实施

【课前】引入案例,推送任务。

【课中】开展探究式推进和沉浸式参与,以及小组合作学习,形成以学习团队为中心的八步教学闭环:温故知新(衔接新旧内容)→情境创设(引发学习兴趣)→头脑风暴(激起认知冲突)→课堂翻转(掌握学习主动)→高阶挑战(培养科研能力)→学以致用(解决实际问题)→内化吸收(建构知识体系)→质疑思辨(展开课后探索)。

【课后】迁移式学习,引导学生提取已习得的知识与技能,应用到新的情境,创造性学习,完成知识与技能的迁移,促进高阶认知的发展。《食品化学》PPPTS 实施实例如图 6-4 所示。

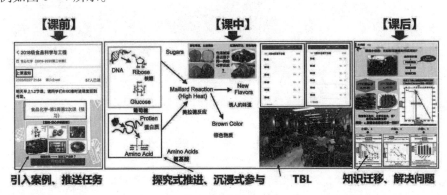

图 6-4 《食品化学》PPPTS 实施实例

（一）借助翻转课堂，促进沉浸学习

将传统面授课堂转变为基于立体化网络资源的智慧教学模式，融合优质MOOC资源开展SPOC教学，突破课程时间和空间的限制，拓展学生学习知识的深度和广度，精心设计短视频，保持学生的最佳注意力和兴趣度，从而强化学生对知识点的理解和应用。SPOC让教师回归小型在线课堂，扮演指导者和促进者的角色，在分组研讨时为学生提供个别化指导，共同解决遇到的难题，有利于提高课程的完成率。"MOOC＋SPOC＋翻转课堂"可进一步实现教学互动化和学习自主化，在线课堂和多种形式的翻转课堂的综合运用，既有助于体现高质量、高水平的教学，又是一种兼顾优秀学生和普通学生的分层次教学解决方案，其教学实践如图6－5所示。

图6－5 《食品化学》"MOOC＋SPOC＋翻转课堂"的混合式教学法

（二）聚焦工科高阶思维，锤炼应用实战能力

《食品化学》教材大多以学科知识逻辑组织内容，比如按照营养素物质结构、性质、功能和在食品加工贮藏中的变化设置章节内容。这种安排容易忽略物质各层次之间的联系，导致学生孤立地去学习某一物质特性。改变传统的学科知识逻辑呈现方式,对知识进行教学化加工,选择学科中最基本、最具价值的知识进行适切性的组织,系统重构、整合六大营养素的"知识点模块",既揭示知识的广度、深度和关联度,又揭示内隐于知识的思想、方法和价值,以思维导图的方式呈现,清晰地表征知识与知识之间的逻辑层次与联结关系。在此基础上,基于 OBE 的理念,充分挖掘"农夫山泉""好彩头""正大茶叶示范园区"等当地企业典型工程案例,以开发出承载知识本质的问题、任务和项目,促进学生探究式、沉浸式学习中对知识进行深度理解,使学生从浅层参与学习转变为深度参与学习。

以"水知识点模块"学习为例,借助 CDIO 法,通过学习水的结构、性质,结合"食品干燥"等应用工程类技术,在构思、设计、实现和运作过程中逐渐培养综合素质,使学生成为专业基础扎实、实践能力突出、具有创新能力的适应食品产业发展和市场需求的专业技术人才。"知识点模块"与行业结合案例见图 6-6 所示。同时,在新工科背景下结合"三位一体"的创新人才培养模式,将大学生科研训练理念融入教学中,利用大学生创新创业竞赛、项目课程实验等平台设计和分配任务,指导科研训练,使学生在接受任务、协同学习过程中实现知识的内化输出,并通过进阶拓展,逐步实现课程高阶性和挑战度的要求。

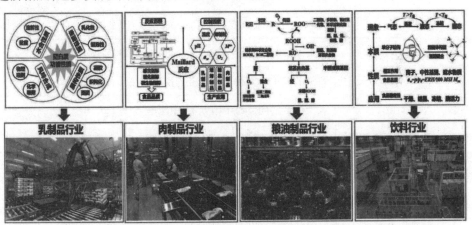

图 6-6 《食品化学》采用的"知识点模块"与行业结合案例

(三)弘扬中国传统饮食文化,厚植舌尖上的家国情怀

青年兴则国家兴,青年强则国家强。《食品化学》课程注重思维方法训练和科学伦理教育融合,突出培养学生精益求精的工匠精神,以激发科技报国的家国情怀

和使命担当。在"三位一体"的人才培养模式的指导下,专业课教学中融入思政和文化元素,聚焦家国情怀、社会发展、专业精神、三观塑造,做到知识能力与价值引领同向同行、相互促进,塑造学生的品格、品行和品位。课程教学中,教师导入思政元素,与学生共同挖掘专业知识中的精彩典故及其深刻的传统文化内涵,引导学生领略中国传统饮食文化魅力,培养学生在观察日常生活中探索学习的能力,深化学生在探究食品专业知识中热爱生活的品质,升华学生在运用专业技能中报效祖国的情怀。《食品化学》思政元素(部分)见表6-3。

表6-3 《食品化学》思政元素(部分)

序号	知识点	思政元素	思政教育
1	碳水化合物	稻花香里说丰年,听取蛙声一片	民族认同与文化自信
2	Maillard 反应	橘生淮南则为橘,生于淮北则为枳	环境对事物的影响
3	食品加工	共和国勋章获得者袁隆平"把饭碗掌握在中国人自己手上"	责任与担当
4	水	"世界水日"加强水资源节约与保护	环境保护
5	食品安全	民以食为天,食以安为先	职业道德
6	Humphrey Davy	诺贝尔奖与食品化学家的社会责任	社会责任
7	aw 的 BET 单层值	科学的理论对实践具有积极的指导作用	科学精神
8	粮食安全	人类命运共同体与中国方案、中国担当	大国担当
9	化学平衡	守护绿水青山,共建美好家园,人与自然和谐发展	社会主义核心价值观
10	食品添加剂	用联系、发展、矛盾的辩证观点看问题	科学精神
11	转基因食品	科学发展是双刃剑,对立统一的哲学思想	科学精神
12	食品营养	疾病与生命的感悟	生命至上
13	褐变反应	北京烤鸭	非物质文化遗产的保护、传承与弘扬

四、创新改革成效评价

（一）创新课程评估模式，建立全过程立体式考核机制

降低期末考试占比，加大过程考核，提升课前预习、课堂测试、PPT 汇报、课堂参与、模块归纳、思维导图、课程论文、课后作业在学习评价中的占比。过程考核形式多元、覆盖全面、标准精细，既强调了学习过程的重要性，也便于教师及时调整教学进度、把握教学情况、评估教学效果。过程性考核实例如图 6-7 所示。

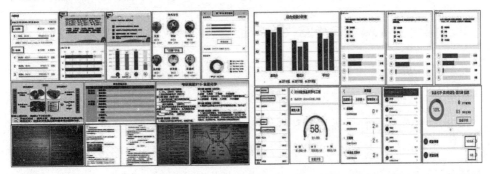

图 6-7 《食品化学》过程性考核实例

（二）创新课堂生活环境，塑造可溯源渐进式学习氛围

通过教师精细化的教学设计、组织管理、资源共享以及多元互动，充分激活学生的求知欲，把学习主动权交还学生，让学习环境充满活力与朝气，从而让学生学习更有参与感、获得感与成就感。通过加强课堂签到、在线考核、弹幕、投稿、词云、讨论等师生实时交互教学，有效调动学生参与学习。借助大数据管理平台，追溯学习过程，塑造可溯源渐进式学习氛围。2018 级线上教学部分，学生平均活跃度为 17 次/（人·节）；从综合成绩分析看出，虽然考核方式增多、难度增大，但成绩较上一级有了明显提升，学生逐渐转向自主学习和深度学习。

（三）创新课题链接广度，衍生多样化联动式教学成果

秉承产出导向和持续改进的理念，通过学生、同行和督导评教，结合测试、问卷调查以及科研项目、学科竞赛等，全方位评估本课程教学效果。

五、结语

推进课堂教学改革,探索科学合理的课堂教学改革模式是培养应用型人才的关键。《食品化学》课程教学改革立足于教学现状及存在问题,构建 PPPTS 模式,探索 PPPTS 模式实践、创新学习成效评价。在教与学的交互中帮助学生唤醒学习热情,在合作学习中提升个人能力以及建立自主学习的观念,激发学生深度认知加工,促进高阶能力发展,实现学生主动地建构知识、深度的迁移认知到创造性解决问题的递进提升。

实践探索三:《秘书实用写作》课程"六步七性"教学模式实践与成效

要成为一名合格的秘书,至少应该具备三种能力:会写作、会实务、会交际,三种能力缺一不可,而"会写作、能写作"又是重中之重,它是秘书岗位的核心竞争力,具有较强实用写作能力也是秘书学专业核心的毕业要求。《秘书实用写作》课程是秘书学的专业核心课,针对学生对该课程学习的积极性不够持续、成就感不强等问题,以建构主义、交际教学法、支架式教学为理论基础,探索教学内容与教学方法改革。基于工作岗位所需的知识和技能,结合学生的认知规律和学习特点,将教学实施过程按照课前自学、课中学思、课后拓展三个环节进行,其中课堂教学环节设计为导入激趣、教学相长、正反对举、扩而充之、思与境偕、温故知新六个步骤,并将应用型本科高校课堂教学的七个特性"教育性、实用性、丰富性、前沿性、思辨性、研究性和艺术性",融于六步之中,简称"六步七性"教学模式。课程教学采用线上线下混合模式教学,注重过程考核,实施效果显著,固化多项产出成果,经过实践,取得了协同育人有实效,学界反响有好评,媒体关注有影响的社会效应。

一、"六步七性"教学模式构建思路

以建构主义、交际教学法、支架式教学为理论基础,探索"六步七性"教学模式,建设《秘书实用写作》金课。课堂教学设计环节设计为"导入激趣、教学相长、正反对举、扩而充之、思与境偕、温故知新"六个步骤,并将应用型本科高校课堂教学的七个特性"教育性、实用性、丰富性、前沿性、思辨性、研究性和艺术性",融于

"六步"之中,创设了适用于本课程的"六步七性"教学模式。其目的是强调学生全方位参与式学习而不只是听讲,提升教学的有效性。"六步七性"教学模式框架见图6-8。

教学环节	教师活动			学生活动		
	课中		**教学特性**	**课中**		**教学特性**
1 导入激趣	介绍与每次授课文种相关的"四史"(党史、新中国史、改革开放史、社会主义发展史)故事,激发学生学习的兴趣		"教育性""艺术性"	思考教师提问,学生思考回答。		"思辨性"
	课前	**课中**	**教学特性**	**课前**	**课中**	**教学特性**
2 教学相长	发布预习研学任务	根据学生汇报情况进行补充、点评,利用"学习通"对学生进行随堂测试,及时了解学生对基本知识掌握的情况,实时评价	"前沿性"	接受学习任务,通过TBL团队任务学习的方式,完成对文种概念、分类、结构、注意事项等基本知识的学习	汇报研学内容 使用手机APP,进入"学习通"完成课堂测试	"研究性""前沿性"
3 正反对举	发布范文、病文预习任务	深入分析其历史意义、现实价值、语言风格、逻辑特征等;教师根据学生对病文的分析,归纳总结。	"研究性""思辨性"	接受学习任务发布范文、病文预习任务	学生参与讨论,指出病文存在的问题及修改意见 ／ 完成病文修改稿(课后)	"思辨性""实用性"
	躬体力行	**别有见地**	**研究性/前沿性**	**课中**	**课后**	**前沿性/实用性**
4 扩而充之	教师分享自身起草文稿的经验及教训	介绍前沿的研究课题和重要的研究著作	"研究性""前沿性"	阅读教师分享的论文、论著,读书笔记纳入平时成绩考核		"前沿性"实用性"
5 温故知新	**课中** 引导学生对教学内容进行归纳总结		"思辨性"	**课中** 讨论、回答教师的提问	**课后** 绘制教学内容的思维导图	"思辨性"
6 思与境偕	**课中** 武布冀实防撰写作实训任务,引导学生思考	**课后** 学生提交作业后及附批改、点评	"思辨性"	**课中** 讨论写作任务的逻辑、结构、层次	**课后** 完成写作任务	"实用性"
	丰富性					

图6-8　"六步七性"教学模式框架

第一步:导入激趣。课程导入环节,通过情境创设,激发学生参与学习的兴趣,体现教学的"艺术性"。情境创设中注重与"四史"故事结合,以强化学生作为写作主体的国家意识和民本意识,领会和整体把握立意主体的授意,以及把握主题形成的因果背景。

第二步:教学相长。开展翻转课堂改革,推进线上线下混合式教学。课前发布预习、研学任务,课中开展小组学习汇报、研讨、答辩等任务。学生通过TBL团队任务学习的方式,完成对文种概念、分类、结构、注意事项等基本知识的学习。教师根据课堂汇报、研讨、答辩情况,引导学生深入学习。体现教学的前沿性、研究性。

第三步:正反对举。主要有"范文解析""病文诊所"两个环节。"范文解析"选取可资学习借鉴的经典范文,既深入分析其历史意义、现实价值、语言风格、逻辑特征,更有机融入习近平新时代中国特色社会主义思想、社会主义核心价值观、"四史"等"课程思政"元素。"病文诊所"选取典型性病文,引导学生对病文存在的

"病"进行诊治,开展"病文听诊"比赛,找"病"、治"病"。通过"范文解析""病文诊所",既加强了"教育性",也增强了"思辨性"。《秘书实用写作》课程思政元素见图6-9。

秘书实用写作课程思政元素一览表

秘书政治品德与政治素养	知党爱党信念坚定	党史、新中国史、社会主义发展史、改革开放史"四史"中的典范公文		写作内容的思政元素(显性)	写作体式的思政元素(隐性)	写作过程的思政元素(隐性)
公民基本道德修养	秘书职业道德的核心	秘书职业道德基本内容	秘书职业道德具体要求			
爱国		奉献社会	遵纪守法廉洁奉公	嘉奖类文书:英雄、劳模、楷模、杰出贡献者的事迹	公文的权威规范、严谨细密,公文不违法,文书不出错	相关表彰类文书材料的收集学习
敬业	为人民服务	爱岗敬业	严守机密 兢兢业业 甘于奉献 钻研业务 忠于职守 服从领导 当排参谋 勇于创新	表彰决定、表扬性通报的模范人物、优秀事迹;单位或个人感谢、表扬的好人好事	工作计划、工作总结等事务文书的约定俗成的体式	写作构思中对主题的把握和对材料的提炼选取
诚信		诚实守信	恪守信用 实事求是	规约文书的正面约束;批评决定、通报事实的反面教育案例	调研类、经济类文书实事求是、准确严谨	文稿撰拟对数据和事实的反复核实,词语反复斟酌
友善		办事公道 服务群众	谦虚谨慎 秉公办事 文明礼貌 平等待人	领导讲话稿的真诚热情、平等待人	语言严谨稳重,上叮下行公文不同语气,公关礼仪文书的文质彬彬等	审改文稿严格遵守拟制程序,按照领导要求反复修改,不厌其烦,精益求精

图6-9 《秘书实用写作》课程思政元素

第四步:扩而充之。包括"躬体力行""别有见地"两个环节。"躬体力行"这个环节中,教师针对授课的文种,把自己起草文稿的经验及教训分享给学生,使学生对学习感到更亲切,进一步提升学习兴趣。"别有见地"则针对授课内容,把前沿的研究信息和重要的研究论文、论著介绍给学生,增强课程的研究性和前沿性。

第五步:思与境偕。基于秘书工作岗位的真实需求、真实技能、真实情境,结合学生的认知规律和学习特点,把反映"四史"、弘扬社会主义核心价值观的典范公文等内容,设计为系列项目任务,贯穿课前、课中、课后三个环节。在项目任务的完成中,训练实用写作技能,提升学生适应未来岗位工作的能力,增强课程的实用性。

第六步:温故知新。完成教学任务后,综说与辨析,对教学内容进行归纳总结,要求学生根据学习内容,绘制思维导图,进一步巩固知识,增强课程的思辨性。

"六步",既有课前研学,又有课中学思,还有课后实践,可谓环环相扣,步步实招,不再使课程教学从理论到理论,干瘪无味,有效提升了教学效果。

二、"六步七性"教学模式的实施

课程教学采用线上线下混合模式,将教学环节分为课前自学、课中学思、课后拓展三部分。课前自学,通过信息化教学工具——学习通发布学习资源、学习任务单,学生线上自主完成预习研学,明晰学习目的和任务。课中学思,采用"六步七性"教学模式,学生通过学理论、明要点、作汇报、赏范文、析病文、懂技能,完成学习任务,提高了参与度和积极性。课后拓展,学生根据教师发布的拓展任务进行写作实训,学生举一反三,掌握更多实用文种的撰写方法,并将优质作业发布在本专业运营的自媒体平台,提升学业成就感。

课程教学改变公文写作训练的传统模式,主动打破课堂教学界限,借助师生团队打造的铜仁学院秘书协会和自媒体公众号工作平台,实现了理论知识与工作任务的融会贯通,学习活动由传统的课堂知识讲授,转变为写党政公文、撰调研报告、拟工作方案、采编新闻等岗位工作任务与典型岗位活动,实现教、学、做合一,使学生在真实岗位工作环境中提升了对现代秘书岗位的职业认同。同时,组织开展了全校公文现场写作大赛等教学竞赛活动,积极参加全国秘书学科竞赛和公文写作竞赛,全面检阅学生的学习情况,反思课堂教学中存在的不足,形成了以赛促教、以赛促改的专业活动良好氛围。

三、"六步七性"教学模式实践效果

1. 以学生学习产出为导向,固化学习成果

主动打破课堂教学界限,借助师生团队打造的铜仁学院秘书协会和自媒体公众号工作平台,实现了理论知识与工作任务的融会贯通,学习活动由传统的课堂知识讲授,转变为写党政公文、撰调研报告、拟工作方案、采编新闻等岗位工作任务与典型岗位活动,实现教、学、做合一,使学生在真实岗位工作环境中提升了对现代秘书岗位的职业认同。已编印 7 本学习成果集,出版 1 本学习成果,共计 62 万余字。

2. 以实施"以赛促学"为动能,助力学生提升秘书实用写作技能

学生通过参加学科竞赛,提升自己的专业技能,反思自身学习的不足之处,不断改进自己的学习方法,加强薄弱环节的训练,提升核心竞争能力。

（1）在全国性、省级大赛中屡获佳绩。学生在全国商务秘书职业技能大赛、重庆市教育委员会主办的重庆市大学生公文写作技能竞赛上表现不俗,屡获团体和个人一、二、三等奖多人次。连续两年荣获全国高校秘书事务所联盟方案制作评比团体一等奖。

（2）举办全校性公文写作技能竞赛。通过学生参与、教师指导、赛前辅导等方式组织实施教学,不仅使赛、教、学三者紧密结合,更拓展了课程的教学时空和教学形式与学习方法。本轮课程实施班级共39人参赛,21人分获一、二、三等奖,37人及格,及格率达95%,占大赛专业组及格总人数的73%。

3. 以微信公众号平台为载体,发布学习资源

建立专业移动教学资源库,拓展学生学习的知识面,激发学生自主学习的能动性。我校微秘苑微信公众号开设了"秘书写作"专栏,推送秘书写作技巧、方法的文章,至2021年3月19日共推送相关文章604篇。并要求学生课前、课后都要对相关文章进行深入阅读,做读书笔记,期末时统一检查,读书笔记成绩计入平时成绩。微秘苑微信公众号还获得国内著名公文学专家授权,开设专栏,推送与秘书写作相关的文章200余篇,既丰富了教学资源,又拓展了学生眼界。

4. 以对"六步七性"循环教学模式的探索为课题,积极申报教改项目

基于上述实践中取得的成效,团队不断总结、研究,积极撰写教改论文、申请各级教改课题。近三年来,发表教改论文5篇,获批省级、校级等教改项目多项,有效推动了教学创新的学理探索。

四、"六步七性"教学模式的社会效应

（一）协同育人有实效

与中创慧文（北京）科技有限公司建立了校企合作协同育人关系,作为主要发起单位,成立了全国秘书事务所联盟。在2019年教育部产学合作协同育人项目对接会上,展示了秘书实用写作课程的教学成果,产生了积极效果。

（二）学界反响有好评

《秘书实用写作》课程教学上的创新实践得到了秘书学界的关注和好评,评价

摘录见表6-4。

表6-4 学界对课程教学创新评价一览表

序号	评价摘要	评价出处
1	例如贵州铜仁学院秘书学教研室、铜仁学院秘书协会主办的"微秘苑"微信公众号,在老师的指导下,由学生负责组稿、编辑、推送文秘专业知识,辅助秘书学专业教学,在提高学生专业素质、培养学生新闻写作能力和新闻意识方面收到了很好的效果。	《高职院校文秘专业学生新闻意识培养路径探析》,《秘书之友》2017年第5期
2	铜仁学院……《秘书工作动态》,从组稿、采稿、写稿、编稿到校稿、印刷均由学生自主完成。	《以秘书节为契机 加强秘书行业文化建设》,《秘书之友》2017年第7期
3	铜仁学院秘书学教研室的"微秘苑"先后开设了"展文启思""史海寻秘""秘书写作""伟论秘道""百家论苑"等专栏,刊发了大量学术论文,紧扣秘书专业,选题新颖,观点独到,具有较高的学术水准。	《秘书专业微信公众号的运营与创新》,《秘书之友》2017年第12期
4	不少开设秘书学专业的高校,像……铜仁学院……创建运营了专业微信公众号,并在业内形成了良好的沟通互动机制,还与公文实务界建立了长期联系。	《"互联网+"视阈下公文写作课堂多元发展展望》,《秘书之友》2018年第1期
5	铜仁学院通过经常性举办各类秘书赛事,承接学校秘书工作任务培育学生秘书综合能力。	《"互联网+"新时代:持续变革的秘书职业与秘书教育》,《秘书之友》2018年第1期
6	作者的著作将郭征帆老师指导学生学习秘书写作的案例收入书中,并认为,"郭征帆老师的教育理念非常正确,学校教育确实来不得半点瑕疵,任何在学校里培养出来的坏习惯必然在工作中不同程度体现,甚至可能酿成大错,使单位整体工作被动或给单位带来不利影响。"	《秘书的秘书2:公文处理实例》,中国言实出版社,2019年7月版

（三）媒体关注有影响

围绕《秘书实用写作》课程举行的活动、产出的成果，被网易新闻、多彩贵州网、当代先锋网等媒体给予了广泛关注，仅在 2020 年就有近十余篇新闻在媒体报道，对扩大课程改革创新影响力产生了积极效果。

实践探索四：《学术写作》教学创新与实践

在英语"听说读写"四项基本技能中，写作从来都是难点所在，传统的写作教学模式难辞其咎。在 OBE 教育理念指导下，结合课程思政元素，针对传统写作教学中的"痛点"问题，研究了基于 SPOC 的"线上线下"混合式教学模式，将写作教学分成课前、课中和课后三大模块进行设计，探索基于任务导向的翻转课堂形式。学生成绩与课程评价的结果表明，写作与"互联网 ＋"融合，传统的"线下"（课堂教学）与"线上"（网络学习）进行了有效整合，优势互补。

一、课程教学创新过程

（一）课程创新主要针对的教学问题

一是课程思政与专业教育融合不够，很难做到润物细无声。在传统教学中，教师普遍存在重智育、轻德育的倾向，片面强调专业知识，缺乏思政元素的融入，使得思政教育与课堂教学脱节。同时，学生学习具有较强的功利性，缺乏严谨治学、终身学习的意识，批判性解读与思维品质较弱。这种思政教育与专业教育"两张皮"的现状不利于培养术德兼修、知行合一的高素质外语人才，实现教育效果的最大化。

二是缺乏适合本校学生学情的教材。《学术写作》的设置拟解决学生继续深造和国际发表的现实需求，以期帮助学生掌握学术英语写作规范，有效呈现研究成果，并培养学生用英语发表见解的能力。但是，目前缺乏适合本校学生的教材，导致"学""用"分离。

三是传统教学场景和单一的考核方式难以考核学生真正的水平和满足个性化学习的需求。信息社会的到来使得智能手机、平板电脑等移动终端已经成为学生必不可少的学习工具。信息来源多元化,学生对课堂的倚重日渐降低。面对撰写论文和个性化学习的需求,如果不把线上资源变成学习过程的一部分,多数学生碎片化时间将不被充分应用,从而降低他们的学习兴趣。如何量化和考核学生在网络上的个性化学习时长和效果?如何把个性化学习纳入过程性考核?传统的教学场景已经不能满足学生个性化学习的需求,迫切需要构建与之相适应的教学模式。

二、课程创新的理念与思路

(一)教学理念

秉承 OBE 的教学理念,坚持教师为主导,以学生作为教学活动的中心和主体,围绕学生预期学习成果来设计和实施教学,包括制订教学大纲、开发课程资源、设置教学环节、评价学习效果等活动。

(二)教学内容

教师把基于语料库研究的科研成果运用于课堂教学,自建语料库,选用近年来发表在国际期刊上的文章为语料,引导学生探索论文写作范式。同时,在课堂互动中,恰当嵌入思政元素。

(三)教学手段

运用学习通平台,拓展教学的时间和空间,加强课堂互动,提升课堂效果。学生利用碎片化时间,随时随地在学习通平台上进行学习,在提高学习效率的同时,实现了平台对个性化学习的监督。

(四)课堂教学方法及过程

秉承 OBE 的教学理念,本课程采用基于项目学习的线上线下混合式教学方法,在课程教学内容设计上以项目为主题,贯穿课前、课中、课后三个阶段,实现"线上学习 + 课中 TBL 团队任务(线下翻转) + 线上拓展"的教学活动。

课前准备(线上):课前线上学习属于知识的传递。教师根据教学目标和教学内容,在学习通上发布任务,并提供多种形式的资料(视频、非视频资料和章节测验等),形成知识的传递。学生在教师的引导下,自主学习,做好预习工作。同时,教师根据学生在线讨论和章节测验结果,有针对性地设计课中教学内容。

课堂教学(线下):教师通过线下教学,检测学生的线上学习状况。课堂上,以学生活动为主,基于学生课前学习成果,学生分组合作开展小组汇报。教师结合小组作业的汇报与展示,讲解重难点,同时引导学生讨论,并进行答疑互动及教师点评。通过课堂上的讨论与老师的讲解,学生可以对重点知识进行更好的内化。

课后拓展(线上):运用学习通教学平台布置作业并在线上讨论。以项目主题式论文写作为牵引,巩固学习知识,测试教学效果。另外,教师要对容易出现的问题进行总结与整理,引导学生通过学习资料进行深一步思考,对自身能力起到提升与巩固作用,从而提高了学生个性化思维与创新的能力。

(五)学习评价

课程采取形成性评价和终结性方式对学生的成绩给予评定,线上50% + 线下50%。同时采取多元主体评价、教师评价和生生互评,既增强交流,也保证了评价结果的公正性和客观性,构建科学合理的多元化评价体系。

线上评价的内容和比例分别为观看课程视频占比30%、章节学习占比10%、章节测验占比20%、完成在线作业占比15%、考试占比15%、讨论占比10%。线下评价的内容和比例分别为小组汇报占比20%、课程论文占比60%、课程论文答辩占比20%。

三、教学创新成效

(一)形成"一中心、两模块、三拓展"课程特色

课程以学生为中心,采用基于项目的模块化教学,通过线上线下混合式教学,积极拓展教学内容、教学时空和评价方式,通过在线学习平台进行交流、解答疑问、完成作业、考试等,更加注重学生学习的主动性,以及教师与学生、学生与学生之间的互动,逐步形成"一中心、两模块、三拓展"的课程特色,见图6-10。

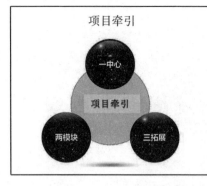

项目牵引	一中心:以学生为中心。
	两模块:过程模块(必要的学术英语写作知识和能力);体裁模块(语篇构建知识)。
	三拓展:教学内容拓展(教材内容向多元化资源的转变);教学时空拓展(线上线下教学与网络自主学习结合的学习环境);评价方式拓展(终结性评估向形成性评估转变)。

图 6-10 "一中心、两模块、三拓展"的课程特色

(二)解决了传统教学的痛点问题

一是拓展了教学空间,解决了学生个性化学习的需求。学习通平台和线上资源库为混合式教学提供了有利的网络环境,教师的教学行为从传统的课堂内扩展到了课堂外,超越了时间和空间的限制。学生能够利用碎片化时间,随时随地在学习通上进行学习,大大提高了学习效率从而使教育达到最大限度的延伸。

二是以学生成长为目标,注重课程的教育性和思辨性。教学团队深入挖掘课程中的德育内涵和元素,在教学中嵌入课程思政,修订教学大纲,拓展阅读材料,在课程中融入教育性,坚定学生的理想信念。在课程教学中,教师采用"引导+探索"的方法,重构课堂教学内容,注重引导学生如何在线学习,提出问题,摆脱权威的束缚,增强反思与批判意识。

三是以科研成果为导向来编写教材,解决教学内容"前沿性"的问题。在教学的实施中,充分利用了基于语料库的英语写作研究成果,探讨英语论文写作的语篇构建和语言特征。通过学习,学生不仅理解了论文写作的宏观结构,也掌握了体现语篇结构的语言特征,以及教学研究的方法,现已有多篇学生论文发表在省级期刊上。

四是考核评价方式多元化。课程基于项目学习的线上线下混合式教学方法,在教师的指引下,依靠学习通平台提供的多种形式的学习资源,学生实现了自主学习和个性化学习。同时,课程打破了"考试定终身"的考核方式,以项目为任务中心,以学术英语写作能力为考核要点,利用线上平台的便捷性加强学习过程的评价,突破了面授课堂更加注重终结性评价的局限,课程最终达成"有任务、有空间、有指导、有评价"。

第七章 "山"字型人才培养模式自主学习

　　"自主学习"是终身教育背景下大学生未来是否有持续发展潜力的诉求,也是大学生发展各项素质和能力的基石。从终身教育和自主学习的概念剖析自主学习,其强调学习的本质在于"自主",学习是"自主"的学习。对于"山"字型人才培养模式,自主学习培养学生可持续发展学力,服务学生未来发展。其遵循人的可持续发展逻辑,促进个体在学习过程中发挥主观能动性,自觉地投入学习,推进"自主学习学分制""导师制""1+1+X人才培养综合改革",引导学生自主学习,激活学生的学习内驱力,培养学生综合、比较、抽象、应用、反思、批判和评价的认知能力,改善学生思维的广度、深度和创造力,为学生可持续发展学力、创造力的发展打下基础。

第一节 自主学习与可持续发展

一、自主学习的概念

　　1981年,Holec将"自主"定义为学习者"对自己学习负责的能力",并期望培养学习者为每个阶段的学习负责的能力,包括确定学习目标、制定学习策略和学习计划、反思学习过程(包括识别问题、分析成因和解决问题)、确定和选择相关资源、评估个人进步(包括确立评价表现和学习的标准)等①。2000 年,Pintrich 认为,自主学习是一种主动的、建构性的学习过程。行为主义心理学家认为,自主学习主要包括三个过程:自我监控、自我指导、自我强化。我国学者庞维国将自主学习概括为建立在自我意识发展基础上的"能学";建立在学生具有内在学习动机基础上"想学";建立在意志努力基础上的"坚持学"②。

与传统的接受学习相比较,这种学习方式将学生作为主体,强调学生个人做主,在不受他人支配和外界干扰的情况下,借助阅读、听课、观察、实践等不同的途径使个体在知识和技能、方法和过程以及情感与价值等方面持续变化的一种行为方式。所以,自主学习体现的是一种"能动"的品质,将学习作为自主性的学习,将学习归属于学生个人的事情,从本质上来说,自主学习存在三种基本特征。首先是自立性。每个学习者都是独立的,有独立的认知体系和学习潜能,学习的过程是对外界信息思考、分析的过程,有着区别的方式和特殊的含义,所以学习是自主性的行为,是需要独立承担、以独有认知结构来完成的,任何人无法代替③。对于学习者而言,自主学习的思维基础是个人差异化的心理认知结构,独立的知识渴求欲望是动力基础,而隐藏在学习者内部的学习潜能则是自主学习必要的能力基础。由此发现,自主学习需要以自立性为前提条件,它不仅贯穿在整个学习的过程,更是每一位学习者所必须拥有的。其次是自律性。这一特征是指自主学习是学习主体在学习的过程中对个人的约束和规范。在认知范畴中,自律性相当于在行为上的自觉学习,这也充分表现出学习主体可以保持一种清醒的学习责任意识,能够主动积极地了解信息,建构和创造信息。因此,自律性在自主学习中同样是学习主体的保证条件。最后是自为性。从本质上来说,自主学习是一种自主行为的体现,是主体获取知识的一种路径,更是学习者自主探索、选择、建构以及创造知识的过程。但是不管是哪一种方式,都充分体现了自为学习的特征,从知识的探索、架构,再至创造,基本反映出主体学习、掌握知识的成长过程。

---

① 杨虹.自主学习目标设置:理论、原则与体系[J].教育研究与实验,2012(6):48-53.
② 庞维国,刘树农.现代心理学的自主学习观[J].山东教育科研,2000(7,8):54-55.
③ 冯晓虹.远程教育在终身教育体系构建中的角色与使命[J].继续教育研究,2016(10):76-78.

二、自主学习能力

自主学习能力包括一般学习能力、一般自主学习能力和具体学科的自主学习能力。对于一般学习能力的分类，从认识过程角度，包括记忆能力、观察能力、思维能力、想象能力、操作能力；从学习方法角度，包括阅读能力、听讲能力、提问能力、写作能力、计算能力、质疑能力、创新能力等①。一般自主学习能力可以归结为制订学习计划能力、应用学习策略能力、自我学习监控能力和自我评价能力。具体学科的自主学习能力则指在某一具体学科学习中所表现出来的能力，其表征出适应学科知识体系的特点，比如，语文自主学习关注文章理解与摘要能力、记笔记能力、写作能力等②。可见，自主学习能力极具综合性和复杂性，其培养须建立在自我意识发展基础上的"能学"、具有内在学习动机基础上的"想学"、掌握一定学习策略基础上的"会学"以及意志努力基础上的"坚持学"，学习者在学习活动中的主观能动性极其重要。

三、自主学习与学生发展

(一)自主学习成为新型学习方式

传统的教育中，学生基本是被动且单一地进行学习，这种学习方式缺乏主体性和长期性，个人的潜能发展受到了严重的阻碍。而自主学习则改变了传统的教学模式，对原有的课堂教学结构进行了优化，成为实现终身教育的必然选择，也是最有效的一种方式。首先，自主学习拉近了师生之间的距离，改善了师生间的关系，学生学习的动机上升为自我成长和情感的需求，对于教师原本的依靠转变为自主的联系；而教师则为学生提供自我学习的空间、机会以及方法，尊重学生人格，使得学生在情感、思想以及行为等不同方面实现自主性和独立性，充分信任学生，让学生以主体的身份来获取知识，这在很大程度上实现了现代社会教育所要求的良好师生关系。其次，自主学习下，会使学生产生有效的内驱力，进而积极主动地投入

---

① 叶瑞祥,等.创新学习能力论[M].天津:天津教育出版社,2004:7.
② 何基生.学生自主学习能力的内涵、构成及动态分析[J].教育评论,2009(2):81-83.

学习,主动参与合作探究活动,即终身教育背景下的自主学习有效激发了学生合作探究的学习动机。综合来说,现代化社会的教育途径是多样的,而自主学习则初步改变了终身教育背景下的学习方式,逐步成为现代社会的一种主流的新型学习方式。

(二)自主学习是个人发展的需要

在终身教育背景下,自主学习意识的形成以及自主学习能力的培养,决定了大学生未来是否有持续发展的潜力,是大学生发展各项素质和能力的基石。终身可持续发展需要培养学习者的自主和终身学习能力。在传统的以教师为中心的学习中,学生更多是被动接受知识,而适应社会发展的有关能力却非常缺乏。但在现代社会,无论是个人的成长、成才,还是社会对人才的需求,都注重知识的应用和创造,显然这需要学生依靠自主学习来实现。而且当下的社会变革更加频繁,这影响着人们生活的各个方面,每一个人都需要为不定期的转型做好准备,而自主学习则是应对不同变革和社会挑战的基本策略,这也是终身学习的重要理念。另外,自我学习的过程也是自主识别和选择意识的强化,主体能够在不同的学习阶段和发展中明确个人的学习需求,从而帮助学习者形成明确的目标意识和敏锐的洞察力,这同样也是主体发展的一种能力需求。对于学生而言,自主学习将成为个人综合能力提升以及未来生存的保障,所以在任何阶段,自主学习都是个人发展的一种必要选择。

(三)自主学习是教育发展的目标

学生只有发挥主观能动性独立自主地进行学习,才能够实现全面发展,因此在终身教育背景下,自主学习是教育终极目标的体现。信息化时代,学习者要面对海量的信息及环境的迅速变化,仅依靠学校单一的教育途径难以受用终身,也无法应对实际生活的知识能力需求,所以要适应社会快速的发展,满足个人成长的条件,必须选择自我学习这一路径,以此逐步发展自我,提升自我,而且终身教育也强调学生要能够形成独立于课堂以及教师的自我学习能力[①]。对于不同层级的学生来

---

① 邬艳荣.创设适合学习的情境,培养学生的"自主学习"能力[J].好家长,2015(20):67.

说,走出校园,步入社会,并不意味着学科知识学习的结束,而是深层次自我学习的开展。所以说,自主学习是现代教育培养学生的本质目标,即培养学生自我习得、独立思考以及自律管理等相关能力的目标。

第二节 "山"字型人才培养模式自主学习学分制改革[①]

从人才培养的角度,自主学习平台的设计,一方面既要考虑人才培养压缩学时改革后,如何有效促进学生合理使用课外时间;另一方面也要考虑面对长期他律的学生,如何使其适应因大类招生、学分制、选修制、弹性学制等他律大为削弱的新环境;另外,尤其要考虑如何引导学生自我管理、自我教育,提升学习自觉性、动机、策略和意志,真正走向能学、想学、会学、坚持学。学校探索推进"自主学习学分制""导师制""1+1+X人才培养综合改革",引导学生自主学习,激活学生的学习内驱力,为学生可持续发展学力、创造力的发展打下基础。

一、终身教育背景下学生发展性能力培养的诉求

终身教育时代背景下,为主动适应区域经济结构调整和产业转型升级对高等教育人才培养的需求,满足广大学生自主发展、多样化成才的需要,深化人才培养机制改革,不断提高高校人才培养质量,铜仁学院推出"山"字型人才培养模式,设计自主学习平台,目的就是培养学生的自主学习能力,服务学生的未来发展。铜仁学院自主学习学分制改革和完全导师制改革,萌芽于"山"字型人才培养模式改革探索阶段,真正始于2015年9月11日出台的《铜仁学院自主学习学分制的实施与管理办法》[②],围绕此办法,铜仁学院将自主学习学分制、导师制改革理念真正落地,改革过程运转良好,改革成效显著。通过自主学习学分制的改革与实践,人才

---

① 张新婷,龚静,冉耀宗.铜仁学院自主学习学分制改革研究[J].铜仁学院学报,2018(12):17-21.
② 铜仁学院自主学习学分制的实施与管理办法,院政发〔2015〕181号,2015年9月11日.

培养直接面向学生的未来,逐步引导学生自我管理、自我教育,提升其学习自觉性、动机、策略和意志,真正走向能学、想学、会学、坚持学,最终学会学习,培养学生的发展性能力,服务学生的未来发展。此项改革一经进行,因改革思路清晰、改革成效显著而引起全省的高度重视,并于2017年5月,铜仁学院被列为"大学生自主学习学分制改革"省级试点单位,以为全省推广此项改革工作引路示范。

二、自主学习学分制改革的整体思路

铜仁学院自主学习学分制改革充分体现了第一课堂拓展到第二课堂、第二课堂对第一课堂的补充、第一课堂与第二课堂深度融合的育人理念。首先,自主学习学分制回应学校人才培养的顶层设计,关注培养学生可持续发展的能力,从培养自主学习能力的维度,重点围绕阅读素养、学术素养和实践素养提升,构建了阅读学分、创新创业学分、活动课程学分、学术讲座学分四大模块。其次,自主学习学分制倡导的学分为学生完成学业的必修学分,纳入人才培养方案。在积分方式分模块,考虑到修业年限的长短,设置不同的学分总分,并在此基础上,再均衡化分配各模块的学分,尤其针对预科这一特殊学习阶段,为促进学生学习的纵向连贯性,学生此阶段获得的自主学习学分将纳入本科学习阶段的学分管理。

(一)阅读学分的设计

要提升学生的发展性能力,阅读素养非常重要。苏联著名的教育学家苏霍姆林斯基指出,"三十年的经验使我深信,学生的智力取决于良好的阅读能力"[1]。在国际上,阅读能力培养成为未来教育非常重要的能力之一,PISA(国际学生评估项目)阅读测试关注为个人应用、公共应用、工作、教育而阅读,注重测试获取信息的能力、解释信息的能力、反思和评价的能力。PIRLS(国际阅读素养进步研究)阅读测试关注为获取文字体验、获取及使用信息而阅读,注重测试关注、提取信息的能力,直接推论、解释并融合观点、判断和评价的能力。我国学者从阅读的速度、广度、深度、方法对阅读能力结构素养进行了综合阐述,从阅读速度角度来看,需要掌握快速获取信息的能力;从阅读的广度来看,需要具备拓展阅读的能力;从阅读的

---

① [苏]瓦·阿·苏霍姆林斯基.给教师的建议(上)[M].杜殿坤译.北京:教育科学出版社,1984:10.

深度来看,需要形成认读能力、理解能力、评价能力、鉴赏能力、运用能力;从阅读方法的层面看,朗读与默读的能力、做读书笔记的能力、查阅工具书的能力、选择读物的能力很重要①。

借鉴国内外有关阅读能力结构要素的界定,对于阅读模块设计,在阅读的广度上,注意引导学生拓展交叉学科知识和地方特色文化的阅读;在阅读的深度上,关注学生提取信息、理解信息、批判性思考、判断和评价的能力。阅读模块共 2 学分,学生依据自己的专业和兴趣,阅读一定量的著作或学术论文,撰写一定字数的读书笔记与读书心得(含读后感、评论、读书报告及研究文章等),经认定合格后而获得的学分。

"阅读学分"实施的关键在于优化阅读书目。在精力有限的范围内,阅读经典将是最佳选择,这样的设计以美国芝加哥大学赫钦斯校长所倡导的永恒主义教育为理论基础。永恒主义认为,教育的任务在于借助对永恒真理的认识促使永恒人性的发展;强调通过知识教学向学生传授永恒真理,以便使学生认识永恒的世界,同时又使人的最高属性——理性得到发展;提出让学生学习世界名著的"名著课程"计划。但考虑到学生在对经典书目的选择与把握上稍有欠缺,所以各二级学院就紧扣自己的专业特点,根据人才培养方案的要求,围绕学生的成长、成才需要,在广泛征求意见的基础上,拟定推荐书目清单,供学生根据阅读需要与兴趣从中选择阅读。同时,针对文科类、理工类与艺体类三种不同类别的学生,阅读学分的认定标准又呈现出一定的层级性,文科生的认定标准最高。比如,人文社科类专业的学生需阅读著作 15 部(阅读 10 篇学术论文可以折算 1 部著作),并手写不少于 2000 字的读书笔记(含读后感、评论、读书报告及研究文章等)15 篇,可计 1 个学分。

(二)创新创业学分的设计

创新创业学分是指学生根据自己的特长和爱好,参与以培养创新创业意识与能力为主的科学研究、学科竞赛、创业训练和创业实践等活动所取得具有一定创新意义的智力劳动成果或其他优秀成果,经认定获得的学分。

---

① 姚林群.阅读能力表现:要素、水平与指标[J].教育发展研究,2012,32(Z2):35－39.

科研训练学分是指学生主持或参与的各级各类科研项目和发明创造,以及在国内外正式刊物发表的论文、文学艺术创作,并经认定获得的学分。其目的在于培养学生的科学研究意识,提升学生的科学研究能力,以便于在经济社会飞速发展的今天,让学生能够了解学术前沿,跟随时代步伐,持续探究学习,具备以科研的眼光独立解决现实问题的能力。学科竞赛学分是指学生参与由政府部门或其委托的行业权威机构以及学校组织的学科竞赛,并经认定获得的学分。其主要目的是为激发学生的自我提升意识,挖掘学生自我提升的潜力。创业实践学分是指学生自主创业、依法注册公司等实践活动,并经认定获得的学分。在大众创业、万众创新的时代,学生适应未来社会发展的一个重要指标就是具有自主创造性,即学生能在与日俱进的社会中,发挥自己的主观能动性,能够积极地将自己的创新想法付诸实践。设置创业实践学分,就是为更好地开发这种能力。创业训练学分是指学生通过培训与学习,获得非教学计划规定的各类职业资格证书、技能证书,或是参加各级各类创业竞赛,并经认定获得的学分。职业技能证书一定程度上表达了学生的能力水平与发展状态,是学生获取职业认可的一张王牌,为学生发展性能力的提升提供了一张重要的"通行证"。其他学分是指学生所取得的具有一定创新意义的不在上述范围内的智力劳动成果或其他优秀成果,并经认定获得的学分。这体现了铜仁学院在自主学习学分设计上的灵活性与开放性特征,为学生发展提供无限可能。

(三)活动课程学分的设计

活动课程学分是指学生根据自己的特长和爱好,参加思想政治教育活动、文娱活动、体育竞赛、志愿者服务、社会实践等活动所取得的成绩,并经认定获得的学分。设置此学分的目的在于通过实践活动,让学生在实践中求得发展,增强学生对社会发展变化的适应能力。

思想政治教育学分是指学生践行社会主义核心价值观,接受爱国主义教育和党团教育,并经认定获得的学分。学生能够在社会上立足并获得终身发展的前提就是要有与社会发展相符的价值观,通过思想政治教育的学习,学生建构良好的社会价值观,养成良好的公民情怀,个体身心就能得到良好发展。社会实践服务活动学分是指学生参加社会实践服务活动以及在活动中受到表彰,并经认定获得的学分。杜威作为实用主义代表人物认为,"教育者的问题在于使学生从事这样一些活动:使他们不但获得手工技能的技艺的效率,在工作中发现即时的满足,以及预备为后来的应用,同时,所有这些效果都应从属于教育,即从属于智育的结果和社会化倾向的形成"①,因此,杜威特别强调学生在做中学,教师在做中教,双方共同在做中求进步的教育。社会作为一个很好的教育场域,对学生的身心发展产生着潜移默化的影响,通过社会实践服务,帮助学生积累一定的社会经验,这样学生就不至于在从"象牙塔"步入社会中有诸多不适而影响其发展。社团及课外活动学分是指学生参加学生团体及学生团体的管理工作,或在课外活动中获奖,并经认定获得的学分。社团作为课堂的延伸与补充,丰富了学生的校园生活,并作为桥梁使得社会与学校发生着紧密的联系。志愿服务活动学分是指学生参加各种公益性志愿服务活动,或受到表彰,并经认定获得的学分。通过此学分的修习,增强了学生的社会责任感,助推学生在社会中的发展。其他学分是指学生在课外活动中取得的不在上述范围内的优异成绩,并经认定获得的学分。同样为学生学分的争取增加了一定的开放性与灵活性。

(四)学术讲座学分的设计

学术讲座学分是指学生参加学术讲座、学术沙龙、学术论坛等学术活动,并经认定所获得的学分。学生参加学术讲座、学术沙龙、学术论坛等学术活动累计达到15场,并提交15篇学术讲座笔记和1篇不少于1500字的心得,经认定,可计1学分。

学术讲座、学术沙龙、学术论坛能够为学生带来前沿的学术动态,满足学生研究高深学问的诉求,学生通过聆听讲座、参与学术沙龙讨论、在学术论坛中参与学术汇报等,创新建构新的知识体系,以为自身的发展奠定良好的知识基础,进而助推发展性能力的提升②。

---

① 吕达,等.杜威教育文集:卷2[M].北京:人民教育出版社,2008:192-193.
② 铜仁学院自主学习学分制的实施与管理办法,院政发〔2015〕181号,2015年9月11日.

三、自主学习学分制改革的创新剖析

(一)评优加分保障质量

自主学习学分制实施之前,相关专家学者对实施效果进行了预期考虑,为提高实施质量提出了一定的保障措施,比如,通过评优加分来激发学生自主学习的热情,进而保障自主学习学分制实施的质量。这在可视化的"阅读学分"模块表现最为明显,《铜仁学院自主学习学分制的实施与管理办法》中明确规定:"学生在完成阅读学分规定的所有要求后,二级学院可以依据阅读的数量和质量对学生的阅读情况按优秀10%,良好20%的比例进行等级评定,优秀加2个学分,良好加1个学分。等级评定以专业为单位,二级学院自行设定等级评定标准后,报学校教务处备案即可"①。

(二)学分互换彰显灵活

自主学习学分作为学生的必修学分,对于全日制本、专科学生,《铜仁学院自主学习学分制的实施与管理办法》中明确规定:"其在校期间须至少获得自主学习学分类别中的相应学分,方能毕业。对于少数民族预科学生,在预科学习年限内须至少获得自主学习学分类别中的相应学分数方能申请进入本科阶段的学习。"但是,自主学习学分制中的四大模块各有特色,除阅读学分可控以外,其余学分的修习会因专业性质的差异在专业之间呈现出修习难易的差异性。为了解决某些专业因某些类型学分修习不易导致学生学分修习不够不能按时毕业的问题,学校灵活设定学分互换机制,除阅读学分不能被其他学分冲抵以外,其余学分之间均可以实现等量互换,但有冲抵上限,以便保证四大模块仍在自主学习学分中被全部包含在内,以在最大程度上满足各专业学生的自主学习诉求,培养学生的发展性能力。除此以外,学生获得超出规定部分的自主学习学分,还可以冲抵部分选修课程学分,最多冲抵4学分。这更加激发了学生自学的积极性,学生能够根据自身的学习兴趣,以饱满的热情投入相关自主学习中。兴趣是最好的老师,有兴趣地自主学习,将达到事半功倍的学习效果。

---

① 铜仁学院自主学习学分制的实施与管理办法,院政发〔2015〕181 号,2015 年 9 月 11 日.

（三）搭建平台支撑自主

有一定的平台作为载体，学生获取自主学习学分的积极性增强，可能性变大，学生发展性能力的培养与提升会更快。为此，搭建平台成为支撑自主学习学分良好实施的重要创新举措。平台的搭建又根据自主学习的需求，分为校级平台与院级平台两个层次，比如，由教务处牵头，各二级学院配合创办的"梵净学刊"就是典型的校级平台。"梵净学刊"创办的目的在于供学生将自己的读书心得体会等撰写成文发表，此平台还与教师的科研积分挂钩，激发教师对学生自主学习引导的积极性，同时覆盖自主学习学分制中"阅读学分"与"创新创业学分"两大模块，学生借此平台能够实现一举两得的效果，即通过阅读书目、撰写读书心得等，既能获得阅读学分，又能在发表读书心得等的同时获得创新创业中的科研训练积分，如此，也将极大地提升学生自主学习的效率，增强学生借助平台进行自主学习的积极性。再有，2018 年 9 月，为彰显学校的"山"字型人才培养模式，培养适应社会发展需求的、具有一定写作与沟通能力的复合型人才，学校成立田秋写作学院。写作研究院作为校级平台，将秉持"打破学科与专业壁垒，打破传统教学模式，打破学校教育边界"的原则，逐步实现通识教育与个性化培养的融通，着力构建口头沟通、积极聆听、理解性阅读、创造性写作和批判性思维为一体的人才培养体系。学生可以根据自身的发展需求，选修写作研究院的课程，参加写作研究院的活动，取得相应的学分，发展自身的能力。为学生在学科竞赛以及创新创业中得到更好的锻炼，学校成立大学生产教融合科技园、大学生创新创业实训中心、各学院成立学科竞赛培训班等，为学生能力的提升提供平台支撑，更好地助推学生发展。在《铜仁学院自主学习学分制的实施与管理办法》出台之后，图书馆也配合进行了丰富多彩的活动，助推制度的有效实施，如每个月评比"阅读之星"给予奖励；再如，举办朗读比赛等，拓宽学生自主学习学分的获取渠道，最大程度地满足学生的发展性诉求。

四、自主学习学分制改革的突出成就

铜仁学院自主学习学分制改革自 2015 年 9 月实施以来，到目前为止，已凸显一定的成效，取得了一些可观的成就。

（一）激活了二级学院的办学活力

二级学院是人才培养的主体,是学生学习、生活的乐园,赋予二级学院更多的办学自主权,将促进人才培养的个性化。"大学内设的二级院系是现代大学内部治理体系中演进最为悠久、结构最为丰富、承上启下作用最为关键的基层学术组织。学者们认为,大学中的校院关系与二级学院的治理是高等教育治理体系与治理能力现代化的重要内容,是激发大学办学活力、提升办学绩效的关键所在"①。自主学习学分制改革完全凸显了大学内部治理的优化格局,将学生阅读书目、各模块学分认定标准的权力等下放给二级学院,学校层面只进行宏观监督把控,这极大地促进了二级学院办学的积极性。各二级学院都积极投身于思考如何开展丰富多彩的活动来为自己学院的学生争取更多的学分修习机会,并思考如何为学生争取更多的平台来实现学生自主学习能力的提升,培养学生的发展性能力。比如自自主学习学分制改革实施以来,马克思主义学院开展读书笔记评比活动;社会发展学院为激发学生自主学习的积极性,营造良好的学习与科研氛围,举办首届大学生课程论文和读书心得竞赛;教育学院、人文学院、艺术学院、国际学院等开展院级层面、学术沙龙活动、系列讲座等,助推学生完成必修的自主学习学分。调研中发现,铜仁学院整体的讲座次数逐年增多,从 2014 年到 2018 年,实现了突飞猛进的增长,从 2014 年的 50 次,上升到 2017 年的 103 次,且 2018 年还在持续上升。学术沙龙的次数以及沙龙的质量都得到了较好的提升。

（二）与导师制结合实现了教学相长

"自主学习主要是以学生的自我主动性为前提而开展的,但也离不开教师的指导"②。每个学生都有一定的自主学习能力,但他们在自主学习中常常会因为缺乏方向性而无所适从,甚至会觉得"有力无处使"。作为具备一定学识素养和完备知识体系的教师能够给予他们方向性的指引,更能通过自身的学识影响和带动学生自主学习的积极性,帮助学生成功地实现从学习依赖到学习自主的过渡,尤其在自

---

① 宣勇.论大学的校院关系与二级学院治理[J].现代教育管理,2016(7):1-5.
② 王立平,张成勇.铜仁学院学生自主学习情况调查研究[J].铜仁学院学报,2016(2):95-100.

主学习初期,起到一定的桥梁作用,使学生具备自主、独立的终身学习能力,在沟通与交流中,潜移默化地培养他们合理分配时间、善于抓住学习重点的能力,通过学习兴趣的建立,使他们更加理性地投入自主学习之中。同时,自主学习学分制与导师制相结合,不仅促进了学生自主学习能力的提升,培养了学生的发展性能力,教师在交流沟通过程中,也提升了自己的教育教学能力,即从教师的引导到学生的逐步自主,也是一种真正的教学相长的过程。调研中发现,为提升学生的自主学习能力,各二级学院纷纷组织教师指导学生参加省市级大型活动,在指导中,师生之间实现了真正的教学相长。

(三)创造性地提升了人才培养的质量

提升人才培养质量,人才培养模式的创新改革是关键。铜仁学院的"山"字型人才培养模式紧跟时代步伐,全方位覆盖现代社会对人才的需求,尤其是新增的"自主学习"模块与"项目课程"模块,为培养适应未来社会的"整全人"创造了良好的平台。正如"授人以鱼,不如授人以渔",未来的学生不仅需要扎实的专业知识、过硬的专业技能,更要具有宽广的人文情怀、关键的创新能力,以及一定的自学能力,要学会学习,不断培养自身的发展性能力来适应未来快速发展的社会。学会学习,就需要学生在学习中发挥自身的主观能动性,根据自身的兴趣需要,自律、自主、高效地获取课堂之外的知识,不断建构丰富自身的知识体系,进而为自身的发展奠定知识基础,同时,知识的不断积淀发酵,潜移默化地转化为学生的发展性能力,除此以外,学生在自主学习的过程中,自主学习能力得到提升,学生对社会的适应性增强,自身的发展就会更加自由、全面,人才培养质量才能够得到真正提升,这无形中增强了铜仁学院在人才培养方面的自信心。在实际中,具体表现为学生参与讲座的热情高涨,每次讲座场面火爆,每次讲座以后,学生的收获丰富,心智得到了一定的锻炼。再有,自主学习学分制自实施以来,铜仁学院学生获各种省市级大奖逐年增多,表明了人才培养质量正在逐步得以提升。

五、自主学习学分制改革的全面概括

铜仁学院自主学习学分制自实施以来,成效显著,且因此次改革与"第二课堂成绩单"制度理念不谋而合,创新改革已经走在了前面。改革中,在制度建设等方面已经取得了一些经验,能够对自主学习以及"第二课堂成绩单"制度的实施提供一定的借鉴。但在 2017 年 9 月对自主学习开展情况的调研中也发现了些许问题:自主学习学分认定程序复杂,任务量大;创新创业学分和活动课程学分专业之间存在较大差距,对于艺体类专业,由于外出活动较多,较为容易获取,但对于思政专业等人文社科类专业获取难度较大;对于活动学分的认定,由于学校某些职能部门的介入,给学院认定工作带来不便,比如,学校某些职能部门组织的活动,职能部门直接开具了学分证明,由于对于文件认识的差异性,最后在学院按照自身实施细则进行认定时出现偏差,导致学生对学院认定的学分不满。针对以上问题,需要在今后的改革实施中及时规避,做到防患于未然。

在了解历史的基础上发展自身,才会规避前人所犯的错误,少走弯路。铜仁学院自主学习学分制改革仍在进行,在不断摸索、修正完善中,未来将紧密结合"第二课堂成绩单"制度,在保证优秀做法的基础上,将进一步创新出更加丰富的举措,走出一条更加创新、有效的路子,做到最终满足终身教育背景下学生发展性能力培养的极大诉求。

第三节 "山"字型人才培养模式自主学习的实践探索

实践探索一:基于导师制的食品科学与工程专业人才培养实践

自主学习学分制改革是学校促进高素质应用型人才培养,鼓励学生充分利用好课外时间,开展自主性、创新性和个性化学习而专门设置的学习制度。地方本科高校学生大多存在学习动力不足、学习目的不明确、意志不坚定,学习习惯不佳、个人规划设计不足、依赖性过强、自我监控能力差等自主学习能力弱的情况。探索本科生完全导师制,从制度、组织、队伍、方法等方面采取有效措施,对提升学生自主学习能力、促进学生学业发展,尤其关键。学校 2017 年出台《铜仁学院本科生导师制实施办法》①实施学业导师制改革,2020 年进一步修订完善导师制管理办法。食品科学与工程专业在实践导师制的过程中取得了较好的成效。

一、主要举措

(一)实施完全导师制,全方位、全过程育人

实施导师制的首要问题是确定"导"的对象、"导"的范围、"导"的目标、"导"的内容、"导"的方法。食品科学与工程专业探索实施综合型完全导师育人模式,从新生进校开始,通过开展"学生—导师"双选活动,确立生导关系。从新入学到毕业离校,导师从思想、生活、心理、学习、就业、发展等方面,对学生进行全方位、全过程指导。在新入学阶段,导师指导学生开展大学生涯规划,并在每个学段持续跟踪学生动态,合理帮助学生动态评估自身情况,指导学生合理进行学习、职业、就业规划调整。低年级阶段,导师引导学生认识学校、认识大学、认识学习、认识专业、认识行业,侧重于专业学习方法指导,促进学生从高中学习模式转型为大学学习模式,逐步引导学生自我规划、自主学习、自我监控;高年级阶段,加强培养学生的实践能力、科研素养,着力于提升专业能力、职业能力、创新能力。

(二)建设多样互动平台,自发式刚性交流

牛津大学要求学生每周约见导师一次,与导师讨论学术问题,导师指定阅读文献,学生交流文献心得。食品科学与工程专业的老师构建了师生互动平台,自发形成了像牛津大学这种刚性的交流机制。李刚风周五教室,每周五准时开放,固定时间、固定教室,学生自发地与教师互动交流,即使是疫情期间、李老师外出读博期间,采取线上交流的方式,周五教室活动也从未间断;除此之外,老师们还大量通过微信、QQ、钉钉等互联网工具,与学生加强交流。Pascarella 发现,"非正式(课外)的生师互动与生涯计划与教育期望、大学满意度、智力与个人发展、学业成就与大学坚持性五类学习结果存在显著的正相关"。导师制实施过程中,教师人文关怀、个别指导、因材施教,频繁的生师互动促进了学生更多的参与、更加努力学习,进而

---

① 铜仁学院本科生导师制实施办法,院政发〔2017〕142 号,2017 年 7 月 3 日.

促进学生获得更好的成长。

(三)合理实施高期望激励,促进学生增值发展

老教育家夏丏尊先生说:"教育上的水是什么? 就是情,就是爱"。食品科学与工程专业的老师们心中装着每一位学生,"不放弃每一位学生,让每一位学生增值、成才"是他们经常挂在嘴边的话。在持续指导的过程中,老师们以情动人、以诚换诚,师生间情感深度交流,彼此信任。分析每个学生的"最近发展区",对每个学生制订个性化的发展计划,并给予适当的"高"目标、"高"期望,鼓励学生"跳起来摘桃子",发掘潜能,激发动机,超越自我。把对学生的高期望转化为对学生的基本要求,促进学生学习的外在动力,升级到学生价值观形成的内在动力,从而促进学生学习动机的持续性,进而促进学生在学业上取得更大的成功。

(四)推进创新创业活动,提升学业挑战性

食品科学与工程专业的学生大多积极参加教师的科研项目,或者主持(参与)大学生创新创业项目,或参加学科竞赛活动,在多样化的创新创业活动开展过程中,教师设计与学生基础、兴趣、经历相适应的学习任务、研究内容、项目课程等,学生摒弃简单的知识记忆学习,在新旧观点间找寻联系,批判性思考,在实验实践中验收、探究、创新,不断深度学习。对于创新创业的活动,导师的关键在"引导",学生是活动的"主人",在"导"与"引"的过程中,学生持续开展文献查阅、方案设计、实验探索、成果分析、经验总结等学习活动,使得自主学习能力、自我监督能力、自我管理能力不断提升。

(五)传承优良学风,提升专业归属感

优良的班风、学风既影响学生对学校、专业的认可与接受,也促进学生积极参与学校活动、专业活动,并带来学业上的成就感,进而增强学生对学校、专业的认同与归属。食品科学与工程专业不仅重视学生之间的友好相处和沟通,还组织学习分享会、考研经验交流会、校园食品展、食品安全社公益活动、班级活动等丰富的学业活动,强化学生之间的专业交流,提升学生对专业的认同、对学校的认同。

二、育人成效

铜仁学院食品科学与工程专业自 2012 年 9 月开始招生,2016 年获学士学位授予权,同年获批建设铜仁学院食品科学与工程省级大学生创新创业训练中心,2019 年增列为校级一流专业。专业共招收本科生 8 届,共 366 人。专业始终坚持以学生发展为中心,逐步形成了课堂教学结合导师制下大力开展课外创新实践,提升学生以创新创业能力为主导的综合素质。自 2018 年以来,食品科学与工程专业已连续四年考研录取率全校第一,考取人数分别为 10 人、17 人、32 人、27 人,录取率分别为 24.39%、45.95%、66.67%、60.00%,毕业生从事食品行业的相关工作达 85% 以上,产生了四个"学霸班",成为名副其实的"学霸专业"。

食品科学与工程专业创新创业成果丰富,一是半数以上学生参加过创新创业活动,达 315 人次。2016 级、2017 级学生主持完成项目课程 82 项,省级以上创新创业训练项目 18 项。二是学生获省级以上各类竞赛 27 项,其中包括第十五届全国大学生"挑战杯"课外学术竞赛三等奖、第二届全国食品工程软件虚拟大赛一等奖等省级以上学术竞赛 13 项。三是学生以第一作者发表论文 11 篇(核心 4 篇);以第二作者发表论文 71 篇(核心 51 篇),参与论文发表学生达 128 人次。四是 92 人次学生以主要发明人获专利授权或公开 54 项,其中第一发明人获专利授权 3 项、以第二发明人获发明专利授权 2 项。五是 374 人次获职业资格或全国等级考试证书,其中 171 人次获得高级食品检验工等职业资格证书,38 人通过英语四六级。六是专业实践活动有特色,学生作为活动主体连续举办了五届特色食品展览会,学生自主研发产品由 10 多种发展到 70 多种;成立食品安全社,开展校内外宣传,达 6000 余人次。实践活动在全市乃至全省的影响力逐年提高,受到了贵州多彩网、铜仁日报等官方媒体报道。

实践探索二:学生读书笔记二则

我要去寻一盏灯
——读《追风筝的人》有感
2019 级应用物理学　糜欣

"我们要去寻找一盏灯,你说它就在大海旁边,像金橘那么美丽,所有喜欢它的孩子都将在早晨长大",这是顾城诗中的一句话,初读时,并不是感悟深刻,只是觉得这是一个很美很美的过程,而当我读完《追风筝的人》后,我觉得我要去寻的那盏灯是——勇。

我喜欢读书,在这个十八九岁的年纪大概都觉得人生这条路漫漫长长,可以慢慢成长,肆意消磨,但是当我每读完一本书就有那么一点点的感悟,我或许会犹像了,是否人生真的就这样慢慢成长了呢?打开《追风筝的人》,或许是因为人们潜在的对美好事物的发现力,我被主人公的父亲吸引了,那是一种大无畏的精神,即勇敢,他敢于和任何强大的恶势力作斗争,面对强压他也毫无退缩,也由此获得了德高望重的好声誉和收入丰厚的职业,这种勇气是主人公的爸爸从始而终的设定。主人公同父异母的弟弟哈桑也完美地继承了他父亲的优良品质,虽然他的地位只是一个小小的奴隶,身材也不魁梧,但是在面对善于斗殴且身材强壮的"敌人"时他却能站出来与之对抗。这种品质在一开始懦弱胆小的主人公阿米尔的衬托下,显得越发令人敬佩与喜爱,最后却因"勇"被纳粹杀害。由此可见,勇气或许不是一种彻彻底底于我们人生路上的"好东西"。但是即便是这样,我也愿意去寻找它,去拥抱它,顾城还说过,"你不愿意种花,你说,我不愿意看见它一点点凋落,是的,为了避免结束,你避免了一切开始,一切都明明白白,但是我们仍匆匆错过,因为你相信命运,因为我还怀疑生活。"看到这些珍贵的文艺诗句,我更珍贵它带给我的领悟,我要勇敢,在奔跑的道路上,在追寻自己所想的途中,勇气必不可少。

阿米尔的"勇"不是在他中年时期才做出的决定,其实我自己的性格更贴近阿米尔一些,甚至在老师提问时没有勇气去说自己的看法,没有勇气去阻止一些恶势力的作为。但要是所有人都像自己这般胆小,恶势力岂不更猖狂?于是我想要属于自己的生活,我知道我必须去忤逆命运原本给我的安排,我不想从不曾懂得自己想要什么,也不知道自己在失去什么,但青春已经远离了,我只想趁自己还年轻,在该勇敢的时候勇敢,因为我的内心深处知道我更喜欢中年后勇敢的阿米尔,那个样子的阿米尔在我心中时时刻刻发着光芒,提醒我,要勇敢。

我要去寻找一盏叫"勇"的灯。

不妨试试做自己想要的"木偶人"
读《木偶》有感

2020 级历史学　龙玉婷

世人都在学习爱世界,唯独忘记爱自己。

我们也曾以天使的身份登记在册,渐渐地,世人抹去了我的名字。离开了温暖的护翼,慢慢感受雨滴落下的声音,慢慢聆听树叶诉说的故事。我爱上了田埂上的安静,也痴迷于枣树那丰硕的果实。喜欢一个人的独处,厌倦了世界的喧嚣与繁华。

初读《木偶》,让我颇为复杂,它似是将我心底深处的尖刺连根拔起,与内心的声音产生共鸣;它又似一面照妖镜,将我随波逐流、循规蹈矩的麻木面孔毫无保留地曝晒在阳光下。我既喜欢又害怕《木偶》,喜欢它的诚实,它把现实中的"木偶人"展现出来,它不害怕受到谴责,也不害怕直戳心灵,它是勇敢的,无畏的;害怕它的直白,它把人们的现状公布于众,让"木偶人"情何以堪。

"尽量保持一贯的姿式/低头,弯腰,闭嘴/把翅膀收拢。"生于世俗,怎能不染淤泥。总得向一些人情世故屈服,对冷暖时局妥协。按照家人规矩给的模式、社会道德给的模式、生存规律给的模式活着,用力地活着。偷偷地,把颇有才华的天性藏匿于心,戴上面具,厮混于人鬼当中,麻木地活着。

"尽量不擦伤逐渐靠近的云朵/在无人的地方/悄悄地向前/挪动半步。"即使有着麻木运行的躯体,大脑也不会抛弃善良。即使穿梭于按部就班,也不会伤害旁人。"人之初,性本善",从小浸泡在中华优秀传统文化的蜜罐中,哪能失去善良的本心。即使是"木偶人",也无法脱离善行的掌心。我们都在按照各自的道路前行,坎坷的、默默无闻的,道路不尽相同。

"尽量听清楚节奏/敲锣,击鼓,拉二胡"。在人际交往中,我们耳旁总会有各种各样的声音,称赞的、批评的、嫉妒的、伪装的,数不胜数。而行之根,在于心。心若静,行则远;心若躁,行必止。学会与多种声音共处,取其精华,去其糟粕,坚守本心,才会扶摇直上。随着集体前行的节奏翩翩起舞,做一个与时俱进的"木偶人",这是最快的成长方式。

"尽量把剧本牢记/亮相,表演,谢幕/尽量注意面部的表情/笑不露齿/哭不张口"。化身成为一个编导,编写自己生命的剧本,塑造属于自己的角色,你是独一无二的演员,也是至关重要的导演。悄悄地长大,开始成为船只的掌舵人,你需要猜测面具下的表情,需要精准判断每一件事物背后的目的与真相,不再轻易相信粉红色的谎言。活着无非就是一场盛大的宴会,开幕与落幕看着毫无关联,却是不能失去的环节,就像交流当中少不了铺垫和完美的结尾。在这场盛宴里,你是主角,你伪装自己,为自己而活,为本心而活。

初入世俗,我们会像一个木偶没有方向,没有欲望;再入社会,我们会像一个木偶按部就班,循规蹈矩;抹去雨水,我们褪去了一身污泥,只剩下木偶的挺拔和坚毅。

我们学会了爱世界,也要学会爱自己。习惯了独处,热闹会成为一种奢侈。纵然有着混沌复杂的牵绊,我们也可以成为自己独宠的"木偶人"。坚守初心,慢慢把心里的万千思绪绽放出来;心静如水,大胆地感受山川河流的自然;敞开心扉,与心房里的自己来一场不醉不归的夜谈。

对一切的不好释然,原谅自己,不妨试试做自己想要的"木偶人",放过自己,成为一个坦荡的"木偶人"。

第八章 "山"字型人才培养模式项目课程

在"山"字型人才培养模式中,通识教育贯穿人才培养的全过程,既注重"全人"教育,也注重成人教育服务于成才教育;专业教育遵循职业需求、学术需求、人文需求三重逻辑,"凸显职业性""立足学术性""贯穿通识性"。在实践过程中,一方面,既注重系统的学科专业理论知识学习,也重视培养应用实践能力,以职业(岗位)胜任能力为基本出发点,对接产业链,强化职业指向性,探索通专融合、产学联动、兼顾双创的课程体系;另一方面,课程教学内容突出"七性",及时把学科新知识、新工艺、新方法、新技术融入课程教学内容,为应用型人才培养跟踪学科前沿、适应市场发展需求提供了基础支撑。"山"字型人才培养的实践中,无论是课程体系、教学内容,还是教学方法改革,都积极寻找学科专业知识、岗位实践能力的结合点,但仍存在学科专业知识与岗位实践能力契合度不够的现象,其本质在于未能对课程的设置逻辑做根本改变,也就不可能彻底动摇学科课程的根基。项目课程对接行业企业,面向真实岗位、典型岗位的需求,既促进学校教育与就业市场的"零过渡",也努力实现专业、职业、创新的相互衔接,服务学生未来职业可持续发展的综合能力。

第一节 项目课程的内涵与理论基础

一、项目课程的内涵

项目课程可追溯到17、18世纪,与自然科学家的实验、法学家的案例研究、军事参谋的沙堆(桌子练习)等属于同一类型的课程模式,只是项目课程在内容上不是经验的、解释的或战略研究,而是建造物品(如设计房屋、修建运动场或者制造机器)①。无论是大学教育、职业教育、基础教育,还是幼儿教育,均有项目课程。有课程论专家把课程中的"项目"划分成"有结构的项目、与主题有关的项目、与体裁有关的项目、模板项目和开放性项目"五种类型②。其中,有结构的项目,并非简单的技术项目,而是具有相对独立性的客观存在的工作任务模块,在这一工作任务中,要求制作出符合特定标准的产品,如要有一定的尺寸、包含特定的材料、能发挥特定的功能、满足规定好的质量标准等。中国职业教育经过近30年的探索,将项目课程定义为"以典型产品(或服务)为载体让学生学会完成完整工作过程的课程模式",彻底打破以学科课程为主体的三段式课程模式,建立起富有职业特色、能有效培养学生职业能力的课程模式③。

项目课程有两层含义:一是以项目为参照点设置课程。课程设置的参照点关乎课程的本质,学科课程是以知识为参照点设置,强调让学生学习系统的学科知识;技能训练课程是以技能获得为参照点设置,目的是让学生反复练习单项技能,也称实训课程;任务本位课程是以工作任务为中心来组织知识和技能学习的课程,

① KNOLL M. The Project Method:Its Vocational Education Origin and International Development [J].Journal of Industrial Teacher Education,1997,34:3.

② 夏惠贤.多元智力理论与个性化教学[M].上海:上海科技教育出版社,2003:82.

③ 徐国庆.职业教育项目课程的内涵、原理与开发[J].职业技术教育,2008,29(19):5-11.

也称能力本位课程;项目课程则是以项目为参照点贯穿整个课程内容,让学生在以项目为载体所设计的综合化情境中学习完成完整工作过程,并获得相关知识和技能的课程。二是围绕典型产品(或服务)的活动及活动的若干工作任务组织内容。项目课程内容组织并非围绕着一个个工作任务进行,而是围绕着一个个精心选择的典型产品(或服务)进行,严格地说,是围绕着基于典型产品(或服务)的活动及活动的若干工作任务来进行,可以说,工作任务是其最基本的单元,但工作任务是围绕典型产品(或服务)开展的,这是项目课程明显不同于任务本位课程之处。项目课程内容组织的关键是项目,其非传统意义上大型的生产或服务项目,而是对传统意义项目的微型化理解,按照实用的思路,把一个产品的加工、一个故障的排除、一个服务的提供都理解为项目,这些项目具有相对终结意义,至少必须可以作为具有相对独立性的中间产品(或服务),把知识和技能融合到项目完成的具体过程中,其涉及的知识和技能适量,遵照学习规律, 从易到难,易于学习。故其关键在围绕典型产品(或服务)而设计项目①。

二、项目课程的理论基础

(一)联系论

项目课程的理论是建立在职业能力本质理论基础上的,只有回答职业能力的本质与形成机制,才能清楚地回答项目课程的模式,才能促进学生职业能力的发展。职业能力在本质上即是知识与工作任务的联系。纯粹的知识不是职业能力,纯粹的工作任务也不是职业能力,只有当在特定情境中个体能把知识与工作任务进行合理结合,富有智慧地完成工作任务时,才能说它具备了职业能力。以知识积累为主的学科课程对增强理论理解是有效的,但对职业能力的形成效果不大。因此,发展职业能力要在与工作任务的联系过程中学习知识,项目课程的设计不仅仅要思考如何选择知识与技能, 更要思考知识与工作任务的联系,彻底打破按照知

---

① 徐国庆.职业教育项目课程的内涵、原理与开发[J].职业技术教育,2008,29(19):5-11.

识本身的相关性组织课程的传统模式,以工作任务为中心来组织课程内容①。

(二) 结构论

奥苏贝尔是最早发现认知结构对学习存在重要影响并对之进行了深入研究的心理学家,他认为,"认知结构是影响学习者获得同一领域内更新知识的那种能力的最重要的自变量"②。事实也如此,知识的组织方式往往比知识本身更为重要,正如学生获得了知识和技能,但并不会具备能力,高分并不代表高能。可见,"应用"与"能力"并非简单的线性演绎过程,而是复杂的结构转换。正如萨曲威尔所说,"专家的领域知识越多,组织得越好,越能理解技术体系是如何运作的,所获得的问题解决能力也越强"③,那么课程就不能仅仅给予学生知识,而有必要提供超越知识与技能学习的认知结构。分析新手与熟手,发现熟手的优势并不在于知识的量,其对某些专业知识的掌握可能还不如新手,但熟手的知识表征方式是以工作任务为中心的,意识焦点是工作任务,与之相关的知识则以背景的方式存在,其知识与工作任务之间构成一种动态的因果促成关系,随时推动熟手的选择和行动。新手的知识则是脱离工作任务,按照知识之间的关系而被表征,缺乏生成实践的功能。可见,要有效地"应用"和培养职业能力,打破知识的内在关系结构,重构知识与行动的产生式结构的过程,必须把职业教育课程结构与工作结构对应起来。因此,项目课程既要求课程设置反映工作体系的结构,也要求按照工作过程中的知识组织方式组织课程内容④。

(三) 综合论

从综合论角度看,把客观对象的各个部分结合成一个有机整体进行考察、认识,从中发现它们之间的本质关系和发展的规律,可以对决策对象的认识由小到

---

① 徐国庆.职业教育项目课程的内涵、原理与开发[J].职业技术教育,2008,29(19):5-11.

② [美]戴维·保罗·奥苏贝尔,等.教育心理学——认知观点[M].北京:人民教育出版社,1994:199.

③ Satch well RE. Using Functional Flow Diagrams to Enhance Technical Systems Understanding[J]. Journal of Indtstrial Teacher Education,1996,Vol. 34,No. 2.

④ 徐国庆.高职项目课程的理论基础与设计[J].江苏高教,2006(6):137-140.

大,由低到高,由零散到完整,由局部到整体,从而把握全局,立足长远。因此,掌握完整的工作过程对职业能力培养来说非常重要。首先,对工作过程的完整把握,是衡量职业能力水平的重要指标。其次,每一个具体的工作任务都是和整个工作过程密切联系的,只有理解了整个工作过程,才能从整体意义上理解每一个工作任务。项目课程模式的这一突破,一方面客观上要求设计能贯穿这一过程的载体,另一方面要求课程设计者充分意识到作为工作过程开始与结尾的一些细节的重要性①。

(四)结果论

要在知识与工作任务之间建立联系,并让学生掌握整个工作过程,发展学生综合职业能力,必须把实践理解为在特定工作情境中进行的活动。只有在特定目标引导下的职业活动才具备"联系"建立的功能。因此,项目课程强调以典型产品(服务)为载体来设计教学活动,整个教学过程最终要指向让学生获得一个具有实际价值的产品或服务。这是项目课程的一条重要而富有特色的原理。以典型产品(服务)为载体,从功能的角度看,可以有效地激发学生的学习动机。因为任何学习都是需要用"结果"来强化的,而现实产品是很有力的强化物。从理论的角度看,这意味着"实践观"的重要转变。传统的实践观把实践仅仅理解为技能的反复训练,或是孤立的工作任务的学习,从而把过程与结果割裂开来了。学生在课堂上的学习与行动的结果无关,他们所能体验到的仅仅是动作的不断重复,却无法体验到行动与后果之间的关系。用马克思的术语来说,这是一种异化了的实践。项目课程的实践观则把实践理解成了过程与结果的统一体,并认为实践只有指向产品获得才具有意义,才能达到激发学生学习动机、发展综合职业能力的目的②。

---

① 徐国庆.职业教育项目课程的内涵、原理与开发[J].职业技术教育,2008,29(19):5-11.

② 徐国庆.职业教育项目课程的内涵、原理与开发[J].职业技术教育,2008,29(19):5-11.

第二节 "山"字型人才培养模式项目课程的设计思路

在"山"字型人才培养模式的改革和实践过程中,通过"项目课程"的设置和实施,将人才培养的"触角"延伸到政府、行业和企业。项目课程遵循联系论、结构论、综合论、结果论,立足岗位典型任务之下的典型产品(或服务),开展教学活动,培养学生的综合应用能力,服务学生综合素质提升,探索出了一条"产教融合、协同育人"的新路子。

一、项目课程的理念

2017 年,学校尝试构建项目课程育人平台。项目课程定义为"围绕精心选择的典型产品或服务所进行的活动来进行的,活动是项目课程的基本构成单位。项目课程是以产品(或服务)为逻辑线索来展开课程,让学生知道该产品(或服务)需要加工哪些零件(或完成哪些环节),以及掌握如何综合更具体的工作任务来加工这些零件(或完成环节)。让学生在结果追求中学会如何综合这些过程,是一种典型的做中学的学习方式"。历经两年的实践探索,2019 年,项目课程升级定义为"以培养学生适应未来职场行业或岗位能力要求为目的,围绕岗位典型任务之下的典型产品(或服务)开展教学活动。课程内容以产品(或服务)为逻辑线索,采用做中学的学习方式,让学生知道该产品(或服务)需要加工哪些零件(或完成哪些环节),掌握如何综合更具体的工作任务来加工这些零件(或完成环节),引导学生在结果追求中学会如何综合这些过程,并进行创新深入地思考"。

比较 2019 年与 2017 年项目课程的定义,项目课程强化"课程目标要真对接未来职场行业或岗位能力要求,课程内容要以真任务产品为参照点进行组织设置,课程活动要以真项目为单位并采用做中学的方式,课程成果要真产出相对独立性的中间产品或服务"。项目课程既借鉴了职业教育项目课程的思路,又进行了改造和创新。学校高水平应用型的人才培养定位,既强调培养面向岗位的基本技能和综合应用能力,也强调培养服务行业产业发展的创新能力。因此,项目课程在人才培养体系中定位于弥补通识教育平台、专业教育平台在培养学生岗位综合能力以及创新能力上的不足。对于项目课程的目标,一方面强调基于岗位典型任务之下的典型产品(或服务)在与具体工作任务和典型产品相结合的过程中,提升学生综合能力,并通过典型任务、典型产品或典型服务,达到举一反三的效果。其强调对接行业企业面向真实岗位、典型岗位的需求,服务于未来职业,促进学校教育与就业市场的"零过渡"。另一方面也强调基于岗位典型任务之下的典型产品(或服务),加强跨行业、跨学科、跨专业的理论知识的学习,开展服务通识教育、专业教育、职业技能高度融合的教学活动,以发展学生在技术、业态、模式、产品等方面的创新意识或能力,努力实现专业、职业、创新的相互衔接,服务学生未来职业可持续发展的综合能力。项目课程示例见图 8-1。

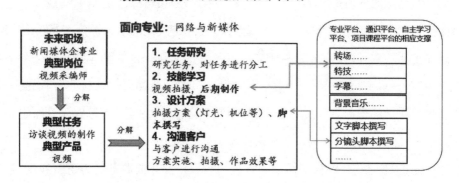

图 8-1　网络与新媒体专业项目课程示例

二、项目课程的类别

根据项目课程突出未来岗位综合能力以及创新能力的目标定位,以及项目课程涉及项目活动的性质,将其分为创新实训、创业实践、社会服务三种类型。见图 8-2。

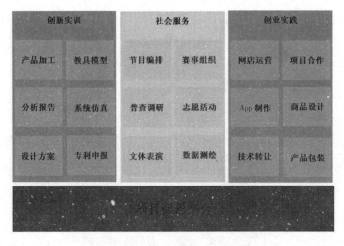

图 8 - 2　项目课程的基本类型

根据项目课程的规模(即完成项目课程任务所需活动的时长或学生在项目课程中实际可支配的经费),分为大型、中型、小型项目课程。见表 8 - 1。

表 8 - 1　项目课程分类一览表

项目课程规模	耗时(小时)	可支配经费	
		人文社科类	理工农医、艺术类
大型	200h 以上	2 万元以上	3 万元以上
中型	100～200h	3 千元～2 万元	5 千元～3 万元
小型	100h 以下	1～3 千元	2～5 千元

三、项目课程的设计

项目课程要遵循能力导向与产出导向,由教师主导完成项目课程的内容及任务设计,以学生为中心自主开展学习活动。对于项目课程的设计,一要广泛开展岗位能力需求调研。项目课程要明确专业面向的主要行业、典型岗位并进行能力需求分析,结合人才培养目标及毕业要求,梳理出系列典型任务以及典型任务之下的典型产品(或服务),然后将一个或多个典型任务综合成为一门项目课程,供学生选择。二要以应用形式融入多学科的理论知识。设置项目课程时,教师要将多学科专业理论知识以应用的形式融入具体任务中,学生能在追求完成任务、自主开展项目活动过程中进行多学科的理论学习及技能训练,满足学生适应未来多变环境中更复杂的任务对多学科理论知识和技能的需要。三是面向真实岗位、真实产品、真实服务、真实需求、真题真做。四要具有相对独立性的中间产品。项目课程设置的典型工作任务是具有相对终结意义的,即必须产出具有可以作为相对独立性的中间产品(或服务)。项目课程设置的初级任务可相对简单,高级任务可相对复杂,并鼓励学生创造性地提出新的任务目标。五要鼓励学生自主开展项目活动。项目课程鼓励学生根据任务要求自主开展项目活动,鼓励学生跨学科专业组成学习团队进行多学科知识与技能的综合应用研究。指导老师应对其完成任务所设计系列活动的合理性、可行性进行评估,并适时提供指导,确保目标达成。

在设计过程中,结合《教学质量国家标准》及相关课程大纲的基本要求,将岗位的能力目标与课程的教学目标以"一对一""一对多"或"多对一"的形式映射关联起来,然后进一步将一个或多个课程模块的教学目标所对应的教学内容综合成一门项目课程,并将该项目课程的学习任务设计成具有相对独立性的便于考核评价的中间产品(或服务),见图 8 - 3。

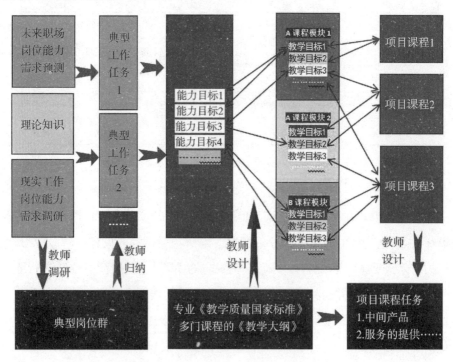

图 8 - 3　项目课程设计逻辑

依据任务的复杂综合程度,项目课程设置了对应的课程学分,要求每名学生在校期间共完成6学分,并必须以第一负责人身份完成至少一个项目课程的学习任务。项目课程学分设置根据任务的复杂程度、工作时长等因素明确。大型项目课程最高不超过6学分,中型项目课程最高不超过4学分,小型项目课程最高不超过2学分。社会服务类、创业实践类项目课程,除按工作时长进行量化外,可适当依据学生可支配项目经费的多少进行学分的认定。项目课程的开课周期一般为1学期,开课周期内一般不对学生的学习时长做具体要求,由学生团队在规定时间内自主完成课程任务。对开课周期有特殊要求的,需再特别说明。

四、项目课程的实施

项目课程的实施流程主要有"项目发布—项目申请—制订计划—实施计划—评估反馈"五个阶段。项目课程实行申报制度,学生首先需要提交项目申请,由项目课程负责单位组织开展申报答辩工作,校内外专家对项目课程的意义、工作计划、可行性做出评估。项目课程考核方式采取"项目报告 + 答辩"的形式,在开课周期内,可依据学生修读进度随时开展考核工作,须确保开课周期内至少进行一轮考核工作。项目课程以产出成果为考核依据,达成项目课程目标的,认定相应学分。无论是申报答辩,还是考核答辩,教师与学生的对话与互动,本质是促进学生进行反思。从项目课程的实施流程来看,其充分体现了以学生为中心,面向学生的个性化需求,重过程、重对话、重反思、重发展,通过在完整的、综合的、真实的工作任务中学习、实践、思考,加深了学生对真实工作任务的认知和了解,最终促进应用能力提升。

第三节 "山"字型人才培养模式项目课程的实施路径

项目课程是学生的必修课程,课程资源是否丰富,类型是否多样,成为项目课程是否能够成功实施的关键所在。学校创新工作思路,依托多方资源,搭建了丰富的项目课程实施平台。

一、挖掘校内隐性资源开发课程

校内隐性资源是指学校运行过程中客观存在的、可转变为学生实习实训所需要的、以行政资源形式存在的隐匿的各种教学资源。通过资源调配、人员调配、部门职能转换(如后勤处的绿化科调整到农林工程与规划学院,更名为绿色校园发展中心)等多种方式,深度挖掘整合了校内各种隐性教学资源,搭建了较为丰富的项目课程实施平台,开发了系列项目课程,见表8-2。

依托平台资源,项目课程把专业典型岗位的能力目标与传统学科课程群的教学目标融合在一起,科学凝练出了系列能力清单,从而有效地引导激发学生主动围绕能力的达成,开展了丰富的学习活动。

表8-2　基于校内实习实训隐性教学资源开发的项目课程(部分)

隐性资源	项目课程名称	涉及传统学科课程	能力清单
游泳馆	游泳	《水上运动》《城市休闲运动》《体育心理学》《社区休闲体育与社区管理》《运动伤害事故处理与急救》	游泳技能　训练教学　心里干预　事故急救　项目策划　项目管理
明德湖	水资源综合利用	《鱼类增养殖学》《水生生物学》《捕捞学》《养殖水环境化学》	鱼类繁殖与养殖　鱼类捕捞技能　水质生物学观察
校园绿化	景观植物养护	《植物学》《草坪学》《花卉学》《园林植物造景》《CAD 制图》	植物搭配　绿地构建　花卉选择搭配　景观设计等
校史馆	校史馆解说	《秘书写作》《秘书礼仪》《现代汉语与秘书口才》《秘书实务》	解说词写作与讲解　讲解礼仪　参观接待
铜仁学院微校园	微校园运营管理	《新闻采访与写作》《非线性编辑》《视听新媒体制作》《新媒体产品策划与包装》	新闻采访　新闻稿写作　视听新媒体制作

二、校政企协同搭平台全员育人

学校充分发挥高校社会服务职能,牵头推进与政府、企业、行业的合作,统筹协调全校人力资源、科技资源、文化与艺术资源、设备与场所等教育资源,与170多家成员单位组建了"铜仁学院产教融合创新发展联盟",成员单位涉及区域内农业、林业、环保、旅游、大数据、教育、法律、交通、规划、文化、艺术等多个领域,极大地丰富了项目课程平台的教育资源。

在社会服务工作开展过程中,逐步探索出"引水灌田"的校政企协同育人的模式,包含"引社会服务之水,灌人才培养之田""引科技服务之水,灌人才培养之田""引产业服务之水,灌人才培养之田"三个维度,将优质社会服务项目、横向科学研究资源、产业资源转化为育人资源。无论是横向科研项目,还是公益性服务,在项目争取、方案制订、具体开展等工作中,都要尽可能让更多的学生有机会参与,并使其在参与的过程中能够接触社会、开拓眼界,学到更多的知识或技能,得到更多的锻炼[①]。

以社会服务项目开发项目课程为例,围绕优势平台开发了系列社会服务类型的项目课程,见表8-3。在实施过程中,学生带着项目课程任务深入区域行业开展学习活动,将学习活动延伸到了未来的行业岗位当中。

表8-3 基于社会服务活动开发的项目课程(部分)

社会服务活动	项目课程基本内容	学生学习情况
黔东武陵农业产业扶贫有限公司中药材标本馆建设	黔东武陵山区域中药材标本的采集、制作及保存养护	生物科学专业7名学生完成该项目课程学习
贵州碧江国家湿地公园生态样地监测与研究	碧江国家湿地公园生态样地生物多样性动态变化监测	园林、林学专业12名学生完成该项目课程学习
佛顶山景区昆虫种类调查	景区昆虫标本的采集与制作,昆虫生态照的拍摄	园林、林学专业7名学生完成该项目课程

---

① 罗静,杨天友.应用型高校"引水灌田"模式的形成及其价值[J].铜仁学院学报,2020,22(3):34 - 42.

续表

社会服务活动	项目课程基本内容	学生学习情况
2017 铜仁市校园足球"三级"联赛	开幕式的筹备、赛程的编制、竞赛手册的制作、裁判工作	体育教育专业 17 名学生完成该项目课程学习
德江县旅游企业信息调查	对德江县域所有旅游企业的经营范围、经营现状等信息进行普查	旅游管理、酒店管理等专业 30 名学生完成学习任务
铜仁市外宣设计	表情包设计"桃源妹""仁义哥"	视觉传达与设计专业 5 名学生完成学习任务

三、服务学习拓展人才培养边界

传统的生产实习、定岗实习等协同育人实践,普遍存在需求不对称、受限于人才培养模式等问题,有严重的"两张皮"现象。服务学习是铜仁学院针对项目课程建设和应用型课程开发进行的一项教育教学改革。服务学习立足于社区的真实需求,将学生的学术性课程与社区服务整合为教学单元,将课堂扩展到特定的社会区域及所属企事业单位。其以师生开展真实社会服务活动获得学习经验,学生学习活动基于特定的行政区域或企业开展,探究、反思、解决的都是真实的现实问题,其教学的目标和内容、工作的场所以及工作的对象等,无一不体现了行业社会的现实需求,使得学生通过服务实践将自己的所学加以检验,并对服务活动进行反思,进而加深对原有课程内容的理解,拓展专业知识面,尤其促进学生发展适应真实的社区需求的服务能力。

2018 年 5 月,学校出台《铜仁学院服务学习实施方案》,对推进服务学习工作进行了总体规划,从人才培养、课程体系、校地融合新机制三个层面明确了服务学习的目标,并对服务学习改革试点工作提出了具体要求。2018 年 9—10 月,旅游管理专业组织实施了以"服务旅游"为主题的服务学习活动。该专业学生围绕铜仁市旅游发展大会举办地的现实需求,结合《旅游景区规划》《导游词编撰实务》《导游能力训练》《礼仪培训》等多门课程的学习任务,在实地开展了旅游景点规划、旅游产品开发、景区解说词编撰、旅游解说等系列服务活动。2019 年 3—11

月,大健康学院以生态移民社区为出发点,围绕坞坭社区生态移民搬迁的特殊属性,组织社会工作、护理学、休闲体育等专业的学生参与到社会服务公益项目中去,实施了以"生态移民社区校地联建"为主题的服务学习。学生围绕社区建设的诸多现实需要,根据坞坭社区的群体属性的不同,分别开展了亲子活动、儿童公益课堂、心理健康咨询、"四点半"课堂、留守儿童关爱、邻里舞蹈队等服务学习活动,为社区工作提供了实质帮助。

在上述两个服务学习案例的实施过程中,学校组织开展了前期调研,基于专业课程、社会服务项目设计了服务学习方向,把社区的现实问题与学生的知识学习结合起来,为学生创建了一个真实的学习场景。学生在这一真实场景中,进行理论知识的学习、服务活动的开展及持续的分析反思,学生的价值发展得到全面提升。与此同时,社区也得到了实质性的帮助①。

第四节　"山"字型人才培养模式项目课程的实践探索

2016 年,学校提出项目课程教育平台基本概念;2017 年,发布项目课程的实施与管理办法;2018 年,建立"梵净卓越工作坊",探索工作坊制度下的项目课程实施;2018 年,首次发布项目课程校级案例汇编;2019 年,首次正式发布行政部门项目课程;2020 年,首次对项目课程教师指导工作量进行认定;2021 年,校级项目课程集中备案数量突破 1000 项……

实践探索一:"引水灌田"融合式应用型人才培养路径探索报告

"问渠那得清如许?为有源头活水来。"学校构建"引社会服务之水,灌人才培养之田"的社会服务与人才培养职能融合模式,将大学职能从传统意义上的"肩并肩"创造性地融合为"手挽手"。一方面,积极践行地方本科院校服务地方经济社

---

① 冉耀宗,张新婷."引水灌田"模式下地方高校服务学习改革[J].铜仁学院学报,2020,22(3):53-59.

会发展使命;另一方面,持续深化产教融合,源源不断地在服务过程中引入人才培养资源,实现"应用型人才"培养质量和"双师型"教师队伍建设水平"双提升",培养出地方经济社会发展需要的高素质应用型人才。

一、"引水灌田"模式的提出及其形成

2017年2月,《教育部关于"十三五"时期高等学校设置工作的意见》明确将高等学校分为研究型、应用型、职业技能型三种类型。其中,应用型高校"主要从事服务经济社会发展的本科以上层次应用型人才培养,并从事社会发展与科技应用等方面的研究。"这就要求应用型高校要强化社会服务职能,并通过社会服务凸显其应用属性。同年12月,在国务院办公厅发布的《关于深化产教融合的若干意见》中,提出了"统筹协调,共同推进""服务需求,优化结构""校企协同,合作育人"三项原则。

学校地处西部经济欠发达地区,铜仁市是贵州省"欠发达、欠开发"程度最深、经济总量最小、财政投入较少、财政收入偏低的地级市,虽然市委政府非常重视教育,有"小财政办大教育"的美誉,但对学校应用转型发展需要的较大投入也是力不从心、捉襟见肘。同时,校内没有工程技术学科优势和技术积淀,校外没有密集技术行业、企业支撑。

在这样的内外环境条件下,如何从体制机制改革入手,充分利用地方高校"学术资源集聚高地"优势,激发师生团队活力,既履行好社会服务的职能,又谋划好社会服务对应用型人才培养的反哺,用学术资源向社会换取优质的教育资源,将人才培养与社会服务职能从"肩并肩"融合为"手挽手",从更加巧妙的角度推进产教融合、校企合作,培养高素质应用型人才,是一项非常值得探索的命题。

因此,学校构建了"引社会服务之水,灌人才培养之田"模式(简称"引水灌田"模式),将应用型高校的社会服务与人才培养职能有机融合,既遵循了大学职能的理论逻辑,也开辟了产教融合的路径创新。2017年,公开出版的《依托梵净服务发展——铜仁学院社会服务经典案例》(第一辑)序言中,明确提出了"引水灌田"模式的概念——"'项目课程'是学校培养高素质应用型人才的必修课,学校将'引社会服务之水,灌人才培养之田'从对教师的'鼓励、倡导'变为'必须'。"2019年修

订的《铜仁学院社会服务工作管理办法》①的第一章中明确提出,"社会服务是指学校派出师生,以政策研究、决策咨询、科技成果转化等形式,为推动地方经济社会发展提供服务,其目的是培养高素质应用型人才,打造'双师型'教师队伍,履行社会服务职能,即'引社会服务之水,灌人才培养之田'。"将"引水灌田"模式写入学校正式印发的文件,说明其在学校已经取得了合法地位,为师生所认同。

二、"引水灌田"模式的顶层设计

1.强化机构,完善制度,为"引水灌田"做好保障

学校创新成立社会服务中心处级部门、各二级学院成立社会服务科,改变了社会服务没有抓手的局面,学校社会服务、社会服务反哺人才培养的机构和机制逐步完善。2017年8月出台的《铜仁学院社会服务管理办法》明确要求教师在组建团队实施社会服务项目时,须有3名以上的学生参与,且同一教师一年主持多个项目时,学生重复参与率(每两个项目之间的相同学生人数占总人数的比率)在40%以下。从机制上将"社会服务之水"引向了"人才培养之田"。

2.紧扣目标,创新模式,为"引水灌田"找契入点

"山"字型人才培养模式中,项目课程培养学生的应用能力,服务学生综合素质提升。项目课程分为创新实训、创业实践、社会服务三种类型,这是所有专业学生的必修学分,这就从人才培养体系上在"人才培养之田"找到了"社会服务之水"浇灌的契入点。

3.注重细节,开发资源,将"引水灌田"落到实处

《铜仁学院社会服务管理办法》中,根据社会服务工作的内容不同,分为了人才服务、文化服务、技术服务、科创服务、公益服务等七个类别。从服务形式上看,有横向项目、科技指导、进驻行业企业、山村学校支教、职业农民培训等。以横向项目为例,从项目争取、实施、验收三个环节阐释"引水灌田"的工作过程。学生在参与社会服务的过程中,真正实践了基于真实岗位、真实任务、真实工作过程的学习,践行了项目课程的核心理论,在做中完成了学。

---

① 铜仁学院社会服务工作管理办法,铜院政发〔2019〕83号,2019年8月28日.

三、"引水灌田"模式的核心内容、做法及成效

（一）"项目引领，任务驱动"，在真实的工作环境中提升应用型人才培养质量，实现"黔东处处是校园"

1904年，美国威斯康星大学校长范·海斯在就职演讲中明确提出他的办学理念："州立大学的生命力在于它和州的紧密联系。州需要大学来服务，大学对州负有特殊责任，州立大学教师应运用其学识专长为州作出贡献，并把知识普及全州人民。"他提出，大学必须参与所在州的具体社会事务，将威斯康星大学的边界拓展到州的边界，把全州看作是威斯康星大学的教学场所。铜仁学院是铜仁市人民政府举办的大学，学校的核心办学理念中的"铜仁需求，国家标准"和范·海斯校长提出的"为州服务"的办学理念是一脉相承的，是威斯康星理念在铜仁学院的实践和发展。在社会服务过程中，既服务了社会，也在服务社会的过程中培养了学生，实现了"黔东处处是校园"的目标。

1.项目争取

无论是企业、政府，还是基层、农村，无论是科技研发，还是决策咨询，校园外的需求都是客观存在的。校外需求和校内团队如何才能"对上眼"？这就需要师生团队主动走出"象牙塔"，获取项目信息、评估技术实力、撰写可行报告、洽谈合作事宜等。这些工作内容恰恰是传统的人才培养过程没有涉及而学生在毕业后的职场中经常遇见的。

2.项目实施

"项目课程"指导教师首先给学生提出团队意识、纪律遵守、吃苦耐劳、通力合作、安全规范等方面的要求，然后再结合从专业相关课程中重构的知识模块，讲授完成项目所需要掌握的相关知识、技能和方法，然后开展"真题真做"的现场教学。

学生在实际项目中学习，当遇到困难或问题不能用平常在课堂上学过的知识解决时，会迫使他们通过主动请教、查询资料、小组讨论、教师指导等方式解决，从而提升学习能力。当发现教材上的某些知识或方法已经过时，可以用更加高效率的方法高质量地完成任务时，他们会深入思考，反复推敲，并主动向指导教师提出自己的新观点、新方法，要求教师组织论证，从一定程度上提升了学生的创新能力。

3.项目验收

任务完成后,主持人带领团队按照合同书要求,逐条梳理指标任务,对照完成情况并整理支撑材料,撰写结题报告,接受项目委托方的验收,验收完毕,证明项目任务完成。

作为项目团队中的一员,学生参与社会服务项目的争取、实施和验收全过程,对项目工作的系统性有了全面的了解,对学科专业的理论知识和实践应用的结合有了真切的体会,专业知识和技能掌握得更加扎实,综合素质得到了进一步提升。

(二)"创新机制,分类管理",在实施项目过程中实现"双师型"教师队伍建设水平提升

地方院校尤其是新建地方本科院校教师大多是从高校毕业到高校就业,对所学专业领域的系统性理论知识掌握较好,但对"地方"了解甚少,与培养"高素质应用型人才"所需要的"双师型"教师的要求相差甚远。如何让教师走出"象牙塔",主动通过服务地方,了解产业发展需求,提升专业实践技能,实现向"双师型"教师的"华丽转身",是一个值得研究并迫切需要解决的问题。

对于铜仁学院来说,传统的到"企业、基层锻炼"方式仅靠"锻炼时间"多少来评价队伍建设成效,实际收效甚微。但是,简单"要求"或"安排"教师走出校园,主动带领团队开展社会服务,积极性很难调动。

1.深入理解"双师型"教师内涵,为队伍打造的路径创新提供依据

当前,大多数高校从"双证书""双职称"等外部资格上对"双师型"教师进行认定,通过鼓励"到企业、基层锻炼""考行业资格证书"等措施打造"双师型"教师队伍。这种做法并没有达到应用型高校所需要的"双师型"教师的标准与要求。鉴于此,铜仁学院深入研究"双师型"教师内涵,认"双证书""双职称",但不唯有"双证书""双职称",通过建立机制,引导教师走进社会,在完成社会服务项目任务的过程中培养"双师"的能力。

2.创新考核机制,教师在服务各行各业的需求中实现价值提升

学校出台了《教师岗位专业职责分类管理办法》,设立了教学为主、科研为主、社会服务为主、管理为主四个考核类型。在《社会服务管理办法》中,既鼓励教师以挂(兼)职,进驻政府、行业企业,支教等形式开展服务工作,也鼓励以科研、技术、人才、文化等形式深入一线开展服务,并结合教师晋升专业技术职务有"到县

级及以下单位从事社会服务工作"的时间要求,用"系数"将社会服务积分换算为社会服务时间,并以"同分同值"原则打通了社会服务与教学、科研业绩的积分互换通道。2017—2019年,学校完成社会服务项目接近1000个,到账经费超过6500万元,项目任务涉及农业、林业、环保、旅游、大数据、教育、法律、交通、规划、文化、艺术等多个领域,教师在服务各行各业的需求中将论文写在铜仁大地上,把科技成果应用在推进铜仁现代化进程的事业中,实现了多方价值的提升。

(三)撰写案例,做"搬运工",将"桶装水"引入课堂,服务教学内容更新

为挖掘"社会服务之水"的育人价值,做到"细水长流",学校要求项目团队做"搬运工",将好资源包装成"桶装水"放进专业教学资源库,方便授课教师将其"搬进"课堂,让没有直接参与项目实施的师生间接享受"社会服务之水"。从2017年至今,《依托梵净 服务发展——铜仁学院社会服务经典案例》已公开出版三辑,共收录各式案例106个。仅这106个项目,就有31个专业的967人次教师和1742人次学生参与项目实施。

2020年,学校全面深化改革工作中,将《"引水灌田"模式最后一公里的路径开发——基于"七性"课堂之实用性建设需求》作为校级改革项目立项,目的是"在继承传统课堂教学模式精华的基础上,将现实生活中曾经发生或正在发生的事件作为教学案例引入课堂,使更多的学生享受到'社会服务之水'中的'桶装水'的'浇灌',使学生置于案例背景和角色之中,激发他们的思维火花和求知欲望,最大限度地增进学生主体的参与性、教学内容的实践性及综合能力养成与提升的可能性。"

实践探索二:建设"梵净卓越"工作坊,打造校企合作育人平台

一、基本情况

"梵净卓越工作坊"是学校基于"山"字型人才培养模式,依托铜仁区域丰富的自然文化资源和学校、学科与专业的优势,充分利用社会行业资源及本校可教育化行政资源,重点建设打造的学生个性化特色发展平台,面向全校学生开放。2018年,学校出台《铜仁学院"梵净卓越工作坊"实施细则》《铜仁学院"梵净工作坊"实

施方案》,并遴选了12个工作坊。工作坊探索校企合作育人新思路,以科研创新、社会服务、创业实践等活动为主要形式,以"研"促进"学"与"产"紧密结合,服务地方文化的传承与创新,培养面向未来职场的高素质应用型人才。

二、工作坊简介

通过几年的建设与发展,工作坊探索"校企双导师"合作育人的模式,加强校企合作,拓宽科研训练和实践创新平台,使学生在校期间就能接触到教师的科研课题以及来自企业的实践项目,培养服务行业企业需求的零距离创新应用型人才。目前,已形成特色食品研发、茶油化妆品研制、苗绣工艺的传承与创新、文创产品设计、3D打印、红色文化传承、特殊儿童康复与爱心公益等特色主题,逐步凝练出了特色育人模式,开展了系列特色品牌活动,产出了众多学生创新实践成果,已逐步成为具有一定示范引领作用的创新实践基地。

(一)"医者仁心"工作坊

1. 工作坊的主题
(1)残疾儿童康复案例库
(2)区域残疾人公益服务
(3)"医教结合"学术沙龙

2. 研究方向
残疾儿童教育康复方法、残疾儿童康复辅助工具设计、特殊儿童教育评估。

3. 实施情况
工作坊与铜仁康复医院、铜仁宏昕康新中医医院儿童康复中心合作,共建"医教结合"陆艳博士工作站,探索出高校引领下"课堂进医院 + 康复进学校"校企深度合作新模式。一是高校引领,将"课堂搬进医院",在康复医院开设特殊教育课堂,设计残疾儿童个别化教育康复课程体系,对残疾儿童进行分类、分班教学。二是高校引领,将"康复引入特校",辅助特殊学校开设学前儿童教育康复课程。三是积极服务社会,与康复医院、残联、特殊学校等机构定期举办"医教结合"学术沙龙、世界自闭症日公益活动、"牵手蓝天·走进星星的你"志愿者服务活动、"我为群众办实事"系列公益品牌活动。工作坊在校企合作过程中,"引水灌田",带领学生深入实践,参与各项康复案例训练,探索残疾儿童教育康复新方法,开展残疾儿童康复案例研究,培养特殊教育专业学生的实践技能及教育研究能力。

4.学生成果

三年来,特殊教育专业128人次参与工作坊项目,开展项目课程32项。参与工作坊的学生获省级以上大学生创新创业项目立项15项,其中国家级立项8项。学生在省级以上刊物发表论文20余篇,获得实用新型专利2项,获得软件著作权3项,省级学科竞赛获奖4项,完成"手语翻译红色教育手绘故事"一套;参与自闭症儿童的个别化康复训练,共训练12位自闭症儿童;辅助教师完成《自闭症儿童教育案例研究》与《特殊教育学生教育诊断与评估工具的应用研究》。

5.教与学的感悟

工作坊为学生搭建了很好的认识专业、认识行业、认知自己的平台。学生通过参与工作坊的各项活动,了解儿童心理、践行师德规范、涵养教育情怀、主动交流合作、丰富专业知识、提升教学技能。

——"医者仁心"工作坊　陆艳

在一次次的助残公益活动中,我们渐渐了解残疾人,慢慢懂得特殊教育这个特殊专业的担当。生命再渺小也有其存在的价值,作为未来特殊教育教师,就是要点燃残疾孩子生活的热情,发掘残疾孩子智慧的火花。

——2016级特殊教育　钟丹丹

(二)"铜灵设计"工作坊

1.工作坊的主题

(1)黔东特色文创产品设计

(2)地域农特产品包装设计

(3)动画创作

2.研究方向

传统文化与现代设计契合、品牌空间识别设计。

3.实施情况

"铜灵设计"工作坊立足于黔东地区丰富的文化资源,致力于在传统文化与现代设计契合的研究与开发中培养学生。一方面,与深圳永嘉品牌策划公司、伍铢文创中心等开展企业合作,将企业的真实项目引入工作坊,开发项目课程。通过理论教学、项目实践、学科竞赛相结合的方法,校企双导师与学生共同完成设计作品。学生为永嘉品牌策划公司等企业创新个性化识别设计、产品包装创新设计、包装插画设计,完成80余件作品的创作设计,实现设计成果产品化、市场化。在企业真实项目的设计实践中,有效提升了综合专业技能,锻炼了解决实际问题的能力,提高了学生团队合作和沟通表达能力,也促进产学研创新成果向现实生产力转化,服务地方文创产业。另一方面,工作坊捕捉社会焦点,将设计主题和社会热点相结合,开展"工作坊进村落主题实践项目""走访民间艺人""厉行节约、反对浪费"公益海报设计、"抗击新冠疫情"公益海报设计等特色项目活动,积极服务社会。用设计语言弘扬中华民族的优秀传统文化,厚植学生的家国情怀,倡导学生做有灵魂的设计师。工作坊已成为高校与企业、"象牙塔"与社会、教与学、理论与实践、研究与设计、成果与推广融通的平台。

4.学生成果

三年来,视觉传达设计专业共计50余人次参与工作坊项目,跨越了5届学子。开出项目课程12项,完成毕业论文30篇,立项建设大学生创新创业项目7项,其中省级5项、国家级2项;以学生为第一作者公开发表论文、作品9篇;以学生为第一发明人申请发明外观专利5项;获得专业竞赛25项,其中国家级1项,省级12项,市级12项。

5.教与学的感悟

开展项目课程不仅仅是促进学生知识和技能的学习,最重要的是借助设计实践来培养学生敏锐的观察能力、独立思考的习惯,这些素养最终会成为学生发展的催化剂。

——"铜灵设计"工作坊 田隽

工作坊不是课堂,但胜过课堂,它是课堂学习方式的延展,增长了我的见识,开拓我的视野。在工作坊项目实践中,我们主动思考、主动探索;在工作坊项目实践中,我们交流合作、共同进步。

——2018级视觉传达设计专业 何庆康

（三）"玉言皂心"工作坊

1. 工作坊主题

（1）茶油日化用品研发

（2）绿色纯手工日化用品产业化

2. 研究方向

（1）绿色茶油日化用品配方设计

（2）绿色茶油日化用品制造工艺

（3）绿色茶油日化用品活性成分提取工艺及优化

3. 实施过程

工作坊以研发和推广产品为依托，围绕产品研发开展系列项目课程，着力于学生培养。以玉屏茶油为主油，辅以橄榄油、椰子油、棕榈油、葡萄籽油、小麦胚芽油、乳木果油等其他植物油脂，制作绿色、纯天然、零添加的茶油日化产品，已研发茶油面霜、茶油乳液、茶油洁面皂、儿童泡泡洗手液、男士用茶枯洗发皂液、内衣清洁皂六款产品。通过系列项目课程的实施，学生对《物理化学》《化妆品工艺学》等课程的内容有更直观、更深刻的理解，培养和提高学生灵活运用知识解决实际问题的能力，让学生能够学以致用。工作坊组织学生参加大学生创新创业大赛、互联网＋创新创业大赛、以及"梵净卓越工作坊"产品展，培养学生的创新能力和组织能力。2019 年，工作坊与贵州大龙益寿植物油有限公司合作，实现茶油洁面皂和泡泡洗手液的产业化生产。工作坊致力于玉屏茶油的深加工，有效延长了玉屏茶油产业链，为地方经济的发展贡献了一份力量。

4. 学生成果

三年来，有化学专业、化学工程与工艺专业学生 15 人（含留学生 1 名）参与工作坊项目，共开展项目课程 12 项，完成毕业论文 9 项。依托工作坊建设立项国家级大学生创新创业项目 1 项，以学生为第一作者公开发表论文 2 篇，以学生为第一发明人申请外观设计专利 1 项。

5. 教与学的感悟

"玉言皂心"工作坊给学生充分的自学和实践空间，锻炼学生分析问题、解决问题的能力。实验既是知识与技能学习的重要环节，也是育人的重要环节，环保理念贯穿绿色产品的研发,持续强化了学生作为化工人的职业道德底线。

——"玉言皂心"工作坊 王霞

在"玉言皂心"工作坊,我学到了很多,学会将理论知识运用到产品的研发和制作中,也学习了一些研究方法。在工作坊,我体会到了埋头做实验的辛苦与枯燥,也体会到了实验成功后的喜悦与激动。感谢王霞、李宗宝老师对我的悉心指导,感谢工作坊一起学习的同学,让我感受到了团队的温暖,懂得了团队的重要性。

——2017 级化学专业 田贵芬

实践探索三:创新实训型项目课程——旅游商品设计①

视觉传达专业《旅游商品设计》课程由民族手工艺设计与制作、旅游商品创新设计、职业素养三大子模块综合构成,设置了田野调查、市场调研、民族手工艺实践、创新设计实践等具体的项目活动,明确了以设计并制作具有地域特色的旅游商品的学习任务。

在专任教师与外聘非物质文化传承人和民间工艺大师的指导下,通过现场演示、课堂实训等,让学生和教师体验了民间工艺的"活态特征"与艺术魅力。随后,要求学生带着现代设计意识与理念,主动挖掘民族民间文化和特色旅游工艺品的艺术元素,提高了学生资料收集和整理的能力。通过市场调研,与地方旅游商品生产厂商的生产活动紧密结合,培养学生主动将民族民间工艺与艺术设计相结合、将艺术设计与现实需求相结合的实践创作意识。最后,师生团队一起进入企业进行创新旅游商品的开发设计,使学习的过程成为了从设计到产品实现的服务过程,取得较好的市场效果。

"木玩"团队是《旅游商品设计》项目课程组中一支具有代表性的优秀学生队伍,由视觉传达专业二、三年级共8名学生组成。该团队通过挖掘黔东革命老区民间传统木作技艺,结合"互联网+"传承传统制作工艺,赋予了传统木作技艺产品更多的旅游商品要素,并通过创新设计,制作了一大批具有市场竞争力的系

---

① 跨界融合推波助澜,铜仁学院蹚出课改新路子. [EB/OL]. [2018.10.9]. https://www.csdp.edu.cn/article/4258.html.

列木作产品,见图8-4。2018年,该团队与传统木作匠人一起建立了"木玩技艺传习所",项目参加第四届贵州省"互联网+"比赛"青年红色筑梦之旅"赛道决赛,获得铜奖。

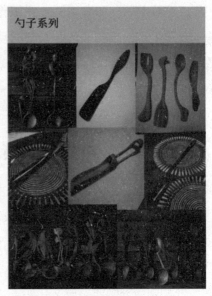

图8-4 "木玩"团队《旅游商品设计》项目课程作品

实践探索四:创业实践型项目课程——休闲体育俱乐部运营与管理①

一、基本情况

休闲体育俱乐部运营与管理项目课程将《体育心理学》《俱乐部管理》《运动伤害事故处理与急救》《市场营销》等专业课程的内容进行解构,结合典型岗位,凝练出"游泳技能""训练教学""心理干预""事故急救""项目策划""项目管理"等职业能力清单,并将其设置成"游泳培训班学员通过率80%以上""服务对象1万人次""营收额收入5万元""0安全事故""与10家企业洽谈合作事宜""拓展业务2项"等具体项目课程的任务。项目课程的前期设计完成后,面向全校发布,由在校学生自由跨年级、跨专业组成团队进行课程的申报答辩,然后从中遴选出成员结构优

① 铜仁学院项目课程案例汇编[Z].铜仁:内部资料,2020.

化、方案具体可行、任务完成度高的项目团队,在教师指导下,负责该项目课程的实施。

通过该项目课程的实施,团队成员不仅在真实场景中实施了游泳教习活动,还将事故应急、运动心理学、运动项目实施与管理、运动项目开发等单一的专业课程知识综合应用到了该项目课程的实施过程中,学生岗位综合能力得到了明显提升。

二、项目课程设计与实施

项目课程名称	休闲体育俱乐部运营与管理
项目课程类型	创业实践类
项目课程学分	4 学分
课程面向专业	休闲体育、体育教育、金融工程等
指导教师团队	吴海龙、张妮、杨风雷

(一)项目课程简介

休闲体育俱乐部运营与管理是一门涉及管理学、经济学、体育学等多学科知识的跨学科课程,主要包括了管理学原理、休闲体育项目策划与组织、俱乐部经营与管理、卫生与健康等方面内容。本项目课程以"飞鱼行动俱乐部"为实践载体,通过学生团队为期 2 个月的实际经营与管理,较为全面地提升了团队成员的综合素质。

(二)项目课程标准

1. 整体目标

(1)在俱乐部运营过程中,培养爱国主义、集体主义精神、社会主义思想道德和健康的审美情趣,培养创新精神和创业意识,具有强健的体魄、积极的人生态度和良好的心理素质。

(2)具有良好的公共服务意识和公益精神,具备社会服务的基本技能与方法,具有高度的社会责任感,具有较强的团队精神和协作能力,能胜任体育俱乐部典型岗位的工作。

（3）能将专业知识与专业技能融会贯通，并将其有效地运用到游泳教学、游泳救生、泳池水质处理、体育项目策划、俱乐部经营与管理等具体实践中去，科学解决实际问题。

2. 典型任务

休闲体育俱乐部运营与管理典型任务有俱乐部策划、俱乐部组建、俱乐部运营、俱乐部发展。

3. 典型活动/服务

休闲体育俱乐部运营与管理典型活动/服务见图8-5。

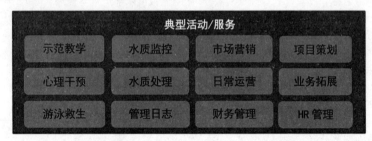

图8-5 休闲体育俱乐部运营与管理典型活动/服务

4. 考核指标

（1）运营期间零安全事故。

（2）俱乐部三个月服务对象达1万人次。

（3）游泳培训班学员通过率达80%以上。

（4）顾客满意度达80%以上。

（5）俱乐部营收额收入5万元。

（6）与10家企业洽谈合作事宜。

（7）结合市场需求，开发新项目，业务拓展2项。

（三）项目课程设计

休闲体育俱乐部运营与管理项目课程设计见表8-4。

表8-4 休闲体育俱乐部运营与管理项目课程设计

内容重构
课程在明确真实休闲体育俱乐部运营的典型岗位及典型任务基础之上,将《体育心理学》《俱乐部管理》《运动伤害事故处理与急救》《市场营销》等课程的教学内容与实际体育俱乐部的真实岗位活动进行了整合,知识点和技能的学习融入了示范教学、游泳救生、项目策划、市场营销、服务营销及泳池水质处理、心理干预、企业广告设计等具体活动。不同专业的学生汇聚在一起组建团队,始终以任务完成为目标,综合自己所学专业知识,实施一系列真实岗位的具体活动,在完成具体任务的过程中达成了学习目标。

教学设计					
序号	典型岗位	典型任务	学习活动	知识概要	能力目标	产出成果
1	主管	1.制订俱乐部总业务目标。 2.制订俱乐部战略性计划。	在总目标和战略性计划指导下,制订战术性计划,即各职能部门的职责、分工与协作及总目标的实现。	1.常用研究方法——文献研究法、实地调查法。 2.企业岗位职责的制定。 3.人力资源计划的制订与实施。	1.以目标管理为指导,切实推进俱乐部各项工作。 2.明确各职能部门的分工与协作,有效解决运营过程中的实际困难。 3.编制人力资源计划。 4.对俱乐部发展做出长远规划。	飞鱼行动俱乐部实施的规划方案
		3.制订和实施人员聘用和培训计划。	通过规划人力资源管理活动,使组织的需求与人力资源基本状况相匹配,做到以岗定人和以人定岗相结合。			
2	市场管理	1.拟定销售预测及营销计划。	建立和完善营销计划,对客户信息进行搜集、加工和处理。	1.常用调查方法——市场问卷调查。 2.市场营销学。 3.服务营销。	1.提出问题,设计问卷,实地走访,分析数据。 2.市场细分、目标市场选择及营销策略。 3.得出具体报告供团队决策。	飞鱼行动俱乐部游泳培训的市场可行性论证报告。
		2.拟定"7P"(产品、价格、渠道、促销、人员、有形展示和服务过程)营销策略。	对当前销售情况进行分析,优化营销策略,并对未来市场容量进行预测,提出发展方向及规划。			
		3.制定部门工作规范、行为准则及奖惩机制。	集权与分权的设计,做到权责明晰。			

续表

3	财务主管	1. 编制单位财务计划。 2. 财务管理。	编制资产负债表、利润表和现金流量表。	1. 基础会计。 2. 财务管理制度。 3. 会计准则。	1. 能按基本流程规范开展企业财务、会计工作。 2. 能提供相关财务报表供团队决策。	飞鱼行动俱乐部游泳培训的会计准则。
4	教练员	1. 获得从业资格。	1. 接受专业技术培训。 2. 通过从业资格考试。	1. 蛙泳、自由泳、仰泳、蝶泳以及混合泳的技术要领。 2. 游泳动作教学方法、游泳教学的组织与实施。 3. 心理干预技巧。	1. 熟练掌握各项游泳姿势的技术要领，动作规范，正确讲解。 2. 熟练掌握各项教学技能，能有效组织实施教学活动。 3. 能与学员及家长进行有效沟通。 4. 能根据实际情况对教学计划做出优化与调整。	1. 教学计划。 2. 教学过程记录（图文）。
		2. 制订教学计划。	3. 制订团体教学计划。 4. 根据学员的要求制订个性化训练方案。			
		3. 有效实施教学。	5. 根据教学计划有效实施教学。 6. 做好心理干预预案，与学员及家长有效沟通。 7. 达成教学目标，学员通过率、满意度达标。			
5	救生员	1. 获得从业资格。	1. 接受专业救生技术培训，熟练掌握游泳技术、游泳救生技能和急救方法。 2. 通过从业资格考试。	1. 心肺复苏。 2. 急救方法。 3. 救生技能。 4. 岗位划分水域任务要求。	1. 熟练掌握基本急救技能，制订安全应急预案并能有效实施。 2. 能及时发现责任水域的违规或异常状况，及时发出警告，有效制止违规行为的发生，杜绝险情进一步发展。 3. 能按程序合理处置紧急事件。	1. 安全应急预案。 2. 安全工作记录。 3. 实践过程记录(图文)。
		2. 负责岗位区域的安全。	3. 认真观察责任水域。 4. 维护游泳池内秩序。 5. 合理处置紧急事件。			

续表

| 6 | 水质处理员 | 1. 掌握水质处理技术。
2. 编写水质监测预警项目技术方案并完成项目实施。 | 1. 定期对游泳池水质进行监测和处理,保证水质符合国家标准。
2. 游泳池消毒剂用量的匹配,水质管理员日常工作日志记录。 | 1. 国家水质标准的指标。
2. 游泳池水处理药剂的配置。 | 1. 能独立完成池水水质监测等操作。
2. 能按标准配置消毒药剂对池水进行消毒等操作。 | 1. 水质监测报告。
2. 实践过程记录(图文)。 |

说明:
1. 因为成本控制,俱乐部未专门设置值班经理、人事部、后勤部等;
2. 人事管理由主管负责。

(四)项目课程实施主要成果

1. 设计飞鱼行动俱乐部的 logo

参加项目课程的学生设计了飞鱼行动俱乐部的 logo,基本理念是"鱼儿在水中时而腾跃,时而潜入,享受水中带来的无限快乐。人类也是如此,欢迎大家行动起来,畅游水世界"。飞鱼行动俱乐部的 logo 见图 8-6。

图 8-6　飞鱼行动俱乐部的 logo

2. 构建了运营思路

参加项目课程的学生紧密围绕飞鱼行动游泳俱乐部的运营与管理主题,开展了游泳培训业务以及游泳、水上健身、水上趣味比赛等活动,设计了运营思路,见图 8-7。

飞鱼行动创业团队运营思路路线图

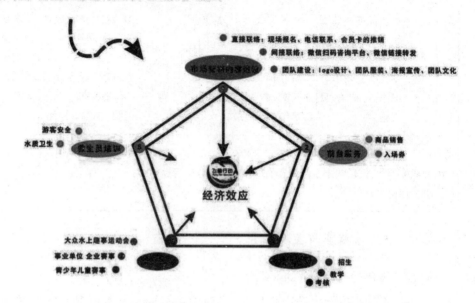

图 8 -7　"飞鱼行动"创业团队运营思路路线图

3. 创新会员管理营销策略

参加项目课程的学生创新了会员管理制营销策略,设计会员制畅游卡、入场券,采取通行的会员制管理方法,以吸引长期固定会员为主要目的。飞鱼行动创业团队在营销活动中推出 VIP 夏季畅游卡以及入场券,见图 8 -8。

图 8 -8　飞鱼行动会员制畅游卡、入场券

4. 运营实践情况

2017 年 6 月,该项目课程第一期团队共 16 名休闲体育专业学生利用暑假,依

托游泳教学实训中心实施了3轮次的"飞鱼行动"游泳训练营,对126名学龄青少年进行游泳技能的教学训练,面向师生及社会服务14 000余人次,营收额94 000元。2018年6月至今,第二期团队共22名学生在持续实施"飞鱼行动"游泳训练营的同时,在铜仁市锦江河动态水域扩展了"皮划艇""水上飞行器表演"两项户外水上运动项目,并与从事水上娱乐项目的某本土企业达成了"救生员培训"项目合作协议。

5.综合能力提升

"飞鱼行动"创业团队实训基地有专业的游泳教师为学生指导游泳救生与训练,提供了良好的技能练习平台。运动健康的学生中,2016级休闲体育专业10人,2017级休闲体育专业10人、体育教育专业2人,2018级体育教育专业2人,共24人考取初级救生员证书。初级游泳社会指导员(教练员)中,2016级有6人,2017级有2人,共8人通过了考核。国家职业资格证(游泳行业)的考取,打破了铜仁学院学生以教师资格证作为唯一选择的壁垒,让同学们多掌握了一项从业的本领。

6.创新创业能力的提升

2019年,吴海龙老师指导飞鱼行动团队成员敖康、吴启国等同学完成了大学生创新训练项目《铜仁学院游泳培训市场开发与应用研究》的结题。2019年6月,飞鱼行动团队成员敖康、吴启国等同学申报题目为"铜仁学院游泳培训市场开发与应用研究";姚圆望、杨小恩、李海峰等同学申报题目为"乡村振兴背景下土家族村落体育旅游资源开发与应用研究——以江口县太平镇云舍村为例"两项参选2019年铜仁学院第五届"互联网+大学生创新创业大赛主赛道项目"校内选拔赛中获得两个优秀奖。

实践探索五:秘书学专业服务学习纪实

一、服务学习目标

通过服务学习,推动秘书学专业课程教学改革,进一步提升学生的职业能力和服务水平,探索秘书学专业教学、科研和社会服务的新路径。

二、服务学习形式

本次服务学习采取集中授课与分组岗位服务的形式开展。

三、时间安排

本次服务学习时间是从 2018 年 8 月 27 日起至 2018 年 10 月 31 日止,共 2 个月,具体安排如下。

(一)动员指导培训阶段

时间安排:8 月 28 日—8 月 31 日。

主要工作:组织动员,服务学习理念、校规校纪、安全教育宣讲。

(二)基础技能强化阶段

时间安排:9 月 3 日—9 月 10 日。

主要工作:根据本专业实际,结合服务岗位,开设《秘书实务综合训练》《会议组织与策划》两门课程,有针对性地强化学生职业能力。

(三)岗位服务学习阶段

时间安排:9 月 11 日—10 月 28 日。

主要工作:分组到德江县档案局(馆)、德江县教育局、德江县人力资源与社会保障局,结合服务岗位提供服务,在服务中学习,在服务中提升职业能力。每周小结、反思一次,及时发现问题,及时整改。其间,德江县将承办铜仁市第七届旅游产业发展大会,如需秘书学专业同学提供会务、接待等服务,具体事宜根据德江县要求处理。

此阶段,任课教师要定期跟踪学生学习服务情况,和服务学习岗位指导教师一道,加强学习服务的质量监控,充分了解学生在学习服务时出现、反馈的问题,并及时解决。

(四)总结反思评价阶段

时间安排:10 月 29 日—11 月 2 日。

主要工作:安全返校,按学校要求完成总结评价工作。11 月 5 日正常上课。

四、服务学习内容

(一)职业工作

(1)文书管理。熟悉服务学习单位的收文管理,包括文件收进、登记、分送、拟办、批办、承办、催办、归卷等管理;熟悉服务学习单位的发文管理,包括文件的撰稿、核稿、签发、缮印、用印、登记、发出、存稿、归卷等管理。

(2)文稿撰写。学习撰写公文,如通知、报告、请示、函;学习撰写事务文书,如计划、总结等;学会正确运用行文原则。

(3)会议组织。明确会议成立的基本条件和会议的构成要素,会撰写一份会议预案、一份会议通知、一份会议纪要;如有可能,组织一次会议。

(4)信息处理。了解信息收集的方法,掌握信息分类和程序,会将不同的信息加以分类、存贮,建立信息,以便随时调出使用。

(5)档案管理。学习对档案进行分类,检索并实施科学管理,掌握文书立卷归档的步骤和方法。

(6)接待工作。明确接待工作的基本要求,熟悉几种常用的接待礼节和介绍方式,按照接待工作的一般程序,完成一次接待工作。

(7)日常事务。完成办公室环境管理;按要求进行办公用品的发放管理;能独立完成领导交办的一般事项;能按要求处理值班的日常事务;处理一般来信来访。

(二)其他工作

深入观察体会服务学习的各项内容,认真写好周志,并定期进行整理。周志在服务学习结束后上交秘书学教研室。注意收集原始素材。

每小组结合学习服务单位或岗位,就某一具体问题或业务展开深入细致的调查研究,并完成一篇调查报告(3500字左右)。学习服务结束后,每位同学提交一篇服务学习总结(3000字左右)。

五、服务学习课程安排表

表 8-5　铜仁学院人文学院 2016 级秘书学专业服务学习课程安排表（基础技能强化阶段：2018 年 9 月 3 日起执行）

		星期一 （9.3）	星期二 （9.4）	星期三 （9.5）	星期四 （9.6）	星期五 （9.7）	星期六 （9.8）	星期日 （9.9）
上午	一、二		会议管理实务分组训练（印有家）	接待工作实务分组训练（印有家）	信息管理实务分组训练（印有家）	文书处理实务分组训练（印有家）	档案管理实务分组训练（印有家）	专题讲座4：实践出真知——德江县大型会议组织经验谈
	三、四		会议管理实务分组训练（印有家）	接待工作实务分组训练（印有家）	信息管理实务分组训练（印有家）	文书处理实务分组训练（印有家）	档案管理实务分组训练（印有家）	小结反思（印有家、董刚）
下午	五、六	时间管理实务分组训练（印有家）	会议管理实务分组训练（印有家）	接待工作实务分组训练（印有家）	信息管理实务分组训练（印有家）	文书处理实务分组训练（印有家）	档案管理实务分组训练（印有家）	自由安排
	七、八	分组训练（印有家）	会议管理实务分组训练（印有家）	接待工作实务分组训练（印有家）	信息管理实务分组训练（印有家）	文书处理实务分组训练（印有家）	档案管理实务分组训练（印有家）	自由安排
晚上	九、十	德江县情宣讲（指导老师：待定）	专题讲座1：凡事预则立——如何做好会前筹备工作（指导老师：待定）	服务学习岗位单位情况宣讲（指导老师：待定）	专题讲座2：细节决定成败——如何做好会中服务工作（指导老师：待定）	专题讲座3：善始善终——如何做好会后落实工作	自由安排	自由安排

表 8-6　铜仁学院人文学院 2016 级秘书学专业岗位学习课程安排表（岗位服务学习阶段：2018 年 9 月 10 日——10 月 26 日执行）

时段＼星期	星期一	星期二	星期三	星期四	星期五
上午	岗位服务学习	岗位服务学习	岗位服务学习	岗位服务学习	总结反思
下午	岗位服务学习	岗位服务学习	岗位服务学习	岗位服务学习	
晚上	小组讨论	小组讨论	小组讨论	小组讨论	

六、服务学习总结①

在为期两个月的时间里,秘书学专业同学紧密结合岗位要求,在指导老师的组织下,认真学习了《国家档案局8号令》《干部档案整理分类细则》等文件,参加了公文写作专题讲座和培训,协助德江县档案局完成了文书档案、廉政档案、工程档案等共计2565件,协助德江县人社局完成了人事档案、医保档案等共计5857件;协助德江县教育局完成了干部人事档案等共计8643件;参与撰写或独立拟写了相关工作方案、计划、总结等共98份,编辑了48万字的《2017年德江年鉴》;接待来访及咨询者共200人;参与德江县创建国家卫生县城工作,在灭蟑活动及灭鼠活动中,共发放药物1000余袋;在脱贫攻坚有关工作中,帮助村民按照要求填写整理扶贫材料;部分同学被挑选参与到德江县迎接中央巡视组检查的工作中,完成了宗教信仰情况数据整理、宗教工作档案整理等工作。

服务学习深化了产教融合,推进了应用转型,加快了人才培养结构调整,紧密围绕地方产业行业需求完善应用型人才培养模式,将人才培养的"触角"延伸到政府、行业和企业,拓展了教学边界。

---

① 17065,98,470000,200……天呐!这些都是什么数字啊?难道是密电码? https://mp. weixin. qq. com/s? _____ biz = MzI1ODQ4MzczMg = = &mid = 2247495599&idx = 1&sn = cc9096c33612be9b649018bde3e080f8&chksm = ea05dcd4dd7255c2cb45601121a616f87813503a8cc82b1417633fcd4243aba12cd84e31377b&mpshare = 1&scene = 23&srcid = 0506ImkG5ibPE7grLq0ECUV1&sharer __ sharetime = 1620313081981&sharer __ shareid = a041d73ec5228afcf68653ff52a3a6fc#rd

附录 1：探索"山"字型人才培养模式[①]

　　国务院印发的《关于促进乡村产业振兴的指导意见》提出了"推动创新创业升级,增强乡村产业发展新动能"的任务举措。服务农村产业革命的关键是拥有一支"懂农业、爱农村、爱农民"的现代农业人才。铜仁学院经过多年探索与实践,构建了"通识教育 + 专业教育 + 自主学习 + 项目课程"的"山"字型人才培养模式,服务农村产业发展。

　　一是回应农村产业发展需要,构建特色"农科"学科专业群。服务农村产业革命,学科建设与专业设置要回应农村产业发展需要,面向"产出高效、产品安全、资源节约、环境友好"的农业农村现代化的新要求,学校利用武陵山区丰富的农林资源,推进农林类学科与生命科学、信息科学及社会科学的深度交叉和融合,拓展传统农林学科的内涵。融合林学、园林、水产养殖学、食品科学与工程、农村区域发展、旅游管理等学科专业,设立梵净生态研究院、农村产业发展研究院、区域自然资源保护与利用研究中心等研究机构,聚焦梵净山农业产业原创性理论创新和技术创新。

　　二是着眼岗位胜任力和可持续发展力,培养学生的综合能力。服务农村产业革命,"农科"类专业人才培养既要着眼于农业产业变革的需求,又要强调适应终身发展的需要。学校突出全面的教育,通识教育贯穿人才培养全过程,突出培养"爱农、知农、为农"的品质;专业教育对接核心岗位,培养核心能力;自主学习激活反思、创新,培养可持续发展力。

　　三是构建丰富的课程体系,支持学生知识、能力、素质发展。学校"农科"类专业坚持学生发展中心,构建"通识教育 + 专业教育 + 自主学习 + 项目课程"四位一体的课程体系,课程类型丰富,涵盖了"专业基础、专业核心、跨学科、实践训练、公

[①] 龚静.探索"山"字型人才培养模式[N],贵州日报,2019 年 7 月 3 日,理论周刊(黔言).

民教育、写作与沟通、科学精神、哲学智慧、艺术审美、国际视野、阅读、创新创业、学术讲座"等 16 个模块。推进铜仁本土农业特色资源、学校教授优秀本土研究成果、铜仁本土品牌特色活动进入通识课程、自主学习,厚植"懂农业、爱农村、爱农民"的乡土情怀,课程特色鲜明。开展案例研讨学习、服务学习、生产见习、顶岗实习等,课程形式多样,把学习拓展到田间地头。

四是多方协同开发项目课程,提升学生实践应用能力。以结果产出为导向,在真实的农业生产环境中实现"做中学",是"农科"类专业理解和运用知识技能的关键环节。"校政行企"协同,充分挖掘本地特色资源,以职业岗位应用为主线,岗位的能力目标与课程的教学目标以"一对一""一对多"或"多对一"的形式映射关联,重构传统课程教学内容,将学习任务设计成独立的、便于考核评价的中间产品(或服务)。学校挖掘校内外隐性资源开发项目课程。

五是创新"在地国际化"模式,拓展师生国际视野。"一带一路"背景下,农村地区与其他国家开展交流与合作日益频繁,现代农业人才应该具备国际视野。传统国际化教育以跨境教育为主要形式,不能实现大范围覆盖,学校创新提出"在地国际化"模式,引进留学生、国际学者、国际会议、国际活动、多元课程等优质教育资源,在本土开展广泛的国际交流与合作,拓展师生国际视野。

附录 2:严守大学根本,掀起教学质量革命[①]

铜仁学院坚持把建设一流本科置于建设一流大学和一流学科的全局中进行统筹考虑,严守大学之根本,在"学生中心,产出导向,持续改进"教育理念的指导下,狠抓教学工作,通过创新教学管理制度,深化课堂教学改革,强化学习过程管理等方面的教学改革创新,全面提升学生的综合素质。

---

① 张新婷,龚静.严守大学根本,掀起教学质量革命[N].贵州日报,2019 - 10 - 16,理论周刊(工作研讨).

创新教学管理制度。在"一流本科教育"建设背景下,铜仁学院坚持从严治校,依法依规加强教学管理,严守教学底线,严格教学过程,规范本科教学秩序,全方位保障本科教学良好运行。目前,以人才培养为中心,学校正系统梳理、持续推进教育教学管理制度改革创新,实施弹性学年制度,完善学位授予与荣誉学位制度,落实学业导师制等,扩大学生的学习自主权,激发学生的学习热情,为学生的成长开辟了更为广阔的空间。同时,逐步构建竞争性教学激励机制,优化完善铜仁学院"双一流"奖励实施办法中"教学成果奖奖励办法"和铜仁学院本科教学工作量计算办法等教学激励性机制,高度重视教师在教学工作中的点滴付出,激发教师热爱教学、投入教学、研究教学的热情,促进教师走向卓越。

深化课堂教学改革。通过合理提升学业挑战度、增加课程难度、拓展课程深度,着力打造"金课、银课",消灭"水课",铜仁学院的课堂教学改革因此得以逐步深化,课堂教学质量得到全面提升。学校坚持"学生中心,产出导向,持续改进"的教育理念,制定课堂教学质量标准,强调课堂教学要充分体现教育性、丰富性、思辨性、研究性、前沿性、应用性、艺术性原则,促进教师革新教育教学观念,重塑对课堂教学的理解、重构课堂教学内容并开启课堂教学新模式,研讨式教学、案例教学、翻转课堂和服务学习等一系列以"学生为中心"的先进教学模式得到一线教师的广泛运用,并取得了良好的教学效果。学生的学习兴趣高涨,学习投入度增加,学习的主观能动性得以调动发挥,深度学习状态凸显,学习的满意度上升,学习效率与课堂教学质量得到明显提升。在"一流本科教育"建设背景下,校领导高度重视学校的教学改革工作,书记、校长带头,校级、院级教学督导专家团随机深入班级听课,并针对每位执教老师的教学设计、教学组织形式、教学方法、教学手段、渗透培养学生核心素养等与其深入交流,并给予指导评价。通过50多位督导专家三轮次拉网式听课,共评出2门"金课"与10门"银课"建设课程进行重点打造,与此同时,课堂教学改革也进一步深化。

强化学习过程管理。学校坚持 OBE 教育理念,重视并加强考试过程管理,通过健全形成性评价与终结性评价相结合的评价方法,强化"知识掌握、能力培养与综合素质提升"并重的评价导向,增加小组讨论、随堂测试、课后作业测评等过程考核成绩在总成绩中的构成比重,并规范平时成绩的评定依据,综合应用笔试、口试、非标准答案考试等多种形式,全面考核学生的发展情况;推进公共基础课和专业基础课的教考分离,推广非标准答案考试,充分挖掘学生的"智慧、灵性",激励学生主动学习、刻苦奋进,形成以考辅教、以考促学的良性考试效果。重视并加强对毕业论文(设计)选题、开题、答辩等环节的全过程管理,毕业论文(设计)查重制度实行全覆盖,鼓励二级学院积极实行学位论文盲审制度,严肃处理抄袭、伪造、篡改、代写、买卖毕业论文(设计)等违纪问题,确保本科毕业生论文(设计)质量。

附录3:创新、引领、指导,狠抓人才培养质量[①]

2018年,注定是高等学校本科教育史上浓墨重彩的一笔。教育部发布的《普通高等学校本科专业类教学质量国家标准》、习近平总书记在北京大学师生座谈会上的讲话,以及在成都召开的新时代全国高等学校本科教育工作会议,都把目标指向了高等学校人才的培养。铜仁学院紧跟时代步伐,狠抓人才培养质量。教务处作为学校的主要教学主管职能部门,在此过程中一直在创新、引领和指导。

一、打铁必须自身硬——教务处之改

行有不得,反求诸己。教务处积极发挥省级一流教学管理团队的职能,系统实施了教学管理体制机制改革。着眼于教务管理和服务职能的回归,即回归到深化本科教学改革和建设,回归到提升本科专业内涵建设水平,回归到提高本科人才培养质量上来,精简了常规工作机构,建设了教学运行管理科、教学研究与发展科、专业建设与发展科、课程建设与教材开发科,并协助成立了独立于教务处的教学质量控制与评估中心。保障了教学管理系统的专业性和针对性。

[①] 龚静.创新、引领、指导,狠抓人才培养质量[N].铜仁学院(视界),第160期,2018-11-23.

二、大处着眼，小处着手——为教师之改

教务处以提高课堂教学质量为突破口，着力提升本科人才培养质量，着力打造"七性"课堂。在成都会议之后，学校多次召开校长专题会议，专题研究课堂教学质量提升工程，明确了本科课堂要具有教育性、丰富性、思辨性、研究性、前沿性、实用性、艺术性，以"七性"原则问课堂要质量。教务处在学习领会各级文件精神的基础上，结合本校教学实际，出台了课堂教学质量等系列标准与具体的实施方案，制定更加科学合理的评价指标体系，建立了课程等级申报认证制度，实施了课程准入退出机制。

制定了基于"七性"的课堂教学质量标准，把优质的课堂分为"金课"和"银课"，通过增大优质课程的课时系数、职称评定、加大课堂教学质量评价等具体措施，确保潜心打造优质课堂的教师在年终绩效考核、职称评价、评优等方面，得到充分肯定和全方位评价。

三、牵牛要牵牛鼻子——为学生之改

1. 自主学分制实施

2015 年 10 月，教务处制定并启动实施了"自主学习学分制"，并被列为"大学生自主学习学分制改革"省级试点单位。自主学习学分制的实施，全方位、系统化地兼顾了学生的自学发展，创新性地适应了人才培养的新诉求，为较好落实教育部"十大育人体系""实施第二课堂成绩单制度"等要求搭建了平台。

2. 协同育人机制建设

在实施产教融合、构建校政企协同育人方面，教务处系统制定并实施了基于项目课程、服务学习的改革举措。2018 年 10 月 8 日，教育部规建中心通过微信公众平台推送了题为"跨界融合推波助澜，看'他'蹚出课改新路子"的文章，以专题的形式对我校实施项目课程的改革进行了报道推送，认为我校对产业欠发达山区的地方高校实施产教融合工程、实现校政企协同育人进行了卓有成效的探索。

自项目课程改革实施以来，将应用型人才培养的"触角"延伸到了政府、行业和企业，把课堂的边界跨出了校园融入了黔东大地，把教学内容的边界跨出了教材融入了各类科学研究、社会服务项目，实现了"跨界融合"，助推了课程改革。9 月，

我校140余名大三年级的本科学生在铜仁市德江县进行"服务学习"活动。

3.考核评价之改

自本学期开始实施过程考核评价机制,教务处优化了课程考核形式,加大了对学生学习过程的考核评价,在科学设置平时成绩构成的基础上,要求各课程的平时成绩占比至少达50%,引导学生注重平时学习。

人才培养是学校的核心使命,本科教学是学校最基础的工作。在工作中,教务处将继续把教学工作作为中心工作,不断强化教学工作的基础地位,创新、引领、指导我校教学工作。

参考文献

一、专著

[1]刘明浚.大学教育环境论[M].北京:北京航空工业出版社,1993.

[2][法]爱弥尔·涂尔干.教育思想的演进[M].李康,译.上海:上海人民出版社,2003:231.

[3][美]约翰·S·布鲁贝克.高等教育哲学[M].郑继伟,等,译.杭州:浙江教育出版社,1987:74.

[4]潘懋元.应用型人才培养的理论与实践[M].厦门:厦门大学出版社,2011.

[5]李国钦,等.高校应用型人才培养的理论与实践[M].北京:人民出版社,2007.

[6]侯长林.现代大学教育名著解读[M].北京:人民出版社,2016.

[7]侯长林.大学的坚守与变革[M].武汉:武汉大学出版社,2020.

[8]侯长林.先进理念引领　助推应用转型——铜仁学院教学服务型大学的理论研究与实践探索[M].湘潭:湘潭大学出版社,2017.

[9]胡建,等.新建地方本科院校应用型人才培养模式研究[M].广东:中国出版集团,世界图书出版公司,2013.

[10]胡璋剑.应用型人才培养新论[M].北京:中国社会科学出版社,2009.

[11]吴华安,柏群,等.地方财经院校应用型人才培养模式转变的理论研究与实践探索——以重庆工商大学融智学院为例[M].成都:西南财经大学出版社,2017.

[12][英]迈克尔·吉本斯,卡米耶·利摩日,黑尔佳·诺沃茨曼,等.知识生产的新模式:当代社会科学与研究的动力学[M].陈洪捷,沈文钦,等,译.北京:北

京大学出版社,2011.

[13][美]伯顿·克拉克.高等教育新论——多学科的研究[M].王承绪,等,译.杭州:浙江教育出版社,2001:107.

[14][捷]夸美纽斯.大教学论·教学法解析[M].任钟印,译.北京:人民教育出版社,2006.

[15]施良方.学习论[M].北京:人民教育出版社,2001.

[16][美]亚伯拉罕·弗莱克斯纳.现代大学论——英美德大学研究[M].徐辉,陈晓菲,等,译.杭州:浙江教育出版社,2001:23-24.

[17]郭键.哈佛大学发展史研究[M].石家庄:河北教育出版社,2000:173.

[18][美]艾·里斯,杰克·特劳特.定位[M].王恩冕,于少蔚,译.北京:中国财政经济出版社,2002:6.

[19]侯长林.应用型高校"金课"建设研究[M].北京:科学出版社,2020:ii,1—17.

[20][美]彼得·德鲁克.非营利组织管理[M].吴振阳,译.北京:机械工业出版社,2007:6.

[21][德]卡尔·雅斯贝尔斯.什么是教育[M].邹进,译.北京:三联书店,1991:40,152.

[22][德]卡尔·雅斯贝尔斯.大学之理念[M].邱立波,译.上海:世纪出版集团,上海人民出版社,2007:3,12,121.

[23]李继宗,邹珊刚,黄麟雏.系统论的发展及其哲学意义[M].北京:求实出版社,1983:12-15.

[24]宋伯宁,宋旭红.山东省高等学校分类研究[M].山东:山东大学出版社,2012.

[25]中国特色高等教育思想体系研究课题组.中国特色高等教育思想体系论纲[M].北京:高等教育出版社,2017:165-166.

[26]李其龙,孙祖复.战后德国教育研究[M].南昌:江西教育出版社,1995:168.

[27]王立人,顾建民,庄华洁,等.国际视野中的本科应用型人才培养[M].杭州:浙江大学出版社,2008:29-55.

[28][美]厄内斯特·博耶.大学:美国大学生的就读经验[M].徐芃,李长兰,丁申桃,译.北京:北京师范大学出版社,1993:135.

[29][美]洛林·W·安德森,等.布卢姆教育目标分类学(修订版)[M].蒋小平,译.北京:外语教学与研究出版社.2009:78—80.

[30][美]Sawyer R K.学习科学指南:促进有效学习的实践/协同学习[M].第二版第2卷.大岛纯,等,译.京都:北大路书房,2016.

[31][美]Ornstein A C.,等.课程:基础、原理和问题[M].柯森,译.南京:江苏教育出版社,2002.

[32][美]Ackoff R L,Greenberg D.颠覆教育:理想学习的设计[M].吴春美,大沼安史,译.东京:绿风出版公司,2016:10—11,124.

[33]苗力田.亚里士多德全集(卷8)[M].北京:中国大学出版社,1992:228.

[34][意]E·加林.意大利人文主义[M].李玉成,译.北京:三联书店,1998:75.

[35][英]托·亨·赫胥黎.科学与教育[M].单中惠,平波,译.北京:人民教育出版社,2005:64.

[36]戴本博.外国教育史(中)[M].北京:人民教育出版社,1990:336.

[37][英]约翰·亨利·纽曼.大学的理念[M].高师宁,等,译.北京:北京大学出版社,2016:133.

[38]黄坤锦.美国大学的通识教育:美国心灵的攀登[M].北京:北京大学出版社,2006:3—4,9,49—53,68—69.

[39]哈佛委员会.哈佛通识教育红皮书[M]李曼丽,译.北京大学出版社,2010:43—47,50,58.

[40][古希腊]柏拉图.理想国[M].张竹明,译.南京:译林出版社,2009:237—241.

[41][法]笛卡尔.第一哲学沉思集[M].庞景仁,译.北京:商务印书馆,1986:23.

[42][美]约翰·杜威.民主主义与教育[M].王承绪,译.北京:人民教育出版社,2001:257—258.

[43]许万增,王平尧.中小企业信息化探索[M].北京:科学出版社,2007:56.

［44］陈向明,等. 大学通识教育模式的探索——以北京大学元培计划为例［M］. 北京:教育科学出版社,2008:232.

［45］顾明远. 教育大辞典［M］. 上海:上海教育出版社,1998:2128.

［46］UNGER H G. Encyclopedia of American Education［M］. New York:Facts on File,Inc. ,1996:767.

［47］BOYER E L. Scholarship reconsidered:priorities of the professoriate［M］. New Jersey:Princeton University Press,1990:16 – 19.

［48］张焕庭. 西方资产阶级教育论著选［M］. 北京:人民教育出版社,1964:257.

［49］［苏］休金娜. 中小学教育学［M］. 华东师范大学比较教育研究所,译. 北京:人民教育出版社,1984:322.

［50］［英］约翰·亨利·纽曼. 大学的理想(节本)［M］. 徐辉,等,译. 杭州:浙江教育出版社,2001:1.

［51］侯长林. 走向大学深处［M］. 湘潭:湘潭大学出版社,2016:40.

［52］［英］伊丽莎白·劳伦斯. 现代教育的起探和发展［M］. 纪晓林译. 北京:北京语言学院出版社,1992:69.

［53］［苏］瓦·阿·苏霍姆林斯基. 给教师的建议(上)［M］. 杜殿坤译. 北京:教育科学出版社,1984:10.

［54］吕达,等. 杜威教育文集:卷2［M］. 北京:人民教育出版社,2008:192 – 193.

［55］夏惠贤. 多元智力理论与个性化教学［M］. 上海:上海科技教育出版社,2003:82.

［56］［美］戴维·保罗·奥苏贝尔,等. 教育心理学——认知观点［M］. 北京:人民教育出版社,1994:199.

［57］李曼丽,林小英. 后工业时代的通识教育实践——以北京大学和香港中文大学为例［M］. 北京:民族出版社,2003:106.

［58］叶瑞祥,等. 创新学习能力论［M］. 天津:天津教育出版社,2004:7.

［59］中国大百科全书. 哲学Ⅱ［M］. 北京:中国大百科全书出版社,1987:1169.

［60］BEN – DAVID J. Centers of learning:Britain, France, Germany, United States ［M］. New York:M Graw – Hill Book Company, 1977: 27.

［61］JARVIS P. Professional education［M］.London：Croom Helm Ltd,1984：48.

［62］Kieran Egan. Learning in Depth：A Simple Innovation That Can Transform Schooling. London［M］.Ontario：The Althouse Press,2010:148 – 149.

二、期刊论文

［1］邵波.论应用型本科教育的本质属性［J］.职教论坛,2014(13):9 – 13.

［2］刘亚琴,郝广发.应用本科:内涵与功能［J］.职业技术教育,2013,34(30):56 – 57.

［3］贾剑方.从教育体系内部考察应用本科的本质和职业教育的定位［J］.职业教育研究,2016(8):5 – 10.

［4］吴雅娜,周昭安.中德应用型本科人才培养模式比较［J］.继续教育研究,2016(3):103 – 106.

［5］潘懋元.我看应用型本科院校定位问题［J］.教育发展研究,2007(Z1):34 – 36.

［6］侯长林,罗静,叶丹.应用型大学视域下新建本科院校办学定位选择［J］.教育研究,2015,36(4):61 – 69.

［7］侯长林,陈昌芸.应用转型是在坚守大学根本前提下的转型［J］.教育发展研究,2018,38(17):6 – 14.

［8］侯长林,陈昌芸,罗静.本科层次职业学校学科选择及建设策略——兼论职业学科［J］.高校教育管理,2020(6):60 – 67.

［9］侯长林.走向高水平:新建本科高校应用转型的内在选择——以铜仁学院为例［J］.职业技术教育,2021(9):16 – 21.

［10］龚静,张新婷.地方高校"一流学科"的成长逻辑与路径探讨［J］.贵州社会科学,2019(7):96 – 101.

［11］罗静.对铜仁学院"铜仁需求·国家标准"办学理念的解析［J］.铜仁学院学报,2016(6):49 – 54.

［12］侯长林.利用山区优势资源　建设特色地方高校［J］.中国高等教育,2013(18):53 – 54.

［13］叶丹,罗静,侯长林.利用区域资源　推进专业建设转型［J］.中国高等教

育,2014(18):30－31.

[14]李倩.产教融合:地方应用型本科院校转型发展的路径[J].教育与职业,2019(9):45－48.

[15]罗静,侯长林.地方高校社会服务反哺人才培养模式的构建[J].中国高等教育,2020(5):21－22.

[16]何晓雷.博耶的教学学术思想:内容、影响与局限[J].高教探索,2018(9):60－65.

[17]胡天佑.技术本科教育理念的逻辑与拓新[J].职教论坛,2014(19):40－43.

[18]沈云慈.教学服务型大学的"道"与"路"[J].高等教育研究,2014,35(3):40－44.

[19]叶丹,何波,王梅.教学服务型大学转型路径的探索与实践——以铜仁学院为例[J].铜仁学院学报,2016,18(1):86－91.

[20]黄晓敏.查尔斯·范海斯:把大学送到人民中间[J].教育与职业,2014(19):108－109.

[21]刘振天.地方本科院校转型发展与高等教育认识论及方法论诉求[J].中国高教研究,2014(6):11－17.

[22]钟秉林,王新凤.我国地方普通本科院校转型发展若干热点问题辨析[J].教育研究,2016(4):4－11.

[23]邹晓平.高等教育中的"应用型"概念辨析[J].现代教育论坛,2015(4):2－8.

[24]王凤玉,单中惠.试论美国师范教育的转型[J].教育研究,2006(1):80－85.

[25]张笑涛.大学生"精神成人":为何与何为[J].现代教育管理,2011(9):97－101.

[26]李宗贤.略论大学生的"精神成人"[J].现代大学教育,2008(6):76－79.

[27]顾秉林.促进人文、艺术、科学教育的融合追求真、善、美的统一[J].清华大学教育研究,2002(4):1－7.

[28]罗静.对现代职业教育体系中应用学科生态位的探讨[J].铜仁学院学

报,2017(5):55-60.

[29]吴中江,黄成亮.应用型人才内涵及应用型本科人才培养[J].高等工程教育研究,2014(2):66-70.

[30]刘献君,吴洪富.人才培养模式改革的内涵、制约与出路[J].中国高等教育,2009(12):10-13.

[31]郑向荣.德国"双元制"职业教育的历史、内涵、特点及问题[J].高等农业教育,2001(4):45-46.

[32]张有龙,赵爱荣.德国应用科技大学办学特色分析及借鉴——兼论我国应用型人才的培养[J].高等职业教育(天津职业大学学报).2007(1):93-95.

[33]魏晓锋,张敏珠,顾月琴.德国"双元制"职业教育模式的特点及启示[J].国家教育行政学院学报,2010(1):92-95,83.

[34]陈莹.德国双元制高等教育体系研究[J].外国教育研究.2015(6):119-128.

[35]雷正光.德国双元制模式的三个层面及其可借鉴的若干经验[J].外国教育资料,2000(1):78-80.

[36]韩学军.发达国家应用型创新人才培养模式的比较研究[J].理论界,2009(1):206-208.

[37]王爱军.美国高校人才培养模式对我国本科教育的启示[J].中国电力教育,2011(11):41-42.

[38]杜才平.美国高等院校应用型人才培养及其启示[J].教育研究与实验,2012(6):17-21.

[39]张凤武,苗苗.美国应用型本科人才培养的启示[J].绥化学院学报,2015,35(9):1-3.

[40]孙华峰,李清芳.美国应用型创新人才培养模式的本土化研究[J].中国职业技术教育,2014(18):74-78.

[41]张云,赵连泽.中英两国高等教育教学方法的比较与思考——以土木与建筑工程系为例[J].高等理科教育,2005(1):52-56.

[42]宋卫,吴凌娇."分布式工学交替"人才培养模式的探索与实践[J].教育教学论坛,2011(35):63-65.

[43]翁惠根,曲士英.美、德、澳高职教育人才培养模式的建构[J].黑龙江高教研究,2007(9):47-49.

[44]芮小兰,宋晓.澳大利亚能力本位课程模式对我国的借鉴意义[J].硅谷,2010(3):189-190.

[45]尚慧文,高鹏.澳大利亚 TAFE 人才培养模式的运行[J].邯郸职业技术学院学报,2006(2):8-12.

[46]孟安波.法国工程师的教育模式对我国工科专业培养的启示[J].中国电力教育,2008(7):212-214.

[47]杨东华,杨佩青.法国工程师精英教育模式本土化过程中的问题与对策[J].中国电力教育,2012(6):49-50.

[48]解德渤.专业教育的世界模式与中国抉择——以高等教育基本命题的分析与开拓为中心[J].复旦教育论坛,2016(4):12-17.

[49]解德渤,赵光锋.地方本科院校转型发展:理念、困境与突围[J].山东高等教育,2015(4):13-18.

[50]潘懋元,等.要勇敢面对一流本科教育这个世界性难题(笔谈)[J].教育科学,2019(5):12-14.

[51]张继明.优化与重构:一流本科教学的系统化建设[J].中国高等教育评论,2018,9(1):193-208.

[52]袁广林,周巧玲.大学全人教育与通识教育论析[J].现代大学教育,2008(5):6-10.

[53]李国强.保罗·朗格朗与终身教育理论——兼论西方终身教育理论对我国教育现代化的启示[J].教育研究,2017,38(6):146-150+158.

[54]马曦,孙乐强.哈佛大学通识教育建设的理念、特征及其理论启示[J].重庆大学学报(社会科学版),2018,24(4):224-231.

[55]王松婵,林杰.大学本科人才培养体系改革基本理念:争论、反思及超越——再论"大学以教学为中心与教学以学生为中心"[J].现代教育管理,2018(10):13-17.

[56]侯长林,罗静,郑国桂.雅斯贝尔斯大学整全人教育思想探讨[J].教育探索,2016(1):17-21.

[57]谢安邦,张东海.全人教育的缘起与思想理路[J].全球教育展望,2007(11):48-52.

[58]吴能表,罗欢.人才培养模式的创新思维与实践[J].中国大学教学,2018(1):51-55.

[59]庞世俊,姜广坤,王庆江."能力本位"教育理念对职业教育的理论意义与实践启示[J].中国大学教学,2010(10):21-23.

[60]江涛.地方高校主体本位教育理念的实施[J].教育探索,2014(6):89-90.

[61]张旸,于海燕.转型期新建本科院校人才培养模式变革探析[J].高等教育研究,2016,37(9):60-66.

[62]聂建峰.关于大学人才培养模式几个关键问题的分析[J].国家教育行政学院学报,2018(3):23-28,36.

[63]郑庆华."四位一体"创新人才培养模式的探索与实践[J].中国大学教学,2016(10):19-23+30.

[63]龚静,张新婷.铜仁学院"山"字型人才培养模式的内在逻辑探析[J].铜仁学院学报,2019,21(1):38-45.

[64]叶丹.铜仁学院"明德印记"思想政治工作体系构建[J].铜仁学院学报,2019,21(4):47-54.

[65]侯长林,陈昌芸.论教学服务型大学的实践逻辑[J].高校教育管理,2018,12(5):39-46.

[66]侯长林,张新婷.对教学服务型大学的理性探讨[J].铜仁学院学报,2015(3):12-13.

[67]潘懋元,石慧霞.应用型人才培养的历史探源[J].江苏高教,2009(1):7-10.

[68]潘晨光,何强.人才培养体系:从"h"型到"H"型[J].职业技术教育,2009(3):67-75.

[69]龚震伟.应用型本科应重视创造性培养[J].江南论坛,1998(3):41.

[70]刘红梅,张晓松.21世纪初高教人才培养模式基本原则探析[J].齐齐哈尔医学院学报,2002(5):589-590.

[71]王嘉颖.中国产学研合作教育研究二十年的热点与前沿——基于文献的

关键词分析[J].教育学术月刊,2018(11):23-32.

[72]王德广.21世纪高校产学研合作教育的模式[J].中国电力教育,2003(2):96-97.

[73]曹广祥.地方高校人才培养改革研究——基于知识生产方式转变的视角[J].教育发展研究,2015,35(7):28-32.

[74]林永柏.高等教育质量内适性与外适性的辩证关系[J].辽宁教育研究,2008(4):29-32.

[75]李硕豪.本科教育本质属性问题要论述评[J].高教探索,2010(3):5-9.

[76]刘献君.个性化教育的十个观念[J].高等教育研究,2018,39(9):1-7.

[77]吴岩.一流本科　一流专业　一流人才[J].中国大学教学,2017(11):4-12+17.

[78]田玲.专业教育的界定及其跨学科理论基础[J].清华大学教育研究,2008(3):95-102.

[79]孟现志.高等教育的专业性[J].教育研究,2009,30(2):93-96.

[80]余东升,郭战伟.专业教育:概念与历史[J].高等工程教育研究,2019(3):116-120.

[81]黄福涛.高等学校专业教育:历史与比较的视角[J].清华大学教育研究,2016,37(2):6-14.

[82]方华梁.世界一流大学专业教育演进的逻辑——基于知识秩序转型视角的考察[J].高等教育研究,2019,40(2):61-71.

[83]李鹏虎.我国高校专业教育模式的历史流变与发展进路——兼论高等教育内涵的重新审视[J].国家教育行政学院学报,2020(06):67-74.

[84]张德祥,王晓玲.高等学校专业动态调整的三重逻辑[J].教育研究,2019,40(3):99-106.

[85]孟景舟.专业教育的历史解析[J].复旦教育论坛,2013,11(3):49-53.

[86]王晓阳,王紫怡.论本科教育的目标与通识教育的价值[J].大学教育科学,2017(2):4-9.

[87]周光礼.论高等教育的适切性——通识教育与专业教育的分歧与融合研究[J].高等工程教育研究,2015(2):62-69.

[88]陈鹏.职业教育课程整合:嬗变、经验与反思——学术性与职业性融合的视角[J].江苏高教,2014(5):142-145.

[89]Packard A S. The substance of two reports of the faculty of Amherst College to the Board of Trustees, with the doings of the board thereon[J]. North American Review, 1829, 28(63): 294-311.

[90]钟秉林,王新凤.通识教育的内涵及其本土化实践路径探析[J].国家教育行政学院学报,2017(5):3-9.

[91]王瑜.影响通识教育理论的三大哲学基础[J].理工高教研究,2005(3):22-24.

[92]李天义.美国通识教育与杜威哲学的内联关系[J].北京教育(高教),2014(Z1):136-139.

[93]董成武.美国大学通识教育的内涵及其对中国的启示——基于本土化的视角[J].复旦教育论坛,2014,12(1):80-84.

[94]吴靖.美国研究型大学通识教育理论的历史分析、比较及其启示——以哈佛大学为例[J].东华大学学报(社会科学版),2011,11(2):88-92,97.

[95]傅思雯.精粹本质主义的传承与延续——论哈佛大学通识教育改革新动向[J].高教探索,2007(5):71-74.

[96]陈乐.“多样”与“同一”:世界一流大学通识教育理念与实践[J].现代教育管理,2019(4):43-48.

[97]方华梁.通识教育与专业教育如何相互促进:基于课程层面的扎根理论研究[J].复旦教育论坛,2016,14(4):5-11.

[98]复旦学院与通识教育[J].复旦学报(社会科学版),2011(1):143.

[99]蔡颖蔚,施佳欢.一流大学通识教育目标的价值取向——基于布鲁贝克高等教育哲学的思考[J].江苏高教,2017(3):60-62.

[100]尤西林.通识教育的公共性与本科公共课的深度定位[J].高等教育研究,2019,40(4):70-74.

[101]王沛民.研究和开发“专业学位”刍议[J].高等教育研究,1999(2):43-46.

[102]周竞学,杨昌勇.论以专业为载体的素质教育[J].复旦教育论坛,2014,

12(6):17-21.

[103]沈爱华,孙爱东,汤晓明.地方高校本科生能力培养刍议[J].江苏高教,2011(2):93-94.

[104]陆勇,倪自银.反思与重构:地方本科高校"卓越计划"专业课程体系探索[J].黑龙江高教研究,2015(11):36-39.

[105]钟启泉.从学习科学看"有效学习"的本质与课题——透视课程理论发展的百年轨迹[J].全球教育展望,2019,48(1):23-43.

[106]段丽华.国外应用型大学产学研合作教育的驱动机制——以伯顿·克拉克的"三角协调模型"为分析框架[J].高教发展与评估,2016,32(3):82-90,105.

[107]陈新民.应用型本科的课程改革:培养目标、课程体系与教学方法[J].中国大学教学,2011(7):27-30.

[108]张忠华.关于大学课程设置的三个问题[J].大学教育科学,2011(6):30-34.

[109]龚静,侯长林,张新婷.深度学习的生发逻辑、教学模型与实践路径[J].现代远程教育研究,2020(5):45-51.

[110]李志义."水课"与"金课"之我见[J].中国大学教学,2018(12):24-29.

[111]陈凡.以学生为中心的教学何以可能——基于51所大学本科课堂现状的实证研究[J].高等教育研究,2017,38(10):75-82.

[112]Marton F,Säljö R. On Qualitative Differences in Learning:I—Outcome and Process[J]. British Journal of Educational Psychology,1976(46):4-11.

[113]Biggs J B. Individual differences in the study process and the quality of learning outcomes[J]. Higher Education,1979(8):381-394.

[114]余胜泉,段金菊,崔京菁.基于学习元的双螺旋深度学习模型[J].现代远程教育研究,2013(4):39-40.

[115]段金菊,余胜泉.学习科学视域下的e-Learning深度学习研究[J].远程教育杂志,2013(4):43-51.

[116]郭华.如何理解"深度学习"[J].四川师范大学学报(社会科学版),2020,47(1):89-95.

[117]Dale,E...A Truncated Section of the Cone of Experience[J]. Theory into Practice, 1970 (2):97 - 100.

[118]孙芳,王凯.20世纪美国一流大学本科课程变革的"遗产"——兼论对我国"金课"建设的启示[J].黑龙江高教研究,2019,37(10):6 - 10.

[119]董立平.关于大学课程建设与改革的理论探讨——基于中国大学"金课"建设的反思[J].大学教育科学,2019(6):15 - 22,120.

[120]巩建闽,萧蓓蕾,董文娜.框架模型:课程体系编制研究与实践的路径与方法[J].中国高教研究,2011(1):84 - 88.

[121]刘楚佳.打破"专业固化",建立"课程组合"专业教育模式[J].清华大学教育研究,2002(06):91 - 94.

[122]潘黎,郑钧丹.德国应用科技大学课程设置的特点及启示[J].中国高等教育,2018(6):61 - 63.

[123]马立新,宋广元,刘云利.地方院校如何构建创新性应用型人才培养课程体系[J].中国高等教育,2017(24):34 - 35.

[124]冀宏,王继元,张根华.行业课程的理论逻辑与建设路径——兼论应用型人才培养"金课"建设[J].高等工程教育研究,2019(4):188 - 193.

[125]李芒,李子运,刘洁滢."七度"教学观:大学金课的关键特征[J].中国电化教育,2019(11):1 - 8.

[126]周建平.应用型本科教育的倾向性问题剖析——课程改革的视角[J].教育发展研究,2009,29(5):41 - 44.

[127]王桂云,王明明.构建地方本科高校应用型课程体系[J].中国高等教育,2017(18):42 - 44.

[128]潘颖秋.大学生专业兴趣的形成机制:专业选择、社会支持和学业投入的长期影响[J].心理学报,2017,49(12):1513 - 1523.

[129]陈欣悦.高校教师的高期望激励对学生学业成功的影响[J].现代教育科学,2011(3):15 - 18.

[130]赵必华.生师互动何以影响大学生学习结果——学业挑战性与学校归属感的中介效应[J].中国高教研究,2018(3):61 - 67.

[131]徐家庆.应用型本科院校深化产教融合的策略及实现途径[J].中国大

学教学,2018(12):79－81.

[132]唐未兵,温辉,彭建平."产教融合"理念下的协同育人机制建设[J].中国高等教育,2018(8):14－16.

[133]蔡映辉,刘祥玲.服务学习课程的设置与管理研究[J].江苏高教,2019(11):69－73.

[134]徐国庆.学科课程、任务本位课程与项目课程[J].职教论坛,2008(20):4－15.

[135]徐国庆.职业教育项目课程的几个关键问题[J].中国职业技术教育,2007(4):9－11＋24.

[136]徐国庆.从工作组织到课程组织:职业教育课程设计的组织观[J].教育科学,2008,24(6):37－41.

[137]徐国庆.从任务到项目:职业教育课程模式发展的逻辑[J].机械职业教育,2016(3):1－7.

[138]王璐,徐国庆.从工作知识到专业知识——职业教育课程知识论基础的发展[J].职教论坛,2019(9):57－61.

[139]徐国庆.工作结构与职业教育课程结构[J].教育发展研究,2005(15):81－84.

[140]年智英,杜翔云.奥尔堡PBL模式下的课程与教学实践[J].比较教育研究,2011,33(11):86－90.

[141]王力.本科生导师制的分级分类研究[J].教育理论与实践,2018,38(9):3－5.

[142]Knoll M . The project method：Its vocational education origin and international development[J]. Journal of Industrial Teacher Education,1997,34(1):59－80.

[143]徐国庆.职业教育项目课程的内涵、原理与开发[J].职业技术教育,2008,29(19):5－11.

[144]Satchwell R E . Using Functional Flow Diagrams to Enhance Technical Systems Understanding [J]. Journal of Industrial Teacher Education, 1997, 34 (2):50－81.

[145]徐国庆.高职项目课程的理论基础与设计[J].江苏高教,2006(6):

137 – 140.

[146]罗静,杨天友.应用型高校"引水灌田"模式的形成及其价值[J].铜仁学院学报,2020,22(3):34 – 42.

[147]冉耀宗,张新婷."引水灌田"模式下地方高校服务学习改革[J].铜仁学院学报,2020,22(3):53 – 59.

[148]陆根书,李丽洁,陈晨.服务学习与学生发展[J].中国高教研究,2019(3):22 – 29.

[149]庞维国.从自主学习的心理机制看自主学习能力培养的着力点[J].全球教育展望,2002,31(5):26 – 31.

[150]银海强.大学生学习"缺位"分析与自主学习能力培养[J].中国大学教学,2020(7):61 – 66.

[151]王世英.论学习者自主养成教育[J].学术论坛,2011,34(4):198 – 202.

[152]张亚星.自主·合作·探究:学生学习方式的转变[J].华东师范大学学报(教育科学版),2018,36(1):22 – 28,160.

[153]杨虹.自主学习目标设置:理论、原则与体系[J].教育研究与实验,2012(6):48 – 53.

[154]冯晓虹.远程教育在终身教育体系构建中的角色与使命[J].继续教育研究,2016(10):76 – 78.

[155]姜昕,马力,赵修文.高校学生自主学习能力养成研究[J].黑龙江高教研究,2014(11):128 – 130.

[156]何基生.学生自主学习能力的内涵、构成及动态分析[J].教育评论,2009(2):81 – 83.

[157]阙祥才,宋司琦.大学生自主学习能力存在的问题与对策[J].湖北第二师范学院学报,2019,36(6):57 – 61.

[158]邬艳荣.创设适合学习的情境,培养学生的"自主学习"能力[J].好家长,2015(20):67.

[159]王立平,张成勇.铜仁学院学生自主学习情况调查研究[J].铜仁学院学报,2016(2):95 – 100.

[160]姚林群.阅读能力表现:要素、水平与指标[J].教育发展研究,2012,32

（Z2）:35 – 39.

[161]宜勇.论大学的校院关系与二级学院治理[J].现代教育管理,2016(7):1 – 5.

[162]刘学东,袁靖宇.美国大学生批判性思维能力培养研究——以斯坦福大学为例[J].高教探索,2018(9):44 – 50.

[163]米靖.马丁·布伯对话教学思想探析[J].外国教育研究,2003(2):25 – 29.

[164]刘振天.教学与科研内在属性差异及高校回归教学本位之可能[J].中国高教研究,2017(6):18 – 25.

三、学位论文

[1]贾春晓.我国企业教育的体系和模式研究[D].西南交通大学,2000:23.

[2]马旋.中外高职课程设置比较[D].河北科技师范学院,2011:16.

[3]王燕露.新建地方本科院校人才培养模式研究[D].山西大学,2013.

[4]王媛.当代美国本科层次应用型人才培养模式探究[D].华东师范大学.2008:17 – 33

[5]田小军.大学生学习投入视角下的高校课程质量问题研究[D].西南大学,2016:38.

[6]霍振霞.我国应用型本科人才培养模式研究[D].河南大学,2012:9 – 47.

[7]李蓓蓓.产学研办学模式下地方本科院校培养应用型人才的途径[D].中南民族大学,2012:3 – 55.

[8]田向红.高校本科人才培养模式及其影响因素的比较研究——基于中美英法德的比较[D].湖北大学,2013:16 – 41.

四、报刊文章

[1]贵州省国民经济和社会发展第十四个五年规划和二〇三五年远景目标纲要[N].贵州日报,2021 – 02 – 27.

[2]侯长林,应用型大学不等于应用技术型大学[N].人民日报,2015 – 08 – 13(18).

［3］黄达人．准确理解本科应用转型的内涵［N］．中国青年报,2014 － 06 － 16(11).

［4］侯长林．应用转型应坚守大学根本［N］．人民日报,2017 － 03 － 30(18).

［5］罗红芳,周永雄．"大通识"补齐本科专业教育短板［N］．中国教育报, 2018 － 05 － 28(5).

［6］罗红芳,谭钰．山里蹚出"在地国际化"办学路［N］．中国教育报,2019 － 06 － 03(5),版名:高教周刊.

［7］郑晓沧．大学教育的两种理想［N］．浙大日报,1936 － 09 － 30(26),1936 － 10 － 01(27).

［8］范彦萍．一流大学传授的知识要有实用性［N］．青年报,2016 － 04 － 15.

［9］龚静．探索"山"字型人才培养模式［N］,贵州日报,2019 － 07 － 03,理论周刊(黔言).

［10］张新婷,龚静．严守大学根本,掀起教学质量革命［N］,贵州日报,2019 － 10 － 16,理论周刊(工作研讨).

［11］龚静．创新、引领、指导,狠抓人才培养质量［N］,铜仁学院(视界),第 160 期,2018 － 11 － 23.

五、其他

［1］教育部部长陈宝生在新时代全国高等学校本科教育工作会议上的讲话 ［EB /OL］.［2018 － 10 － 17］http://xxgc. dlu. edu. cn/info/1049/1409. htm.

［2］教育部关于"十三五"时期高等学校设置工作的意见［EB/OL］.［2018 － 10 － 17］http://www. moe. cn/srcsite/A03/s181/201702/t20170217__296529. html.

［3］中华人民共和国国民经济和社会发展第十四个五年规划和 2035 年远景目标纲要［EB/OL］.［2021 － 03 － 15］. http://www. gov. cn/xinwen/2021 － 03/13/content__5592681. htm.

［4］10 所超百亿! 76 所教育部直属高校公布 2020 年预算［E B/OL］.［2021 － 01 － 20］. htt p://w w w. edu. cn/rd/gao__x iao__cheng__g uo/gao__x iao__zi__xun/202007/t20200706__1736651. shtml.

［5］中国经济第一大省,正在疯狂建大学［EB/OL］.［2021 － 01 － 20］. http://

www. wrsa. net/content __41425475. htm.

[6]跨界融合推波助澜,铜仁学院蹚出课改新路子. [EB/OL]. [2018. 10. 9]. https：//www. csdp. edu. cn/article/4258. html.

[7]聚合资源,凸显特色,深化转型——铜仁学院二级学院整合和学科专业结构优化调整改革纪实[EB/OL]. [2016 - 07 - 06]. http：//www. gztrc. edu. cn/index. php/cms/item - view - id -3364. shtml.

[8]2017 年贵州省应用型本科高校转型发展现场会在我校隆重召开[EB/OL]. [2021 - 01 - 20]. https：//tv. sohu. com/v/MjAxNDEyMTAvbjQwNjg0MjUyOS5zaHRtbA = =. html.

[9]陈解放. 美国合作教育的实用主义本质及其给我们带来的思考[EB/OL]：http：//www. tech. net. cn.

[10]Harvard University. Report of the Task Force on General Education[EB/OL]. [2017 - 10 - 22]. http：//projects. iq. harvard. edu / files / gened / files / genedtaskforcereport. pdf? m =1448033208.

[11]Yale University. Undergraduate Study[EB /OL]. [2017 - 10 - 27]. https：//www. yale. edu/academics/undergraduate - study.

[12]The University of Chicago. Liberal Education at Chicago[EB / OL]. [2017 - 10 - 22]. http：//collegecatalog. uchicago. edu/thecollege/liberaleducationatchicago/.

[13]University of Columbia. Columbia College Mission[EB/OL]. [2017 - 10 - 23]. http：//www. college. columbia. edu/about/mission.

[14]University of Columbia. Columbia to the Core[EB/OL]. [2017 - 10 - 23]. http：//www. college. columbia. edu/about/stories.

[15]Harvard University. Program in General Education - Program Renewal[EB/OL]. [2017 - 10 - 20]. https：//generaleducation. fas. harvard. edu/program - renewal.

[16]Harvard University. Report of the Task Force on General Education[EB/OL]. [2017 - 10 - 22]. http：//projects. iq. harvard. edu / files / gened / files / genedtaskforcereport. pdf? m =1448033208.

[17]Yale University. Yale College Mission[EB/OL]. [2017 - 10 - 27]. http：//yalecollege. yale. edu/yale - college - mission.

[18]The University of Chicago. Liberal Education at Chicago[EB/ OL]. [2017 – 10 – 22]. http://collegecatalog. uchicago. edu/thecollege/liberaleducationatchicago/.

[19]Stanford University. General education Requirements [EB/OL]. [2017 – 10 – 23]. http://exploredegrees. stanford. edu / undergraduatedegreesandprograms/# gerstext.

[20]Stanford University. General Education Requirements for Undergrads[EB / OL]. [2017 – 10 – 23]. https://undergrad. stanford. edu / academic – planning / de-gree – requirements / general – education – requirements – undergrads.

[21]University of Columbia. The Core Curriculum [EB/OL]. [2017 – 10 – 23]. http://www. college. columbia. edu/core/.

[22]Princeton University. Study What You Love[EB/OL]. [2017 – 10 – 25]. ht-tps://odoc. princeton. edu/curriculum.

[23]Harvard University. New Requirements (Beginning Fall 2018)[EB / OL]. [2017 – 10 – 21]. https://generaleducation. fas. harvard. edu / new – requirements – beginning – fall – 2018.

[24]Yale University. Distributional Requirements[EB/OL]. [2017 – 10 – 27]. http://catalog. yale. edu / ycps /yale – college/distributional – requirements/.

[25]The University of Chicago. The curriculum[EB/OL]. [2017 – 10 – 23]. ht-tp://collegecatalog. uchicago. edu/thecollege/thecurriculum/.

[26] University of Columbia. The Core Curriculum – The Classes[EB /OL]. [2017 – 10 – 24]. http://www. college. columbia. edu/core/classes.

[27]Princeton University. Academics[EB / OL]. [2017 – 10 – 27]. https://ad-mission. princeton. edu / academics.

[28]Harvard University. Report of the Task Force on General Education[EB/ OL]. [2017 – 10 – 22]. http://projects. iq. harvard. edu / files / gened / files / genedtaskforcereport. pdf? m = 1448033208.

[29]Yale University. Writing at Yale College[EB/OL]. [2017 – 10 – 28]. ht-tp://yalecollege. yale. edu/yale – college – experience/writing – yale – college.

[30]Yale University. International Opportunities at Yale College[EB/OL]. [2017

–10 –28〕. http：//yalecollege. yale. edu ／ yale – college – experience ／ international – opportunities – yale – college.

〔31〕The University of Chicago. Liberal Education at Chicago〔EB ／ OL〕.〔2017 – 10 –22〕. http：//collegecatalog. uchicago. edu/thecollege/liberaleducationatchicago/.

〔32〕University of Columbia. The Undergraduate Writing Program〔EB ／OL〕.〔2017 – 10 – 24〕. http：//www. college. columbia. edu/core/uwp.

〔33〕Princeton University. General Education Requirements〔EB/OL〕.〔2017 – 10 – 26〕. https：//odoc. princeton. edu/curriculum/general – education – requirements.

〔34〕Princeton University. International Opportunities〔EB/OL〕.〔2017 – 10 – 25〕. https：//odoc. princeton. edu/curriculum/international – opportunities.

〔35〕学习能力〔EB/OL〕.〔2012 – 5 – 8〕. https：//wenku. baidu. com/link？ url = Ux2BUFZUY8T5RuNk7uUEOPQmKiSUdPJumNiz6e7WEDYua3xP6c29gXfgTX5t7aJ Hj4siBNbUm4eadqoVFUZGLROiZ8fB67oA6nXFOBz18RzoRp9ZRxnwwzTos3l833Xy

〔36〕学习力.〔EB/OL〕. https：//wiki. mbalib. com/wiki/% E5% AD% A6% E4% B9% A0% E5%8A%9B.

〔37〕高创造力的人通常有哪些人格特征〔EB/OL〕. https：//zhidao. baidu. com/ question/3311161775960073605. html.

〔38〕United Nations Educational,Scientific and Cultural Organization. Higher Education in the Twenty – First Century：Vision and Action〔EB/OL〕.〔2017 – 10 –27〕. http：//www. unesco. org/education/educprog/wche/declaration ＿eng. htm.

〔39〕17065,98,470000,200……天呐！这些都是什么数字啊？难道是密电码？ https：//mp. weixin. qq. com/s？ biz = MzI1ODQ4MzczMg = ＝&mid =2247595599&idx = 1&sn = cc9096c33612be9b649018bde3e080f8&chksm = ea05dcd4dd7255c2cb45601 121a616f87813503a8cc82b1417633fcd4243aba12cd84e31377b&mpshare = 1&scene = 2 3&srcid = 0506ImkG5ibPE7grLq0ECUV1&sharer sharetime = 1620313081981&sharer shareid = a041d73ec5228afcf68653ff52a3a6fc#rd.

〔40〕《铜仁学院关于修订2014级本科人才培养方案的指导意见(适用师范专业)》,院政发〔2014〕153号, 2014年8月25日.

［41］《铜仁学院关于修订2014级本科人才培养方案的指导意见(适用非师范专业)》,院政发〔2014〕154号,2014年8月25日.

［42］《2016版本科人才培养方案的指导意见》,院政发〔2016〕160号,2016年9月2日.

［43］《2019版本科专业人才培养方案指导意见》,校办发〔2018〕29号,2018年12月27日.

［44］铜仁学院深化美育工作实施方案(试行),铜院政发〔2020〕70号,2020年11月20日.

［45］铜仁学院本科课堂教学质量标准,院政发〔2018〕303号,2018年12月3日.

［46］铜仁学院"金课""银课"评估与管理办法,院政发〔2019〕7号,2019年1月7日.

［47］铜仁学院"建设金课　打击水课"行动方案,院政发〔2019〕52号,2019年11月13日.

［48］"水课""水师"基本画像,院教发〔2019〕74号,2019年10月12日.

［49］铜仁学院自主学习学分制的实施与管理办法,院政发〔2015〕181号,2015年9月11日.

［50］铜仁学院本科生导师制实施办法,院政发〔2017〕142号,2017年7月3日.

［51］《铜仁学院年鉴》编撰委员会.铜仁学院2014年年鉴［Z］.铜仁:内部资料,2016:51.

［52］《铜仁学院年鉴》编撰委员会.铜仁学院2015年年鉴［Z］.铜仁:内部资料,2016:49.

［53］《铜仁学院年鉴》编撰委员会.铜仁学院2016年年鉴［Z］.铜仁:内部资料,2017:84.

［54］《铜仁学院年鉴》编撰委员会.铜仁学院2018年年鉴［Z］.铜仁:内部资料,2019:16.

［55］《铜仁学院项目课程案例汇编》［Z］.铜仁:内部资料,2020.

后　记

铜仁学院是地处欠发达地区——武陵山腹地的一所地方新建本科院校,由师范专科学校升格而来。由于历史、区位、基础、条件等因素,在向应用转型的实践中,面临着区域内产业不够发达、学科专业与地方经济契合度不高、师资应用能力不够、办学经费短缺、应用性研究力量不强等困难。学校苦心励志,勇于变革,历经15年的"守"与"变",针对学校应用转型存在的突出问题,以及学校人才培养的实际需要,经过多次教育思想大讨论,逐步形成了"扎根山区　服务地方"的特色理念,构建了"山"字型人才培养模式,探索面向"山区"需求、利用"山区"资源,以学生就业和未来发展为导向的应用型人才培养路径。

回顾铜仁学院走过的应用转型历程,历经一次次艰难的变革和一次次科学的决择。从应用技术型到教学服务型再到教学研究服务型,对转型的认识越来越清晰,对转型的要求越来越高,彰显了"追求卓越"的精神;院系整合、专业缩减、建立"增一退一"专业调整机制,实施"小而精"发展战略,拿出了"壮士断腕"的勇气;坚持发展优势学科专业、努力夯实人文艺术专业,加快培育新兴学科专业,体现了"守正创新"的思想;构建"山"字型人才培养模式,探索"引水灌田"产教融合新路径,创新"七性"金课建设标准,建设"双师双能型"教师队伍,创新适应应用转型的体制,展现了"创新探索"的睿智。

"山"字型人才培养模式在传承和创新学校人才培养的基础上构建,用"山"的汉字外显结构、以"大山"的内涵为参照来构建的一种人才培养模式,通识教育为"底座"、专业教育为"主峰"、自主学习和项目课程为左右"侧峰"。在人才培养的实践中,积累了"自主学习""项目课程""服务学习""梵净卓越工作坊"等许多优秀的案例,但如何厘清"山"字型人才培养模式的理路,寻找实践背后的普遍性规律,值得深度思考和研究。笔者历时三年,认真研究升本以来的学校人才培养改革实践经验,并亲自参与实践探索和理论研究,对"山"字型人才培养模式的理论与实践有了粗浅的认识。本书的创新之处,一是厘清了铜仁学院"山"字型人才培养模式的理论逻辑;二是剖析了"山"字型人才培养模式通识教育、专业教育、自主学习、项目课程的理论依据和教育规律;三是探究了通识教育、专业教育、自主学习、项目课程的内涵,认为"通识教育注重成人教育,服务于成才教育,带领学生'积累人文社会自然学科知识、塑造厚重灵性担当大山品格、锻炼服务未来持续发展能力';专业教育遵循职业需求、学术需求、人文需求三重逻辑,'凸显职业性''立足学术性''贯穿通识性';自主学习培养学生的可持续发展学力、创造力,服务学生未来发展;项目课程对接行业企业,面向真实岗位、典型岗位的需求,既促进学校教育与就业市场的'零过渡',也服务学生未来职业可持续发展的综合能力";四是总结了一批"山"字型人才培养模式的改革探索实践。

铜仁学院"山"字型人才培养模式的探索与实践,仅仅是我国新建地方本科高校应用型人才培养的一个缩影。笔者试图通过总结学校应用型人才培养的实践,探索支撑实践的理论规律,为铜仁学院"山"字型人才培养模式持续发展注入动力,也为学校构建高质量本科人才培养体系提供基础支撑,并丰富地方新建本科高校应用转型的理论。本书的撰写由校长侯长林教授总指导,教务处处长龚静教授总执笔,并完成统稿、修改、定稿,其中,马坤鹤执笔完成第二章第一节,第三章第三、四、五节的内容,马俊锋完成第七章第一节的内容,张新婷完成第七章第二节的内容。本书的撰写,节选了校长侯长林教授、原副校长罗红芳教授、副校长罗静教授、宣传部部长叶丹教授、原教务处副处长周永雄副教授、教务处副处长冉耀宗副教授关于应用转型、教育教学管理的理论与实践成果。本书撰写过程中,写作研究院院长孙向阳教授和陈洁老师,教务处副处长冉耀宗副教授、马俊锋教授、韩春霞副教授、张新婷老师、马坤鹤老师等同仁,先后参加撰写思路的讨论;二级学院的陆艳教授、王霞教授、石慧敏教授、田隽副教授、郭征帆副教授、谢玮副教授等提供了实践探索实例。本书还参考并吸收了国内外教育研究专家和校内教学管理实践者的成果,谨列出参考文献供查考。在此,笔者特向为本书撰写和出版提供过帮助的所有部门、专家、领导和朋友一并表示诚挚的感谢!

　　本书的撰写,基于铜仁学院人才培养的实践,如果总结凝练正确,是具体实践者的功劳;如果总结凝练与实践有偏差,则是笔者的失误和对实践的认识不够深刻所致,恳请广大读者和专家批评指正。此外,本书的出版得到了贵州省区域内一流建设培育学科"教育学"(黔教科研发[2017]85号)和国家民委人文社会科学重点研究基地"武陵山民族地区乡村产业发展研究中心"的资助。在此一并表示感谢!落笔时,正值"小满",物至于此小得盈满,只是小满,还未大满。这正映射了"山"字型人才培养模式探索的实际,仅是学校本科人才培养漫漫历史长河中的一滴水珠,其理论与实践尚需持续地探索和优化。

龚静

2021 年 5 月 21 日于铜仁学院